国家社科基金重大项目"南方少数民
传承研究"（批）

越南越族喃字与喃文献探究

YUENAN YUEZU NANZI YU
NANWENXIAN TANJIU

梁茂华 ◎ 著

 中国出版集团有限公司

 世界图书出版公司
广州·上海·西安·北京

图书在版编目（CIP）数据

越南越族喃字与喃文献探究 / 梁茂华著. -- 广州：世界图
书出版广东有限公司，2024. 11. -- ISBN 978-7-5232-1816-7

Ⅰ. H44

中国国家版本馆 CIP 数据核字第 202476RS17 号

书　　名	越南越族喃字与喃文献探究	
	YUENAN YUEZU NANZI YU NANWENXIAN TANJIU	
著　　者	梁茂华	
责任编辑	张东文	
出版发行	世界图书出版有限公司　世界图书出版广东有限公司	
地　　址	广州市海珠区新港西路大江冲 25 号	
邮　　编	510300	
电　　话	020-84184026　84453623	
网　　址	http://www.gdst.com.cn	
邮　　箱	wpc_gdst@163.com	
经　　销	新华书店	
印　　刷	广州市迪桦彩印有限公司	
开　　本	787 mm × 1092 mm　1/16	
印　　张	13.25	
字　　数	235 千字	
版　　次	2024 年 11 月第 1 版　2024 年 11 月第 1 次印刷	
国际书号	ISBN 978-7-5232-1816-7	
定　　价	55.00 元	

○ 广西壮族自治区一流建设学科支持计划成果

○ 广西民族大学外国语言文学一级学科博士点支持计划成果

前　言

　　文字与文献的产生是人类文明史上的伟大创举。人类社会政治、经济、文化发展的综合需求，是催生文字和文献产生的强大原动力。文字与文献的产生，使得人类社会知识的创造与积累，文化的孕育、发展、传承与传播，以及不同文明和文化之间的交流互鉴，具备了突破时空限制的可能性。就全人类文明发展进程而言，文字与文献所承担的历史角色及其发挥的历史作用是无可替代的。

　　越南越族喃字和喃文献，是历史上主要由越南主体民族越族/京族人民创制和书写而成的。喃字是在汉字方块结构框架的基础上，运用单体汉字、部首、构字部件，以及若干标注符号，为记录越南语而创造出来的文字。越族喃字是类汉字型的孳乳文字，是中原文化在交趾/交州/安南传播和深刻在地化的产物。喃字创制的确切时间难以考究。中外学界一般认为，千年郡县时代，是喃字的孕育时期。公元 968 年，越南自主封建之后，喃字获得迅速发展，并逐步走向成熟。不管是在文字层面，抑或是释读层面，喃字与汉字和汉语均有千丝万缕的联系。陈仁宗绍宝四年（1282 年），阮诠受命作喃文《祭鳄鱼文》，是越南喃文献问世的标志。

　　从 13 世纪中后期至 20 世纪 40 年代的漫长历史长河中，喃字在越南的文学艺术、民间文化、宗教信仰、科学教育和行政文书等诸多领域，均有不同程度的使用，留下了数量颇为丰富的喃文献。就书写用字而言，喃文献其实是汉字和喃字混合并用，按越南语语法规则行文的作品/著作总集成。单本作品/著作可称为喃文书或汉喃文书。从艺术表现形式来看，韵文体尤其是六八韵文体是喃文作品/著作最为突出的特点。从内容来看，喃文献主要用于书写和记录越南本土的风俗习惯、文学艺术、故事传说和歌谣戏曲等文化活动，但不少作品/著作与中国相应的主题有藕断丝连的关系，有的甚至是直接在中国汉文作品/著作的基础上进行深度再创造和在地化，取得了令人瞩目的成就。阮朝时期的阮攸将中国明末清初青心才人的《金云翘传》演绎为同名六八体喃文长诗，被视为越南古典文学的巅峰之作即是明证。

中越文化既有深厚的内在关系，又有各自的独特性。这是由于文化传播及其在地化的客观规律发挥作用的结果。中原文化在当地的传播及其在地化几乎是同时发生的。在此过程中，越南语是非常关键的环节，扮演着不可替代的角色和作用。虽然越南语系统性地吸收了大量的汉语词语，但是两者分属不同类型的语言，差异性很大。总体而言，郡县时代，汉字和汉语在交趾/交州/安南地区的使用，主要集中于行政、文教、典章制度、诗文和艺术等领域；越南语则牢固地占据着日常生活交流用语的地位。中原文化在当地传播，尤其是向底层民众传播的过程中，必须经过越南语的翻译或转述。越南自主封建之后，这种情况基本得到了延续。汉、越语言文化接触交融长达两千余年。这使得越人能比较充分地消化和吸收中原文化，并在此基础上进行深度在地化。三国时期，士燮在交州"初开学，教取中夏经传，翻译音义，教本国人"就是这种情况的真实写照。熟练掌握汉语和汉字的交趾/交州/安南人，会因不同场域而选择使用越南语或汉语。它产生的显著影响是，越南民族的思维体系中，同时存在汉、越二元一体和二元分立的基本特征。这种特征在喃字和喃文献中也有明显的体现。

1945 年八月革命胜利之后，越南民主共和国进行了文字改革，主动选择国语拉丁字作为国家的通用文字。汉字和喃字逐步退出了越南的历史舞台。喃字及喃文献遂逐渐成为越南的民族文化遗产。新生代越南人对本民族的传统汉字和喃字文献视若天书。历史与现代之间的文化断层，在越南社会日趋明显。越南社会各界逐渐为此焦虑，呼吁加强整理、保护、挖掘、传承和弘扬传统汉喃文化遗产。总体而言，越南历届政府、高级领导人和各时期精英知识分子，对本民族的文化遗产是比较重视的。他们先后出台了诸多政策和法规，取得了不少积极成效，但也还存在顶层文化战略不够明晰，政策执行不够到位，资金设备投入相对有限，尤其是大众认知仍然淡漠等多种困境。此外，汉字是学习和掌握喃字的关键所在，不掌握一定数量的汉字，就难以学会喃字；不掌握一定数量的汉字和喃字，也就无法释读自己祖先遗留下来的喃文献和汉文献。如何让新生代学习和掌握一定数量的汉字与喃字，是关乎越南传统文化传承与赓续的重要选择。

　　喃字和喃文献不仅是越南民族的宝贵文化遗产，也是人类文化的有机组成部分。它们首先体现的是越南民族的文化风貌与特点，但也与中国文化密切相关。加强对喃字和喃文献的相关研究，具有学术和现实双重意义。就学术层面而言，以"汉文化圈"和汉字南传史作为宏观视野，对喃字和喃文献进行横向和纵向综合考究，不但可以加深和丰富人们理解越南文化在"汉文化圈"中的共性和特性，而且还可以对中越文化，尤其是对中越文字、语言和文献关系的研究，提供新的材料与视角。就现实意义来说，深入研究喃字和喃文献的相关问题，对构建具有战略意义的中越命运共同体，继承和弘扬两国传统友谊，促进两国文化交流和民心相通，无疑是有所裨益的。

　　拙作内容共九章。第一章概略性地论述了越南越族的渊源及其语言的相关情况。第二章论述越南越族喃字的概念、渊源、发展与分类。第三章探讨喃文献概念的界定，产生过程与历史灾殃。第四章以体裁为依据对喃文献进行分类。第五章研究喃文献的搜集与管理。第六章探讨越南对喃文献保护与整理的相关政策和举措。第七章论述中外学界对喃文古籍的译介与考究。第八章初步分析越南喃字和喃文献传承的困境与机遇。第九章是本研究的结论部分，归结越南越族喃字及其文献保护与传承的基本认知，以及研究该问题对新时期发展和促进中越文化关系发展的意义与启示。

　　最终草拟成书稿时，笔者心中仍有诸多不甘和遗憾：一是限于学识鄙陋，未能按经史子集传统文献四部类对越南喃文献进行分类；二是喃字的概念、分类和结构及其音形义关系等基本问题，或略有涉及，或仍付阙如，有待补充或进一步探究；三是越南的喃文献材料多不公开，难以收集，而且由于它们多为手抄本，因此对相关喃文献的释读和研究，恐有错讹；四是新冠疫情肆虐几年，既延宕了研究工作的进程，又打乱了节奏。概而言之，由于笔者水平有限，又受限于一些客观原因，错谬和不尽如人意之处在所难免，恳请读者和学界同仁不吝赐教，以便日后再修改完善。

梁茂华

2024 年 6 月 1 日

于广西民族大学相思湖畔

目　录

第一章　越南越族概览

　　越南越族也称京族，是越南的主体民族。据越南国家统计总局公布的统计数据，2023 年，越南全国人口为 1.03 亿人。[①]越南越族人口约占全国人口总数的 90%，由此推算，目前越南越族人口为 9000 余万人。越族是越南历史文化的主要创制者和传承者。喃字主要由越南越族创制，是其民族语言文化和精神文明的重要文字载体之一。越族喃字的形成和发展，与越南越族的形成密切相关。故欲了解越南越族喃字及其相关问题，有必要对越南越族的若干基本情况进行概览。

一、越南越族的渊源概览

　　红河流域中下游是越南越族先裔的发源之地。从自然地理环境来看，该地区地势广阔平坦，土地肥沃，是孕育古代农业文明的重要地区之一。红河流域地处东南亚的核心地带，背靠陆地东南亚大陆，东向与海岛东南亚诸岛隔南中国海相望。从文化地缘视之，红河流域底层文化属于东南亚文化的天然板块。在其遥远的西南方，是古印度文明；遥远的东北面，则是古华夏文明。正是由于这种地理特点和地缘文化特征，使得红河流域不但是古代人类和族群迁徙的天然走廊，而且更是古印度和古华夏地缘文明的交汇之地。越南越族的渊源与此关系密切。

---

　　① 详见：Tổng cục Thống kê Việt Nam, "Báo cáo tình hình kinh tế - xã hội quý IV và năm 2023", 2022-02-26, accessed 2024-02-27, https://www.gso.gov.vn/bai-top/2023/12/bao-cao-tinh-hinh-kinh-te-xa-hoi-quy-iv-va-nam-2023/.

（一）红河流域的古人类及其演变情况

红河流域是东南亚古人类的发源地之一。关于当地古人类及其后来的演变情况，中外学界有诸多研究成果。20 世纪初，西方学者在越南的考古成果显示，越南北部是古人类活动的区域。旧石器时代后期，越南"山围（Sơn Vi）文化"遗址发现的古人类遗骸属于澳大利亚人种和尼格罗-澳大利亚人种，尚未发现蒙古利亚人种的特征。新石器时代早期的"和平（Hòa Bình）文化"及"北山（Bắc Sơn）文化"，考古发掘出的人类遗骸有尼格罗-澳大利亚人种及其与蒙古利亚人种混合而成的印度尼西亚人种，以及美拉尼西亚人种等。其中，美拉尼西亚人种和印度尼西亚人种遗骸数量占多数。随着族裔之间的不断接触与融合，印度尼西亚人种逐渐同化了美拉尼西亚人种。印度尼西亚人种是今日越南各民族的重要民族渊源之一。新石器时代末期，印度尼西亚人种又进一步与南下的蒙古利亚人种接触与融合。此后，越南境内各民族，尤其是越族的南方蒙古利亚人种特征越发明显。

越南学者何文晋（Hà Văn Tấn）和陈国旺（Trần Quốc Vượng）认为："越南人种形成的过程就是一个蒙古利亚人种化和排斥其他种族特征的混合过程。越南进入阶级社会后，特别是随着北方中国人不断迁移南下，这个过程发展得更加迅猛。……印度尼西亚人种的形成可视为此过程中的第一个关键环节。"[①]20 世纪 70 年代，越南社会科学委员会编著的《越南历史》一书则明确表明，越族及越南其他各个民族均属南亚种（南方蒙古利亚支）。与此认知稍有不同的是，20 世纪 70 年代越南学者平元禄（Bình Nguyên Lộc）对比和分析 1938 年法国学者 P. 华德（P. Huard）和 F. 索林（F. Saurin）等人的《印度支那颅骨学的现状》（*Etat Actuel de la Cranologie Indochinoise*）中关于越南人、泰国人、马来人、缅甸人、中国人的脑颅指数及其容量，并对越族的语言与周边关联民族语言的 167 个核心词语进行对比研究，认为马来人是越南越族的渊源。不仅如此，他还认为"古代（中国）华南人确系古马来种，……而红河流域人亦属古马来人种"。[②]

[①]〔越〕Hà Văn Tấn, Trần Quốc Vượng, *Sơ yếu Khảo cổ học Nguyên thủy Việt Nam*, Hà Nội: Nhà xuất bản Giáo dục, 1961, tr.19-30.

[②]〔越〕Bình Nguyên Lộc, *Nguồn gốc Mã Lai của Dân tộc Việt Nam*, Sài Gòn: Nhà xuất bản Bách Bộc, 1971, tr.24. 笔者按：平元禄是笔名，他的真实名字是苏文俊（Tô Văn Tuấn）。

2021 年 6 月 24 日，中科院古脊椎所付巧妹团队领衔的核基因组研究项目系列成果表明，东南亚和中国南方古人类的早期人群，有着截然不同的遗传历史。"在东南亚，距今约 12,000—4,000 年前的狩猎采集者——和平人（Hòabinhian），是一支古老的亚洲人群，与东亚现在生活的人群分离较早。然而自距今 4,000 年以来，在农业传播的背景下，东南亚地区的农业人群呈现出与现代东亚人群更为相似的遗传结构，他们的基因组中混合了大量中国南方现代人群相关的遗传成分和少量和平文化相关的古老亚洲人群成分。并且，自距今 4,000 年以来的东南亚大陆人群的基因组中，中国南方人群为代表的遗传成分占据主导。……这些研究揭示了东亚南方与东南亚两地早期人群遗传历史的差异性与相关性。"[①]

由上可知，越南越族是古代交趾地区土著居民与周边人种和族群，尤其是南方蒙古利亚人种在漫长的历史长河中不断混血和融合而产生的新民族。这与红河流域的自然地理位置和文化地缘有莫大的关系。它对古代交趾地区文化的形成与发展，奠定了基本框架，使得该地区文化多元交汇融合成为历史的必然。

（二）"骆越"的渊源及其形成过程

越南的主体民族是越族，也叫作京族。它的渊源与发展，是一个复杂的历史过程。骆越是越南越族发展史的重要阶段，也是历来越南民族认同和自我定位的分水岭。世界上诸多民族在叙述自己本民族的渊源时，一般都充满了玄奥的神话传说色彩。关于越南越族的起源，越南神话《鸿庞传》有关于属水族的骆龙君与属仙族的妪姬相结合，生一卵包，内为百男，是为"百越之祖"的传说。它或许从神话的层面，折射了红河流域山地族裔与沿江、沿海族裔，经漫长的接触与融合，最终形成了古骆越的史影。

众所周知，古代百越是对长江以南诸多族裔的泛指。中国《春秋左传》《战国策》《吕氏春秋》《越绝书》《史记》和《汉书》等典籍很早就有关于南方"越""越人"和"百越/百粤"的记载，骆越属百越的分支，主要分布在

---

① 中国科学院古脊椎动物与古人类研究所：《解密 1.1 万年以来东亚与东南亚交汇处人群的遗传历史》，2021 年 6 月 24 日，http://www.ivpp.cas.cn/xwdt/ttyw/202106/t20210624_6116752.html，访问日期：2021 年 6 月 26 日。

红河流域中下游地区。说其是"百越之祖",实乃以点概面、反客为主的提法,但也从侧面体现了越南先民对本民族的定位,及其与其他越族支系密切关系的认知与认同感。10 世纪中叶自主封建后,在越南早期封建史家的叙述体系中,上述认同感得到了进一步的建构与阐扬。这在越南封建早期典籍,诸如《越史略》《大越史记全书》等历史重要史书,以及在《粤甸幽灵集》《岭南摭怪》等重要神话传说中,均有不同程度的体现和渲染。

如果说今日越南越族源于炎帝神农氏,肇于雄王之说,疑窦丛生,难以让人尽信的话,那么骆越即今日越南越族先祖的观点,则广为中外学者所公认。但对于红河流域骆越是如何形成的,学者们的观点并非完全一致。

林惠祥、罗香林、范宏贵和韩振华等诸多中国学者认为越南今日之越族即古骆越人之后裔。古小松在总结前贤时彦研究的基础上,从民族人类学、语言学和史学等多学科综合视角进行考察和论述。他认为,越南京族(越族)的形成大致经过了历史上的四次融合。在融合之前,即大约公元前5000 年以前,红河流域当地居住的是尼格利陀人。第一次融合大约发生在公元前 5000—前 3000 年,东南亚主要地区的尼格利陀人与蒙古人种相融合,产生了马来人。第二次融合则大约在公元前 1000 年,湄公河流域和红河流域的马来人与西北方向南下的古濮人融合,导致当地居民逐步演变为东南亚人种。第三次融合以公元前 333 年越国被楚国打败为时间点,红河流域和北部湾沿岸地区的东南亚人种与越人融合,形成了骆越人。第四次融合以公元前 214 年秦始皇设置岭南三郡为分水岭,此后红河流域下游及周边地区的骆越人与华夏族群历经千年融合,逐渐演变成如今越南的主体民族——越族(京族)。一言以蔽之,越南主体民族越族是当地土著与外来族群几千年交融而成,几个阶段的演进大致可以梳理为:尼格利陀人→马来人→南亚人种→骆越→京族(越族)。其中,骆越人是当地早期先民与后来的族群交融演变成今日越族人的重要分水岭。[①]与此说相反的是,有人认为:"关于骆越的来源,并不是如有人主张的夏民族后裔、越国遗族或从东越迁来的。而是地地道道由当地先民发展形成的。"[②]

---

① 参见:古小松、梁茂华、熊世平:《从交趾到越南》,北京:世界知识出版社,2022 年,第 60—66 页。

② 蒋炳钊、吴绵吉、辛土成:《百越民族文化》,上海:学林出版社,1988 年,第74 页。

越南近代史家黄高启认为："武帝徙罪人杂居其间，复教我国人，使之知汉文解北话。自武帝至献帝，三百年间，或设官以治之，或命学以化之，至此而交趾旧种融化略尽，遂别成为越南之一民族。献帝改交趾曰交州，以新名易旧名，则民族之日化可知也。由此而观，我南民族盖即汉族无可疑矣。"①陈重金（Trần Trọng Kim）则认为："无论我们属于哪种人种，由于后来我国被中国统治千年有余，且有时还派四十多万兵，则必然是我们旧的苗裔已与中国人混血之后，才形成今日之越南人。"②

除了中越两国学者之外，西方学者，尤其是法国殖民学者对越南骆越民族起源的问题也有专门研究。20 世纪初，法国东方学家 Ed. 沙畹（Ed. Chavannes）认为，越南民族起源于中国浙江省北部的古越国。此后，法国另一学者 L. 鄂卢梭（L. Aurouseau）继承并进一步发挥了沙畹的观点。他认为："今日的安南人。直接系出纪元前 333 年灭亡的越国遗民。而其祖先在纪元前 6 世纪，立国于今浙水流域之浙江省。"③从本质上看，这些认识实乃对中越两国典籍中关于骆越人记载的进一步阐发和考证，但不同的是，他们还认为越族是骆越人与本地土著混血而产生的民族。

据考古学家和历史学家的考证与研究，百越族群在民族、语言和文化等诸多方面具有密切的联系。骆越为古代百越族群的一支。骆越之称因其人耕种随潮水上下的"骆田"而得名。④至于垦食雒田时期的交趾社会形态，越南学者陶维英则认为："当时居民称为雒民，垦殖的田地又称为雒田，……从以上所述，我们知道，当时的田地是部落的公有土地，在部落中，每一个

---

① 〔越〕黄高启：《越史要》卷一，维新甲寅（1914 年）东新镌，越南国家图书馆藏本，藏书编号 R.173。

② 〔越〕Trần Trọng Kim, *Việt Nam Sử Lược*, Hà Nội: Nhà xuất bản Văn hóa Thông tin, 2006, tr.17.

③ 〔法〕L. Aurouseau：《秦代初评南越考·安南民族之起源》，冯承钧译，上海：商务印书馆，1934 年，第 131 页。

④ 按：中越两国史籍中"骆田"亦作"雒田"，二者相通。蒋炳钊等人在《百越民族文化》中认为："骆田"和"雒田"中的"骆""雒"与"六""洛"或"陆"音同，指丘陵、山岭或坡地之意。据此可知，"雒民"系垦食山麓岭脚间水田之人。李苗在《有关"雒田"问题考述》一文中指出，应将"'雒田'视为特殊历史和地理条件下的农田来看待"。王柏中在《"雒田"问题研究考索》中则认为："由于'雒田'历史记述的时代距今久远，文献不足且又充满歧义，相关研究庶或近之，但是现有的研究结论，均不足以盖棺论定。"

成员都可以分到土地耕种，以维持生计。这是原始公社社会的公田制度。"①

根据上述考古学、民族人类学，以及古代传说等方面来看，越南越族的形成是一个漫长的历史过程，大致是南方蒙古人种与本土人种不断融合的结果。也正因如此，今日越南越族人的体貌，既有东南亚诸民族的基本特征，又兼有中国南方诸民族的若干明显体貌特点。

二、越南语的形成与发展

越南越族形成的历史进程中，就是尼格罗-澳大利亚人种、蒙古利亚人种、印度尼西亚人种和美拉尼西亚等人种不断融合的历史过程。在这进程中，越族的蒙古利亚人种特征越发明显。民族人类学上的这一特点，不但对越南语的形成与发展产生了巨大的影响，而且也深刻影响学界对越南语系属的认识。

（一）越南语的多元叠加

郡县时代②之前，交趾地区古骆越人的语言是何种状态现已难以知晓。但可以肯定的是，交趾地区与中原地区的语言迥然有别。中国先秦古籍有关于越裳氏"以三象重九译而献白雉"于周朝的记载，即是证明。③进入郡县时代之后，中国典籍虽偶有提及交趾地区民众语言的情况，然多语焉不详。例如，《后汉书》载曰："凡交趾所统，虽置郡县，而语言各异，重译乃通。……后颇徙中国罪人，使杂居期间，乃稍知言语，渐见礼化。"④这说明了当时交趾区族群复杂，相互间言语不通，需要辗转译介才能相互沟通，但

---

① 〔越〕陶维英：《越南古代史》，刘统文、子钺译，北京：科学出版社，1976 年，第 225 页。

② 从秦汉至宋初一千多年时间里，中国历代封建王朝持续对交趾/交州/安南地区进行直接统治，中国学界一般将其称为越南的"郡县时期"或"郡县时代"；越南学界则相应称之为"北属时期"。

③ 〔清〕皮锡瑞：《尚书大传疏证》卷五《归禾》，师伏堂刻本，光绪丙申（1896年）。另，越南《大越史记全书·外纪》卷一《鸿庞纪》亦载有越裳氏献白雉于周的传说。

④ 〔宋〕范晔撰、〔唐〕李贤等注：《后汉书》卷八十六《南蛮西南夷列传第七十六·南蛮传》，北京：中华书局，1965 年，第 2836 页。

当地骆越人语言的状况如何则无从知晓。

上述史料揭示了两个基本事实：一则，公元前后，交趾地区是多民族、多种族杂居之地，各民族间"语言各异"，须"重译乃通"。二则，郡县时代初期，中国中原地区的语言文化已对交趾地区产生了重要的影响。三则，基于上述两点，骆越与周边民族之间的语言接触、吸收和融合成为了历史的必然。这使得越南语呈现出多元叠加的特点。

对于这种情况，中越学者均有专门的论述。作为中国学界研究越南汉越语的先驱，王力在《汉越语研究》中指出，"越南语的形成，由于三种语言：1. 汉语；2. 泰语；3. 高棉语"组成。[①]其中，越南语中的"汉语"（即"汉越语"，或汉语借词）在越南语词汇中所占的比例高达 60%—70%，对越南语的发展影响尤为深远。继王氏之后，程方、颜其香和周植志、韦树关等，也对越南语进行了深入研究。他们的研究结果虽然有所差异，但总体上对越南语吸纳周边民族语言，形成多元叠加的特点则有较为一致的认知。[②]

（二）汉藏语系说与南亚语系说[③]

最先研究越南语言系属问题的是西方学者。他们对越南语系属问题的研究始于 19 世纪中期。总体来看，他们的观点大致分为两派。以亨利·马伯乐（Henri Maspero）为代表的学者根据越南语、中古汉语的声母和声调系统与汉越音、泰语、孟-高棉语及芒语的语料对应关系进行研究，分析越南语的复辅音声母、双声叠韵词等问题，认为越南语不属于孟-高棉语系，而属于汉藏语系泰语族。[④] 1953 年和 1954 年，A. G. 奥德尼古尔（A. G. Haudricourt）先后发表了《越南语在南亚诸语言中的地位》（La place du

---

[①] 王力：《汉越语研究》，载《岭南学报》，1948 年第 9 卷第 1 期，第 2 页。

[②] 详见方程：《现代越南语概论（初稿）》，南宁：广西民族学院外语系印，1983 年，第 19 页；颜其香、周植志：《中国孟高棉语族语言与南亚语系》，北京：文献出版社，2012 年，第 76 页；韦树关：《京语研究》，南宁：广西民族出版社，2009 年，第 294—300 页。

[③] 按：笔者对越南语系属问题，已有前期研究成果专门论述，详见梁茂华：《越南文字发展史研究》，郑州大学博士学位论文，2014 年，第 25—29 页。

[④] 详见〔法〕Henri Maspero, "Etudes sur la Phonetique Historique de la Langue Annamite", *Bulletin de l'Ecole Francaise D'Extrême-Orient*, Tome XII, 1912.

Vietnamien das les langues Austroasiatique）和《越南语声调的起源》（De l'origine des tons en Vietnamien）两篇文章，通过基本词汇、构词法的比较研究，以及论证越南语声调的起源和形成过程，认为越南语属于南亚语系孟-高棉语族。①

除了上述两种归类外，也有学者提出，越南语属于南岛语系，但这一观点如今已鲜有赞同者。鉴于越南语在语音、语法、词汇、结构方面的复杂性和多元性，还有学者认为，越南语的语系归属尚未完全确定；还有学者认为，越南语属于马克思、恩格斯所指出的由于各民族的交配和混合而成的语言。就目前而言，学界，尤其是越南语言学界，更为普遍认同越南语属于南亚语系。中外学者对于越南语相关的研究成果，为科学认定它属于哪个语系，奠定了科学认知依据。1978 年，越南社会科学委员会民族学研究院公布了一份全国民族名单表，将 54 个民族语言划属南亚语系、汉藏语系和南岛语系三个语系。其中，南亚语系包括越-芒语族、孟-高棉语族、赫蒙-瑶语族和岱依-泰语族；越南语属于越-芒语族。②这表明，越南学界和官方一致认为越南语属于南亚语系。

纵观上述诸多学者的考证过程不难发现，越南语与南亚语的关系是显而易见的，与南岛语的关系也有迹可循，与侗台语存在密切关系也是不争的事实。学者们大多以西方语言学研究理论和方法对越南语进行对比研究，从而得出各自的结论。这些结论往往非此即彼。鉴于这一问题的复杂性和多元性，探讨越南语的系属问题，不该只聚焦于语言层面，且须兼顾考虑越南越族、历史、文化的形成和发展过程。

从考古发掘材料看，越南越族从新石器时代开始就明显体现出南方蒙古利亚人种的诸多特征，而且这种特征在以后的历史中越来越突出。可以肯定的是，越南越族的形成过程也就是当地土著族群与南方蒙古利亚人种和东南亚甚至是南亚诸多人种融合混血的过程。不管从理论或实践上看，不同民族融合的过程，往往也是不同语言之间相互接触、借用和交融的过程。现代越南语核心词汇由南亚语系、汉藏语系、南岛语系构成也从侧面证实了这一点。虽然它们所占的比例各异，但无论缺少哪一部分，现代越南语核心词汇

---

① A. G. 奥德尼古尔的这两篇文章被越南《语言》杂志 1991 年第 1 期翻译刊登。
② 孔衍、林明华：《越南的民族成分》，载《东南亚》，1983 年第 3 期。

的构成均不完整。目前为止，在语言学层面上，虽然越南语属南亚语系说更具说服力，但却未能与越族族源及其发展历史轨迹完全吻合。从各方面的研究成果来看，南亚语言核心词汇和语法等诸核心要素的存在，是越南语被划入南亚语系越-芒语族重要因素，但从种族、民族、语言地理环境及其历史文化发展演进等层面来看，越南语受到汉语极其深刻的影响。

三、越南语的发展轨迹

由于越南语的渊源及其形成、发展过程已非常复杂，加之越南语中存在多元叠加成分。这使得国内外学界对越南语发展分期，以及各阶段语言情况的认识大相径庭。鉴于这一问题的复杂性，加之力有不逮，本节只简略介绍越南著名语言学家陈智睿（Trần Trí Dõi）关于越南语分期的新近研究成果和法国语言学家 A. G. 奥德尼古尔关于上古越南语非孤立语的学说，而不展开述评。

（一）陈智睿及其越南语发展七阶段说

在总结前贤时彦研究成果的基础上，通过古越南语音系的构拟，陈智睿将越南语的历史发展轨迹划分为孟-高棉语（距今约 3000 年至 4000 年）、前越-芒语（约公元前 1000 年至公元初几个世纪）、古越-芒语（约公元初至 8 或 9 世纪）、越-芒语共同体（约 10 世纪至 14 世纪）、古越南语（13 世纪末至 15 世纪末）、中古越南语（15 世纪末至 19 世纪初）和现代越南语（19 世纪中叶至今）七大阶段。[①]

（二）A. G. 奥德尼古尔及其越南语声调说

法国语言学家 A. G. 奥德尼古尔在《越语声调的起源》一文中指出，上古越南语是没有声调的黏着语，而非单音节语，存在大量复辅音和前缀。公元初，越南语尚未产生声调；约至公元 6 世纪，由于辅音声母清浊分化，以

[①] 详见〔越〕Trần Trí Dõi, *Giáo Trình Lịch Sử Tiếng Việt*, Hà Nội: Nhà xuất bản Giáo dục Việt Nam, 2011, tr.127-174.

及韵尾的消失，越南语才产生三个声调。随着越南语与周边民族语言，特别是汉语接触、借用和融合，越南语逐渐脱离了原来的发展轨迹。有唐一代，唐廷于交趾地区设立安南都护府，全面加强封建统治，中原语言文化、典章制度和思想艺术等对安南影响尤其炽烈。在此背景下，越南语系统地吸收了汉语的诸多词语，并逐步形成了完备的汉越音体系。到 12 世纪，越南语六个声调俱全，并一直延续至今日。如今，人们除了知道上古越南语与芒语有诸多相似及联系的粗略脉络之外，已然难以准确地描述或构拟其原有风貌。

第二章　喃字及相关问题

一、喃字的概念

　　"喃字"在越南语中称为"chữ Nôm"。[①]喃字是越南越族曾经使用过的传统民族文字，是汉字型孳乳文字之一。国内外学界对喃字的概念，已多有探讨。有学者将喃字理解为"南国的文字"或越南的"土俗字"。王力在《汉越语研究》中讲到："按依谢翁（Chéon）的说法，'喃'就是'南'，'字喃'就是'安南字'的意思。但是'nôm'又解作'民间的'或'土俗的'，也许'chữ Nôm'就是'土字'的意思。"[②]越南阮才瑾的研究表明，"喃字"在 9 世纪末 10 世纪初读作"chữ Nồm"，后来玄声脱落才读作"chữ Nôm"。[③]

　　以上界说各有所据，但还忽略了一个重要前提，即揆诸字形，喃字是汉字的孳乳类文字；揆诸字音，喃字实乃记录越南语的书写符号系统；揆诸字义，则起初喃字实乃表达越南语固有词之词义。由上可知，喃字是借用汉字或以汉字"六书"，尤其是"形声""假借"和"会意"等造字方式创造出新字，用以记录越南越族口头语言的方块文字。如若再揆诸越族周边民族语言文字可知："喃"字在壮话中有"谈、唱读、语言、诵"[④]等释义；在广州话

---

　　① 按：定语后置是越南语语法的重要特点，故中国学界有不少学者也把"chữ Nôm"称为"字喃"，以体现该概念的原貌。本研究在行文中将"chữ Nôm"称为"喃字"，以符合汉语表述习惯，但涉及材料引用时，不管前贤时彦的文章、著作里出现的是"喃字"，抑或"字喃"，则一尊原文，不做改变。

　　② 王力：《汉越语研究》，载《岭南学报》，1948 年第 9 卷第 1 期，第 78 页。

　　③〔越〕Nguyễn Tài Cẩn, *Một Số Vấn đề về Chữ Nôm, Tuyển tập Công trình về Hán Nôm*, Hà Nội: Nhà xuất bản Giáo dục Việt Nam, 2011, tr.41.

　　④ 广西壮族自治区少数民族古籍整理出版规划领导小组编撰：《古壮字字典（初稿）》，南宁：广西民族出版社，1989 年，第 346 页。

正音中有"不停地小声说话"①之意。笔者是广西崇左扶绥县壮族人,在扶绥地区的壮话和白话中,"喃"还指不停地、反反复复地提及某件事;或唠唠叨叨,甚至是自言自语地说某些事情。越南和两广同处岭南,底层语言有诸多相通相似之处。因此,两广方言对"喃"字的释意对探讨越南"喃字"概念的内涵是有参考意义的。

越南学者陈春玉兰(Trần Xuân Ngọc Lan)则认为:"喃字"(chữ Nôm)概念中的"喃"(nôm)源于孟高棉-马来波利尼西亚语族同源词"đôm",意为"说"和"土音"。她认为,这可以在孟-高棉、岱-泰、马来-多岛语族中诸多语言的语料里得到证明。②越南语"喃哪"(nôm na),意为"简单的语言""民间的语言",即一般口头语言之意。其中,"喃"(nôm)也出自孟高棉-马来波利尼西亚语族的同源词"đôm",而与汉语中的"南"字毫无联系。那么,喃字最初的概念也与所谓"南国的文字"没有任何关系。

综上所述,喃字是记录越南越族口头语言的文字,表音或标记越南语口头语言的读音,是其最基本的文字属性。由于汉字和汉字音的正统地位深入人心,因此在越南古代,标记乡俗俚语的喃字,被视为民间"土俗字"或"nôm na là cha mách qué"(喃字为不正之父)。倘若将喃字称为"安南字"或"南国的文字",则体现了越南民族国家和政治视阈下的文字观,突显了越南的民族意识和民族精神,是越南自主封建后,经过长期的演化,才慢慢产生的。它的本质是要求作为民族文化载体的喃字,必须与越南封建国家政治独立自主的总体趋势相吻合。

二、喃字的渊源与发展

考古资料显示,郡县时期以前,交趾地区存在较丰富的原始刻画符号遗迹,反映了当地早期人类活动的若干片段或场景。需要指出的是,这些刻画符号并非真正意义上的文字。公元前 3 世纪,交趾地区被纳入秦朝帝国版

---

① 詹伯慧主编:《广州话正音字典(广州话普通话读音对照)》,广州:广东人民出版社,2002 年,第 255 页。

② Trần Xuân Ngọc Lan, "Một giả thuyết về từ nguyên của từ 'Nôm'", *Tạp chí Hán Nôm*, No.1, 1988, tr.85-87.

图。这也是该地区开始有文字的历史起点。

（一）喃字起源的历史背景

郡县时期以前，交趾地区尚处于原始社会末期，氏族部落和原始公社是当地的基本社会形态。从《交州外域记》《后汉书》等古代典籍对当时交趾地区的社会情况的记载来看，郡县时期以前交趾社会尚处于非常原始的历史阶段："交趾昔未有郡县之时，土地有雒田，其田从潮水上下，民垦食其田，因名雒民。"九真之地，"俗以射猎为业"，至汉代仍"不知牛耕"。①这表明，当时交趾地区的原始农业已有一定的发展，但仍处于落后的刀耕火种的历史阶段。

越南学者阮董之指出："中国涌入之前，在今日越南北部和中部北区平原地区的人们生活依然非常简单而分散，私有制初期以及通过铜、铁改善生产工具初期尚未有文字的需求。……北属时期以前，我们尚无文字。在铜鼓上，我们的祖先用以记录当时物质和精神生活的各种纹饰中，根本没有文字的痕迹。"②

公元前 214 年，秦始皇掠取岭南之地，分置桂林、南海和象郡，实行"与越杂处"的民族政策。此后，中原语言、文字和文化开始在包括交趾地区的岭南诸地传播。秦汉以降，赵佗、锡光和任延等，相继对包括交趾地区在内的岭南诸地进行治理。他们立学校，传经典，兴教化。这使得通晓汉字和汉语、接受中原文化影响的交趾本土人士逐渐增多，对后世越南越族喃字的产生奠定了坚实的先期文化基础。

9 世纪末 10 世纪初，安南人民族独立意识觉醒，要求建立自主封建国家的呼声日益高涨。968 年，丁部领建立丁朝。安南脱离中国的行政版图，成为自主的封建国家。民族国家的独立，理论上要求建立与之相匹配的独立的政治、经济、文化等制度体系。在政治和经济体制上，越南历代封建王朝

①〔北魏〕郦道元著、陈桥驿校证：《水经注校证》，北京：中华书局，2007 年，第861 页。

②〔越〕Nguyễn Đông Chi, "Vấn đề Chữ viết Trong Văn học Sử Việt Nam", Nguyễn Hữu Sơn, *Nghiên cứ Văn-Sử-Địa (1954-1959): Những Vấn đề Lịch sử Ngữ văn*, No.9, 1955, tr.336-338.

在立足本国基本国情的前提下，大体继承了郡县时代封建制度的基本范式和框架。在文化领域，自主后的越南历代王朝极其强调本民族的独立精神和民族自豪感，与其相适应的是，越南历代封建统治者除了继续尊崇和推行汉字之外，也非常重视比汉字更接近越南民族思维习惯、民族心理和民族语言特点的喃字。这便是喃字产生和发展的历史背景。

（二）喃字的起源[①]

关于喃字起源的时间上限，中外学术界聚讼纷纭，各抒己见，至今尚无统一的认识。越南学界就喃字起源问题，主要有如下几种观点：[②]

第一种观点是，喃字或许在周秦以前已产生，认为："周秦以前，越族已在扬子江下游建立个强大的国家，文化相当发达，很可能借助于中原民族的汉字创制了自己的文字。但秦始皇并吞六国以后，文字也归于一统，越族的文字便没有遗留下来。"[③]持此说者最初以高叶萍为代表。后来何文晋的"雄王文字假说"和黎重庆的"蝌蚪形古越字假说"与高氏之说有相似之处，即主张在与汉字和中华文化接触之前，越南已有了本民族的文字。只不过高氏认为这种文字是喃字，而何、黎二氏则认为越南有自己原创的文字，与汉字并无关系。此种假说非但不符合史实，而且无任何典籍和考古实物支撑。

第二种观点是，公元 1 世纪西汉末东汉初，任延和锡光治理九真和交趾是喃字的萌芽时期，8 世纪时形成，曲氏专权时成熟。[④]主要根据是《后汉书》记载他们曾"建立学校，导之礼义"。越南学者阮文素（Nguyễn Văn Tố）在此基础上进而认为：8 世纪，冯兴起义时喃字已经形成，越史将冯兴

---

① 按：笔者对喃字的起源问题，已有前期研究成果专门论述，详见梁茂华：《越南文字发展史研究》，郑州大学博士学位论文，2014 年，第 146—151 页。

② 关于喃字起源的各种说法，我国早有学者介绍过，详情详见吴凤斌：《略论汉字汉语与越南语言文字的关系》，载《南洋研究》，1984 年第 1 期。

③ 高叶萍：《从中越文字说到两国文化》，载《远东日报》，1960 年 9 月 1 日。〔越〕Phạm Huy Hổ, "Việt Nam Ta Biết Chữ Hán Từ Đời Nào", *Nam Phong Tạp Chí*, Số.29, 1919, tr.446. 该文中认为喃字在雄王时代可能已出现。

④ 〔越〕Hoa Bằng, "Góp ý Với Ông Bạn Trần Văn Giáp Về Bài 'Nguồn gốc Chữ Nôm'", *Nghiên Cứu Lịch Sử*, No.140, 1971, tr.60.

尊为"布盖大王"即是重要凭证，因为"布"即越南语中"bố"的注音，指"父亲"；"盖"即越南语中"cái"的注音，指"母亲"，故字面意思有"父母之王"的意思，但在中越传统文化中有"天父地母"的观念，因而"布盖大王"其实含有将冯兴尊为"天地之王"之意。

陈文玾（Trần Văn Giáp）则认为，10 世纪曲氏专权时期，喃字步入成熟阶段。[①]与这种观点相似的是，越南无名氏所撰《越史略辑》中《字学篇》的观点，其文曰："吾国之字即今仍沿用的'土人'之字。自我国内属之时起，汉代锡、任二太守以华俗教化于民。约八年后，方有李进、李琴诸君。三国时，士王以《诗》《书》教导人民。二百余年后方有循吏刺史，杜氏开设学校，教导百姓。至晋代六朝，民俗渐易，遂兴风化。六百年后，始于'布盖大王'，'大瞿越'诸名中见有越字，汉字越音参半，鄙俗之极。"[②]虽未直接点明，但根据文义可知无名氏亦主张喃字出现于 8 世纪。20 世纪70 年代，越南社会科学院所编撰的史书也认为："字喃早就出现，可能出现在北属末期和独立初期。"[③]

第三种观点是，喃字源于 2 世纪东汉灵帝末年士燮主政交州时期。持此说者，以楚狂[④]（Sở Cuồng）、陈文玾、阮董之（Nguyễn Đông Chi）为代表。[⑤]依据越南旧史所载："士王习鲁国之风流，学问博洽，谦虚下士，化国俗以《诗》《书》，淑人心以礼乐，治国四十年，境内无事。"[⑥]他们认为，士

①〔越〕Trần Văn Giáp, "Lược khảo về Nguồn gốc Chữ Nôm", *Nghiên Cứu Lịch Sử*, No.127, 1969.

②〔越〕佚名：《越史略辑》。转引自〔越〕Trần Văn Giáp, "Lược khảo về Nguồn gốc Chữ Nôm", *Nghiên Cứu Lịch Sử*, No.127, 1969, tr.8. Trần Văn Giáp 未附汉文，笔者据越文译出，同时参考施维国《字喃与越南文化》中关于该材料的译法，略有改动。

③ 越南社会科学委员会编著：《越南历史》，北京大学东语系越南语教研室译，北京：人民出版社，1977 年，第 247 页。

④ 笔者按："楚狂"越文名是 Sở Cuồng。他真名叫"Lê Đăng Dư"，又称"Lê Dư"，汉译分别为"黎登岖"和"黎岖"。

⑤〔越〕Sở Cuồng, "Quốc âm thi văn tùng thoại", *Nam Phong Tạp Chí tập*, Số.173, 1932, tr.495；〔越〕Trần Văn Giáp, "Lược khảo về Nguồn gốc Chữ Nôm", *Nghiên Cứu Lịch Sử*, No.127, 1969；〔越〕Nguyễn Đông Chi, "Vấn đề Chữ viết Trong Văn học Sử Việt Nam", Nguyễn Hữu Sơn, *Nghiên cứ Văn-Sử-Địa (1954-1959): Những Vấn đề Lịch sử Ngữ văn*, No.9, 1955, tr.336-338.

⑥〔越〕黎嵩：《越鉴通考总论》，载〔越〕吴士连等编撰、陈荆和编校《大越史记全书》，东京：东京大学东洋文化研究所，1984 年，第 85 页。

燮以及避难交州的众多中原名士在当地办学校，讲授经典，著书立说，必然会遇到汉字汉语无法完全表达越南语的情况，因此会结合越南语语音特点，以六书造字法造出喃字以记录越南语不失为一种教化的途径。自此以后，经世代使用和积累，到了李陈两朝时期终于形成可用于书面写作的文字系统。陈仁宗绍宝四年（1282 年），阮诠受命作喃文《祭鳄鱼文》便是最好的例证。阮朝阮文珊所谓"列国语言不同，一国有一国语。我国自士王译以北音，期间百物犹未详识。如雎鸠不知何鸟，杨桃不知何木，此类甚多。此书注以国音，庶得备考，或有易知者亦不必注。"[1]从文义来看，阮氏也认为喃字源于士燮主政交州时期。越南学者阮光红的观点大体也能纳入此说，但他将其置于喃字的起源、形成与发展的历史潮流中给予考察，更为宏观。他认为："从北属时期（具体而言即从士燮时代起）至李朝前夕为喃字的萌芽阶段；有李一代为形成时期；陈朝以后为完善时期。"[2]我国大陆学者谭志词、施维国等人，以及我国台湾学者罗怀、许同莱等人亦持此说。[3]

第四种观点是，8—9 世纪时期汉越音在越南形成之后喃字才出现，与越南走向封建独立的进程基本同步。但大约从 12 世纪起，喃字已开始散见于越南汉字碑文和著作。及至 14 世纪，喃字才应用于越南的文学创作中。持这种观点的以越南著名学者阮才瑾（Nguyễn Tài Cẩn）、黎文贯（Lê Văn Quán）和陶维英（Đào Duy Anh）为主要代表。法国学者亨利·马伯乐、L. 卡迪亚（La Cadière）和伯希和等人亦持此说。这种观点有考古发掘资料的支撑，如越南考古界已经发现刻于 1173 年的《奉圣夫人黎氏墓志》，碑上有"婆感（bà Cảm，即名叫'感'的妇人）、頭亭（đầu đình，即村社议事亭头）、犀午（cửa ngõ，即大门、门户）、湵滝（bến sông，即江边或江边码头）"8 个喃字；永富省安朗县的《报恩禅寺碑记》上有 41 个喃字（包括重复出现），碑上刻有李高宗治平龙应五年（1210 年）的年号。故也有越南学

---

① 〔越〕阮文珊：《大南国语·义例》，文江多牛文山堂藏板，成泰己亥年（1899 年）。

② 〔越〕Nguyễn Quang Hồng, *Khái luận Văn tự học Chữ Nôm*, TP. Hồ Chí Minh: Nhà xuất bản Giáo dục, 2008, tr.126.

③ 谭志词：《中越语言文化关系》，北京：军事谊文出版社，2003 年；施维国：《字喃与越南文化》，郑州大学硕士学位论文，1993 年；罗怀：《儒学在越南》，载郭廷以等著《中越文化论集（一）》，台北：中华文化出版事业委员会，1956 年；许同莱：《越南建国与文化革新》，载郭廷以等著《中越文化论集（二）》，台北：中华文化出版事业委员会，1956 年。

者认为喃字产生于公元 13 世纪的越南李朝。这块墓碑是目前越南考古界发现最早的喃字文字材料之一。

值得注意的是，越史记载了一则有趣的故事：大定十一年（1148 年），因李英宗尚幼冲，权臣杜英武与杜太后私通，骄横于朝廷。殿前都指挥使武带、广武都火头梁上箇、玉阶都火头同利、内侍杜乙和驸马杨嗣明等廷臣共谋诛杀杜英武，但因殿前官武吉收受太后的贿赂而未处死杜英武。左兴圣火头阮扬得知消息后，痛骂武带："殿前武吉，非是带耶。"越南封建史家注曰："吉、带方言，粪尿也。"①可见 12 世纪中叶，喃字已被零星使用，以表述某些汉字难以表达的越南语俚语或俗语。最重要的是，据《大越史记全书》等越史记载，陈朝阮诠的《祭鳄鱼文》被视为喃字已开始用于书面创作的标志。我国学者闻宥和吴凤斌关于喃字产生时间的观点基本上也可以纳入这一说法。②

以上四种意见中，第一种意见纯属假说，没有任何历史或考古资料凭据。众所周知，郡县时代以前，交趾地区尚处于原始社会末期，社会经济文化尚未发展到需要创制或使用文字的历史阶段，仅在一些历史遗迹和考古出土器物中发现较为丰富的刻画文。故没有任何已成书写系统的文字，更遑论音、形、义均与汉字有千丝万缕联系的喃字。倘若郡县时代之前，交趾地区已创造出某种文字的话，那么该地区最具文化符号特征，且起源悠久的铜鼓，一定会刻有这种文字。但是越南所出土的铜鼓，从未发现任何刻印有文字的痕迹。这点曾被陶维英、阮董之等越南著名学者明确提及。其余三种意见，或持喃字源于西汉末东汉初锡光、任延时期之说，或有起于东汉末三国初士燮时代之意，抑或认为始于汉越音形成及走上自主封建的历史过程中，均各有所本。

认为喃字起源于锡光和任延时期也显得站不住脚。原因有三，其一，没有历史文献或考古文物支撑论点。其二，喃字的形体均为成熟之后的楷书形

---

① 〔越〕吴士连等编撰、陈荆和编校：《大越史记全书·本纪》卷四《李纪》，东京：东京大学东洋文化研究所，1984 年，第 291 页。另见〔越〕佚名著、王云五撰：《越史略》卷三《英宗》，上海：商务印书馆，1936 年，第 50 页。"吉"和"带"的国语拉丁字分别是"cứt""đái"。

② 闻宥：《论字喃之组织及其与汉字之关涉》，载《燕京学报》，1933 年第 14 期。另见吴凤斌：《略论汉字汉语与越南语言文字的关系》，载《南洋研究》，1984 年第 1 期。

式，而汉字楷体始于汉末。其三，当时交趾和九真的社会形态还停留在原始社会末期，阶级尚未分化，家庭伦理尚未建立。中国史书对此载曰："凡交趾所统，虽置郡县，而语言各异，重译乃通。人如禽兽，长幼无别。项髻徒跣，以布贯头而著之，后颇徙中国罪人，使杂居期间，乃稍知言语，渐见礼化。"[1]历史常识告诉我们，只有阶级分化，国家产生之后，才有产生和使用文字的基本条件。但秦汉时期，交趾地区仍然是一副"长幼无别"的社会状态，既没有家庭伦理，又无阶级分化而产生的严格秩序和尊卑分化。由此可见，在接触中原文化之前，当地不会有真正意义的文字。中国著名越南史学家戴可来先生曾断言：越南有据可考的信使，不能早于中国的秦代。郡县以前，越南"没有行政机构，没有凌驾于公共权力之上的军队、监狱……，也没有文字，因而也就没有真正意义上的国家，而只是处于'文明的门槛上'"[2]。

后两种意见则各有其理。如上所述，士燮治理交州时期，"翻译音义，教本国人"。可见当时是以本地语言讲授中原经典的。口头语言有即时性，不利于记忆和流传复杂的内容，因此用汉字注音便成为一种选择。当碰到当时汉字无法记录当地语言的情况时，模仿六书构字法造字，不失为权宜与无奈之举。这也许就是后来包括越、壮、苗、瑶、水、布依等南方民族根据本民族语音特点，借用汉字造字的开端。

至于喃字在越南民族走向自主封建的历史进程中产生之说，不但有文字材料的支撑，还在汉越语音发展史中找到若干依据。但笔者认为，喃字的出现虽与汉越音有关，但并不一定先有汉越音系统，而后才有喃字。陶维英在涉及这一问题时，亦认为："唐朝时，安南的汉越音其实尚未稳定，因为当时汉字音（即汉语）仍属于'活'语言的范畴。……汉越音是我们民族摆脱中国封建统治、取得独立以后才相对稳定下来的。因为独立后学校所学的汉字脱离了中国人的口语，汉字的音、韵也不再随口语的变化而变化了。唐朝衰亡后，中国进入五代十国时期，在越南的各个学校出现了汉越音开始相对稳定阶段。我们认为，汉字的汉越音的稳定过程可能始于曲氏兴起时期

---

① 〔南朝宋〕范晔撰、〔唐〕李贤等注：《后汉书》卷八十六《南蛮西南夷列传第七十六·南蛮传》，北京：中华书局，1965 年，第 2836 页。

② 戴可来：《对越南古代历史和文化的若干新认识》，载戴可来、于向东《越南历史与现状研究》，香港：香港社会科学出版社有限公司，2006 年，第 17 页。

（905 年），自主初期继续发展。然而，汉越音稳定的时期并非意味着喃字出现的时期。只有到社会要求人们必须创造出足够数量的字用于生活各个方面的时候，喃字才宣告正式诞生。尽管唐以前已用一些字解释汉字，但这些字只能视为喃字的前身。"①

笔者认为，喃字的产生与中国中原人士迁入越南及汉字在当地的传播有很大的关系。问题的关键在于，对喃字的不同定义或界定将会直接影响人们对喃字产生时间的判断。如果将个别喃字的出现等同于喃字的产生，那么喃字源于东汉末至三国治理交州的士燮时期是很有可能的。②

据中国史料记载，士燮治理交州期间，"乃初开学，教取中夏经传，翻译音义，教本国人，始知习学之业。"③这表示，当时以士燮为首的交州文士，已通过当地本土语言来翻译"中夏经传"的音义。撰于后黎朝景兴二十二年（1761 年）的《指南玉音解义》是迄今所发现越南最早的汉喃字典。其中的序文云：

> 夫自古圣人，立傍说义，以正言名，使其中国易明，外夷犹惑。至于士王之时，移车就国四十余年，大行教化，解义南俗，以通章句，集成国语诗歌，以识号名，韵作《指南品汇》上下二卷，学者难详。兹宿禅谨严香玉，音其字，解其义，手写秩（恔）成，可谓明明（白？）览详之要，使其读者走韵连声。④

序中所提及的"国语"在越南历史上也被称为"国音"，均有指喃字及以喃文撰写的著述之意。如《大南国语》《三千字解译国语》《词翰举隅译国语》等书名中的"国语"即指喃字，著述则是由喃文写就的；《国音诗集》《敢谈国音真经》《周易国音歌》《伤寒集解国音歌》等书名中的"国音"亦指喃字，著述也是由喃文写就的。拉丁字越南文流行后，"国语"才转指越南国语字。可惜，序文中所谓士燮集成《国语诗歌》，韵作《指南品汇》之事，由于正史未载，其典籍亦未流传于后世，后人无从考究。史料翔实确

---

① 〔越〕Đào Duy Anh, *Chữ Nôm: Nguồn gốc-Cấu tạo-Diễn biến*, Hà Nội: Nhà xuất bản Khoa học Xã hội, 1975, tr.51-52.

② 谭志词也有类似的看法。谭志词：《中越语言文化关系》，北京：军事谊文出版社，2003 年，第 113 页。

③ 〔明〕严从简：《殊域周咨录》，北京：中华书局，1993 年，第 236 页。

④ 〔越〕佚名：《指南玉音解义》，越南汉喃研究院抄本，藏书编号 AB.163.

凿，是历史问题研究的基本范式之一，在没有新材料或考古新发现材料作为确凿证据支撑之前，《指南玉音解译》序文所提及士燮编撰《国语诗集》和辞书之事，孤证不立，姑且存疑述之。

再者，前文提及的《嘉定城通志》也有类似的记载：越南"原无本国别样文字"，郡县时期后"国人皆学中国经籍，间有国音乡语，亦取书中文字声音相近者，随类而旁加之。如金类则旁加金，木则加木，语言则加口之类，仿六书法，或假借、会意、谐声，以相认识"①。阮朝郑怀德所撰的《嘉定城通志》虽离士燮时期近两千年，但其关于喃字的观点仍是人们了解喃字起源的重要史料。越南人非常推崇士燮的丰功伟绩，尊之为"南交学祖"，越南史书亦载，"我国通诗书，习礼乐，为文献之邦，自士王始。"②我国明朝严从简在《殊域周咨录》中亦提到，士燮主政交州时，"取中夏经传，翻译音义，教本国人，始知习学之业。然中夏则说喉声，本国话舌声，字与中华同，而音不同。"③这条记载中提到"取中夏经传译介音义"，与《指南玉音解义》所谓士燮主政交州四十余年期间，"大行教化，解义南俗，以通章句"有异曲同工之处。

众所周知，东汉末至三国时，中原丧乱，连年兵连祸结，而士燮治下的交州则一片祥和景象，投奔士燮避难的中原文士数以百计，他们大都在交州开学授徒和著书立说，如遇到汉语汉字无法表达的本土人名、地名或物名时，依类造字以表达是不可避免的。这也是中外学界认为喃字始于士燮时期的重要史料支撑。

鉴于上述材料，笔者赞同陈文理等学者关于喃字始于士燮时期的观点。但是如果把喃字定义为音、形、义集于一体，有语法结构且已成为书面语言的独立文字体系，那么其产生时间不能早于陈仁宗绍宝四年（1282 年）。因为据越史载，绍宝四年"时有鳄鱼至泸江，帝命刑部尚书阮诠为文投之江中，鳄鱼自去。帝以其事类韩愈，赐姓韩。诠又能国语赋诗，我国赋诗多用

①〔越〕郑怀德撰：《嘉定城通志》，载戴可来、杨保筠校注《岭南摭怪等史料三种》，郑州：中州古籍出版社，1991 年，第 121 页。

②〔越〕吴士连等编撰、陈荆和校编：《大越史记全书·外纪》卷三《士王纪》，东京：东京大学东洋文化研究所，1984 年，第 133 页。

③〔明〕严从简：《殊域周咨录》，北京：中华书局，1993 年，第 236 页。

国语，实自此始"①。阮诠之文也被后世称为《祭鳄鱼文》。这是最早关于越南喃字作品的记载。引文中明确指出："我国赋诗多用国语，实自此始。"从这点看，13 世纪末，喃字已经完全属于系统记录越南语言，并能应用于书写文本的真正意义上的文字。

总而言之，越南喃字的产生是一个极其漫长的历史过程，是中华文化，特别是其重要载体——汉字和汉语不断向交趾/交州/安南地区辐射、传播、发展，并结合当地语言文化、风俗习惯而产生的。笔者认为，郡县时代，具体大概是公元 2 世纪，士燮主政交州时期至 10 世纪中叶越南走向自主封建时期，是喃字的萌芽时期。在这漫长的千年郡县时期，交趾（交阯）/交州/安南地区受到中原历代封建王朝委派官员的直接管辖和治理。在此漫长的历史阶段里，用汉字来给当地特有的人名、地名和物名等注音，是必不可少的。而这种使用汉字注音的行为和习惯，或可视为喃字萌芽的最早胚胎。10 世纪至 13 世纪前期，即越南丁、前黎和李朝时期，喃字开始步入成熟阶段。13 世纪中后期以降，喃字逐渐趋于流行，被较多运用于诗文创作和记录越南民间语言文化。

值得注意的是，喃字的产生、发展和构字特点与中国南方、西南诸多少数民族借用汉字创造本民族的方块文字如出一辙。与越族相邻的广西壮族也在汉字的基础上创造出了方块古壮字。古壮字形成的年代甚至比喃字还早。据考证，唐初永淳元年（682 年）刻于广西上林县的石碑《六合坚固大宅颂》和大周通天二年（697 年）智城山麓摩崖石刻《智城碑》共有 1484 个字，其中夹杂有㙟、茒、畓、𪪲、渊、蔄、恙、𨑸、𦿇等 30 多个类汉字异体字、简体字和古壮字。其中"畓"即为古壮字，念"tamz"，意为池塘或田塘，意译为财产，至今民间还在使用②。唐宋时期，古壮字在广西民间逐步完善并得到一定程度的使用。南宋范成大所撰《桂海虞衡志》载："俗字边远俗陋，牒诉券约，专用土俗书，桂林诸郡皆然。今姑记临桂数字。虽甚鄙野，而偏旁亦有依附。𡘷，音矮，不长也。閐，音稳，坐于门中，稳也。坙，亦音稳，大坐，亦稳也。㑃，音嫩，小儿也。奀，音动，人瘦弱

①〔越〕吴士连等编撰、陈荆和编校：《大越史记全书·本纪》卷五《陈纪》，东京：东京大学东洋文化研究所，1984 年，第 355 页。

② 梁庭望：《壮文论集》，北京：中央民族大学出版社，2007 年，第 194 页。

也。……他不能悉记。余阅讼牒二年，习见之。"①

从上述情况看，在中国南方壮、瑶、苗等少数民族，以及越南越族使用汉字、偏旁部首和汉字构字部件，结合本民族的语言创造出的民族方块文字，正是汉字和中华文化南传的历史过程中，与当地语言文化交流、融合而衍生出的共性文化现象。

16 世纪之后，西方传教士陆续来到越南。为了传播基督教和天主教，他们用拉丁拼音字母记录越南语语音。经过一个多世纪的发展，在本土信众的协助下，17 世纪中叶，国语拉丁文字在越南逐步走向成熟。亚历山大·德·罗德是越南国语拉丁文字的集大成者。1651 年，罗德编撰的《越-葡-拉字典》和《八日教程》两部有关越南国语拉丁文字的重要著作在罗马出版。这标志着国语拉丁文字在越南正式走入成熟阶段。1858—1884 年，法国先后发动 3 次对越殖民侵略战争，逐步在越南建立了殖民统治体系。法国逐步抑制和废除汉字和喃字，并以越南语国语拉丁文字取而代之。其目的在于斩断越南历史文化与现实，以及中越两国历史文化的联系，同化越南民族，巩固自己的殖民统治。越南爱国志士则利用越南语国语拉丁文字易学易用的特点，广泛宣传爱国救亡思想，反抗法国的殖民统治。1945 年，在以胡志明为首的越南共产党的领导下，越南取得"八月革命"胜利，建立越南民主共和国。新政权通过《平民学务》敕令，宣布越南国语拉丁文字为全国通用文字。在此大背景下，汉字和喃字退出了它们在越南的历史舞台。

三、喃字的分类②

喃字是在汉字方块结构框架的基础上，运用单体汉字、部首、构字部件，以及若干标注符号，为记录越南语而创造出来的文字。从汉字六书构字法来看，喃字最常用的结构仅为六书中的假借、形声和会意三种。这也是喃字分类的基本方法。王力在其《汉越语研究》中，就将喃字的结构类型分为假借、形声和会意三种。

①〔宋〕范成大撰、孔凡礼点校：《桂海虞衡志》，北京：中华书局，2002 年，第129 页。

② 按：笔者对"喃字的分类"内容已有前期研究成果论述过，详见梁茂华：《越南文字发展史研究》，郑州大学博士学位论文，2014 年，第 153—167 页。

（一）会意字

关于会意字，《说文解字·序》曰：“会意者，比类合谊，以见指撝，武、信是也。”喃字中会意字的数量很少。据越南学者陶维英的统计，喃字仅有如下六个会意字：1.𡗶，读音“trời”；2.𠆳，读音“trùm”；3.⿱人下，读音“seo”；4.⿰竝多，读音“sánh”；5.𠄻，读音“rằm”；6.𠇍，读音“mấy”。

这六个会意喃字均由两个汉字构成。𡗶，从天从上，指在天空之意；𠆳，从人从上，指人上人，即头目、魁首之意；⿱人下，从人从下，指下人、佣人等地位低下之人，此字常见于越南义安、河静地区出现的喃字典籍中；⿰竝多，从並从多，指很多人、东西放在一起比较之意，还可写作⿰竝聘、⿰竝生、⿰竝鳥，⿰口聘、聘、⿺辶是等。𠄻，从望从五，指每月阴历十五日，亦可写作森、⿰木望、⿰月林、⿰月望、⿱林五等；𠇍，从人从氺，或由“众”字而来，在较早的喃文献中，大多写作“某、貝、買”，后来它们逐渐被“𠇍”字所取代。喃字中的会意字与汉字读音基本无关，其意义由构成该字的两个汉字共同表达。或许是由于对喃字会意字的认定方式有所不同之故，我国学者有人认为，绯、愇、矌、⿰月正、⿺辶雙、⿰讠失、⿺辶上等字亦属于会意字。①

总而言之，会意字数量绝少，符合喃字产生和使用的规律，因为借用汉字、偏旁部首或构字部件给越南语记音或注音，是喃字的基本属性。既然如此，那么抽象的会意字自然很难满足这种要求，而选用现成的汉字、偏旁部首和构字部件标记越南语读音便成为一种捷径。

（二）假借字

《说文解字·序》对假借字的定义是：“假借者，本无其事，依声托事，令、长是也。”喃字中的假借字即完全或部分借用汉字音（汉越音）、形、义以表达越南语的喃字。它在喃字中所占的比例较大。假借法是喃字几种构字法中的根本方法。越南学者陶维英和我国学者谭志词从喃字与汉字音、形、义之间的关系出发，均将其细分为如下五种类型：②

---

① 详见闻宥：《论字喃之组织及其与汉字之关涉》，载《燕京学报》，1933 年第 14 期；王力：《汉越语研究》，载《岭南学报》，1948 年第 9 卷第 1 期。

② 谭志词：《中越语言文化关系》，北京：军事谊文出版社，2003 年，第 116—123 页；〔越〕Đào Duy Anh, *Chữ Nôm: Nguồn gốc-Cấu tạo-Diễn biến*, Hà Nội, Nhà xuất bản

第一类是，完全借用汉字的形和意，但其读音则保留了古汉语的若干特点。据王力的研究，这种喃字的读音属于古汉越音。[①]这种假借字在喃字中的数量还较多。

第二类是，借用汉字的字形、意义及其汉越音来记录汉越词。由于汉语对越南语的影响十分深远，越南语借汉词十分丰富，故此类字在早期的喃字作品中占有很大的比例，但随着越南语言文字的不断发展，后来这种类型的喃字逐渐变少。

上述两类假借喃字的形、义与汉字完全一致，且其读音为汉越音。有学者认为，"汉字与喃字的分界实际上主要是汉字与喃字假借字的分界问题，其分界线就在于是否'同形、同（或近）音而异义'，凡与汉字'同形、同（或近）音而异义'的便是喃字，而'音、义、形'完整地借过去的，越南称之为'儒字'即汉字。"[②]笔者认为这种界定本身并无不当之处，考虑到喃字是一种较为系统的记录越南语的文字，当上述假借字被纳入这个系统时，可以被视为假借喃字。相似的情况也存在于日文中，日文也借用了很多汉字，如果将他们视为汉字，而仅将假名视为日本字，恐有不妥之处。可见汉字的多重"字籍"是存在的。就这一问题，谭志词也认为："它们既是字喃，也是汉字，具有双重'字籍'。"[③]

第三类是，借用汉字来表达读音相同或相似，但意义不同的越南语固有词语。由于汉语和越南语是两种语音差异较大的语言，因此越南语固有词语中能与今汉越音同音的字数较少。有学者认为，越南语有 22 个声母、150 个韵母，而今汉越音系统仅有 20 个声母、75 个韵母。[④]汉语和越南语在语音结构上的这种差异决定了这种假借方式只能近似地表示某一越南语的读音。

Khoa học Xã hội, 1975, tr.66-83. 本文对两位学者的研究成果均有参引，在此特别说明，以免有掠美之嫌。

① 王力：《汉越语研究》，载《岭南学报》，1948 年第 9 卷第 1 期。

② 林明华：《喃字界说》，载《现代外语》，1989 年第 2 期。

③ 谭志词：《中越语言文化关系》，北京：军事谊文出版社，2003 年，第 118 页。

④〔越〕Đào Duy Anh, *Chữ Nôm: Nguồn gốc-Cấu tạo-Diễn biến*, Hà Nội: Nhà xuất bản Khoa học Xã hội, 1975, tr.61-62. Lê Văn Quán 认为越南语有 155 个韵母，今汉越音系统有 77 个韵母，详见〔越〕Lê Văn Quán, *Nghiên Cứu Về Chữ Nôm*, Hà Nội: Nhà xuất bản Khoa học Xã hội, 1981, tr.112. 王力认为今汉越音系统较常用的韵母有 66 个，详见王力：《汉越语研究》，载《岭南学报》，1948 年第 9 卷第 1 期。

虽然此类假借字在喃字中有一定的数量，但是由于它们只能近似地记录越南语读音，给识读者造成了很大的阅读困难，有时候即便是作者本人在经过一段时间后再读自己创作的喃字作品，也不一定都能准确识读。解决这种问题的办法是，在汉越音的基础上，对声母、韵母和声调进行相应的改变，才能正确识读。越南学者将这种识读法称为"歪读法/偏读法"（đọc chệch）。越南后黎朝大学者黎贵惇曾说："国语无正音，有其声无其字，……只借声音之相近者写之耳，以正音读之，则不合矣。"[1] 可见，喃字读音与正音（指汉越音）之间的差别还是较大的，很多时候只是读音相近而已。如果不在识读过程中加以调整，"则不合矣"。

值得注意的是，在此类假借字中，诸如"口""〈"或"个"/"个"等汉字偏旁部首或符号被加于汉字的旁边，提示这些字需要"歪读/偏读"。陶维英认为这些符号可用可不用，而陈文理则认为"个"表示"个别"之意，是一种特殊的造字方法。[2]

第四类是，假借汉字的形、义，读音与汉字基本无关，转而以越南语识读。陶维英将这种喃字的读法称为"义读"（đọc theo nghĩa），相当于日语里的训读。此类字很少，陶维英认为仅有"爫"和"沃"两字，前者是"為"字的简笔字，越南语中读"làm"，有"做、干"之意；后者读"lầy"，也转读"rày"，但让取"lầy"之意，即"湿润、膏腴之地"。据谭志词的统计，喃字系统中"义读"喃字仅有 8 个。他还认为，之所以出现这种现象，是因为"字喃是在汉字的基础上创造出来的，处处以汉字读音为参照，而这种'义读字'的读音与汉字读音无关，等于失去了一种参照物即汉字的读音，这就给创制者和学习者带来了困难"[3]。由此可见，这类假借字虽少，但也从侧面体现了越南语与汉语在词汇和语音上的巨大差别，以及汉字和喃字均无法完全记录越南语的读音。

---

① 〔越〕黎贵惇著, Nguyễn Khắc Thuần 校订:《见闻小录》卷二《体例上》, Hà Nội: Nhà xuất bản Giáo dục, 2008, tr.497.

② 〔越〕Đào Duy Anh, *Chữ Nôm: Nguồn gốc-Cấu tạo-Diễn biến*, Hà Nội: Nhà xuất bản Khoa học Xã hội, 1975, tr.82. 〔越〕Trần Văn Giáp, "Lược khảo về Nguồn gốc Chữ Nôm", *Nghiên Cứu Lịch Sử*, No.127, 1969.

③ 谭志词:《中越语言文化关系》, 北京:军事谊文出版社, 2003 年, 第 121 页。

（三）形声字

许慎在《说文解字·序》中对形声字的定义是："形声者，以事为名，取譬相成，江、河是也。"鉴于这一定义，可看出形声字的结构特点是，由声符和意符组成，其中声符表音，意符表意。两者结合则构成音、形、义完整统一的汉字。形声喃字充分借鉴了此造字法，以汉字的偏旁部首为意符，取汉字（有时为整个喃字）做声符创造出新字。据谭志词统计，在汉字 214个部首中，喃字构字法常用的约 60 个，另增添了"巨"和"司"两个部首。[①]因为汉语和越南语存在很大的差异，即便是用汉越音识读的形声喃字的声符也未能准确反映其读音，所以大多数形声喃字仍需要不同程度的"歪读/偏读"才能切合越南语的实际读音。

---

① 谭志词：《中越语言文化关系》，北京：军事谊文出版社，2003 年，第 121 页。

第三章　喃文献：概念、产生与灾殃

为了更加准确、客观和全面地考察越南越族喃文献的相关情况，有必要厘清喃文献的基本概念，喃文献产生的大致情况和概览，及其在越南历史发展过程中的灾殃等基本情况和脉络。希望能为后续诸章节做铺垫，便于对相关核心问题的探讨和分析。

一、喃文献的概念界定

在早期越南典籍中，喃文诗文一般也被称为"国音"或"国语"诗文。喃文诗文中，大都含有大量的汉字，所以严格来说，喃字难以独自成文，它必须与汉字共同使用，来标记越南越族的民族思维和语言。这种汉字和喃字杂糅并用的文体，被称为汉喃文。由于汉喃文乃根据越南语的语法规则，尤其是越南越族的民族思维习惯进行识读和理解，故也可以称之为喃文。它们与汉文既有千丝万缕的联系，又具有自身显著的特点。

值得注意的是，中国古代汉文典籍传播到越南之后，不仅为越南历代封建文人所受容，而且往往还将它们进行在地化改造。此种过程实际上即是"演喃"的过程。所谓"演喃"，就是将汉文改写或再创作为喃文，而且大多以"六八体"或"双七六八体"的形式出现的。[①]换言之，"演喃"其实就是将汉文译介为喃文，但因形式和侧重点的不同，又可细分为"演音""演义"和"演歌"。中国学者王小盾认为："'演音'相当于通常所谓译介，'演义'相当于通常所谓述译和疏解，'演歌'则是改写——把散文改写为诗歌、把书本改写为说唱、把小说改写为戏剧。作为语文学的题材，前者（演

---

① 按：关于"六八体"或"双七六八体"的基本情况，将于下文"喃文韵文小说、六八体和双七六八体诗歌"部分予以详细阐述，不赘述于此。

音）又叫'国音'，后二者（演义、演歌）又叫'国音歌'。……'演音'、'国音'等术语也可以用来代表不同体裁之间的译介转述。"[①]另据王氏考察和统计：在现存的越南古籍中，越南封建文墨以'演音'或'演歌'的形式，译介了大约有四百种中国典籍。[②]这既反映了中国典籍在越南传播和受容的情况，也反映了它们在越南被在地化的又一全新面貌，是中越典籍和语言文化水乳交融的生动体现。除了上述所谓"演音""演义"和"演歌"之外，其实还有"解音"也是越南传统"演喃"汉字诗文的重要途径或体例。"解音"既有"演音"的译介功能，又有"演义"的疏解内涵，往往因具体的语境或上下文义理解的需要而灵活使用，具有较大的弹性。

需要指出的是，越南历代文墨之士不仅"演喃"中国古代汉文典籍，而且也"演喃"越南的名篇大作。例如，18 世纪，邓陈琨以汉文古乐府《征妇吟》而名声大振。段氏点、潘辉似和阮侃等名士，曾对该乐府诗进行"演喃"，但段氏点演喃版的《征妇吟曲》，以极其炉火纯青的民族语言，长于抒情的六八诗体和丰富而细腻的情感表达手法，获得了巨大的成功，在越南文学的影响力甚至超过了邓陈琨的汉文原著。

通过上述各节的介绍和论述，可以看出喃文献的出现与发展，是封建时代越南历史和社会文化发展的自然结果，是越南历代人民智慧的结晶。喃文献的出现与发展，还可以清晰地体现和证明中越文化的密切联系，因为历代越南文墨之士对从中国传入的汉文典籍进行消化和吸收之后，基于汉文典籍的框架结构和情节内容，再用喃文对其进行"演喃"。总体而言，"演喃"就是将汉文典籍译介成越南的民族语言。在此过程中，"六八体"和"双七六八体"等韵文与"演喃"如影随形，几乎同时发生，相互成为依托。这是喃文献最为重要的特征之一。与"演喃"相反的是，在越南的汉喃文献中，还有将喃文作品译介为汉文的文化现象。习惯上，越南人将其称为"演字"或"汉字演音"。《国音演诗》以汉语四言诗"演字"（即译介）用喃文写就的越南方言、俗语和歌谣，故又名《国音演字》。"演字"和"演诗"等术语的出现和实际应用，充分说明国家之间的语言与文学交流总是双向的。它们的量

---

① 刘春银、王小盾、陈义主编：《越南汉喃文献目录提要·王序》，台北："中央研究院"中国文哲研究所编印，2002 年，第 xxiii—xxiv 页。

② 参见刘春银、王小盾、陈义主编：《越南汉喃文献目录提要·王序》，台北："中央研究院"中国文哲研究所编印，2002 年，第 xxiv 页。

积累到一定的程度后，会产生质的蜕变，孕育出新的文学体裁。但应该客观看到，这种交流犹如水之就下，是以语言与文学高地流向低洼处为主的。

关于汉字的字与音，以及喃字的字与音之间的关系，越南古代文墨之士有过比较深入的认知阐发。比如，后黎朝硕儒黎贵惇曾指出：

> 中国记字义理在字不在音，外国记音义理在音不在字；中国文字从见处生想悟，以音求之则差矣；学外国声音从闻处生神识，以字求音则窒矣。……国音本无正字，只借此北字微加偏旁，顺口称呼，不入平、上、去、入四韵，故彼方不能举其记录易差。①

黎贵惇还曾就文字与语言、声调；正音与方言；语言、文字与音乐的关系等诸多语言文字问题进行了系统的阐发。在论述文字与声音的关系问题时，他认为：

> 文字从声音起，声音从性命起。乾道变化，万物各正其性命，有性命便有形体，有形体便有声音。圣人作文字，所以写其声音也。六书之法，其要归于象形、会意而已，音无穷而字有限。中州隶字上古以来之正音也，海外万国山川僻远，轻重清浊之气随处不同，其语尤为难辨。故自各制文字，梵书、番书……西洋书，文义殊别亦写一国之声音耳，岂可执正音而求之哉？②

由上述两条引文可见，黎氏敏锐地察觉到不同国家的语言与文字之间的关系，认为中国文字以字求音义，以音求之则差矣；"外国（文字）记音义理在音不在字"，以字求音则窒矣。黎氏对汉字和喃字均精通，其关于"音字"的观点和阐发体现了他精湛的语言文字学识。黎氏虽未直接指出，但揆诸上述语境和喃字的实际情况，他提及"国音本无正字"指的是自造类的喃字。

无独有偶，《琵琶国音新传》序中所谓："北人以文字求声音，文字变成腔调；南人以声音求文字，声音别具体裁。"③这反映了越南古人对象形表意汉字和"记音义理"喃字的认知与理解，以及对汉越语言、文学基本特征与区别的看法。

---

① 〔越〕黎贵惇：《芸苔类语》卷六《音字六》，Nguyễn Khắc Thuần hiệu đính và chú thích, *Lê Qúy Đôn Tuyển tập, tập 7*, Hà Nội: Nhà xuất bản Giáo dục, 2008, tr.607, 610-611.

② 〔越〕黎贵惇：《芸苔类语》卷六《音字六》，Nguyễn Khắc Thuần hiệu đính và chú thích, *Lê Qúy Đôn Tuyển tập, tập 7*, Hà Nội: Nhà xuất bản Giáo dục, 2008, tr.590-591.

③ 〔越〕乔莹懋：《琵琶国音新传》，越南汉喃研究院藏本，藏书编号 AB.272.

有鉴于上述情况，本研究中所谓的喃文献，既包括越南历代封建文人所写的，以越南语语音和语法规则识读的纯喃文书，也包括对汉文典籍"演喃"的喃文书，以及汉文和喃文二元一体，或汉文、喃文和国语拉丁文字三元一体的文书。一言以蔽之，凡是以喃文书写，并以越南语语音和语法规则识读的写本，可纳入喃文献的范畴。此外，在论及喃文献的过程中，我们还会较多提及喃文书这一概念。窃以为，所谓喃文书就是用喃文书写的文章、书籍或写本，它涵盖于喃文献的范畴之内，即喃文献是所有喃文书的总称，喃文书则是对喃文献中具体写本或部分写本的称谓；喃文献和喃文书两者之间，是总体与个体，或全部与部分的关系。

二、喃文献的产生与概览

如前所述，喃字大致在越南李、陈两朝走向成熟。据越南考古资料显示，有李一代，些许记录本地人名和地名的喃字被杂糅刊刻于汉文碑铭中。但这些碑铭仍是汉文碑铭，未可视为喃文碑铭。

陈朝初年以降，喃字才陆续被用以创作诗文。从历史发展脉络来看，喃文书发轫于安南陈朝阮诠之《祭鳄鱼文》。据越史载，陈仁宗绍宝四年（1282 年）"时有鳄鱼至泸江，帝命刑部尚书阮诠为文投之江中，鳄鱼自去。帝以其事类韩愈，赐姓韩。诠又能国语（按：喃文）赋诗，我国赋诗多用国语（按：喃文），实自此始。"[①]阮诠之文也被后世称为《祭鳄鱼文》，是越南正史关于越族喃文作品最早的记载。因"其事类韩愈"，被陈仁宗赐姓韩。正因如此，阮诠也被称为韩诠。上述引文中明确指出："我国赋诗多用国语（按：喃文），实自此始。"由此可见，13 世纪末，喃字不但已经具备了系统记录越南越族语言的基本功能，而且已经开始用于诗文创作。可以说，阮诠的《祭鳄鱼文》及其国语（按：喃文）诗赋，标志性地拉开了越南越族喃文献的历史序幕。

13 世纪喃字成熟后，虽被越南历代不少文墨之士斥为"不正之父"（nôm na là cha mách qué），但也不时被用于诗文创作或翻译汉文典籍。例

---

① 〔越〕吴士连等编撰、陈荆和编校：《大越史记全书·本纪》卷五《陈纪》，东京：东京大学东洋文化研究所，1984 年，第 355 页。

如：陈朝仁宗帝的《居尘乐道赋》《得趣林泉成道歌》和李道载（玄光）的《咏云烟寺赋》（也称《咏华烟寺赋》）三篇喃文诗赋传世。越南陈朝与中国元朝"两国状元"莫挺之（1280—1346 年）亦撰有喃文《教子赋》。陈朝末年，权臣胡季犛曾组织人员将《尚书·无逸篇》译为喃文，作《国语诗义》，教官家、皇亲国戚学习，令女师教后妃及宫人等；朝廷寄往各路的敕书和诏书也用喃字书写。

15 世纪至 20 世纪初，越南先后经历了后黎朝、西山朝和阮朝。此一历史时期，喃字和喃文书从巩固发展阶段，迈向繁荣鼎盛阶段。存世喃文献也多出于这一历史阶段。换言之，存世的喃文献，大多是 18 世纪至 20 世纪初，即后黎朝末至阮朝这一历史时期被创作和流布下来的。据王小盾考察，"至十八世纪以后，随著通俗文学的蓬勃发展，喃字作品终于蔚成大国。《越南汉喃遗产目录》收录了 1373 种纯用喃文写成的古籍，它们基本上是十八世纪至二十世纪的作品。"①

后黎朝开国功臣阮廌撰有喃文《国音诗集》等。黎圣宗文韬武略，是越南历史上雄才伟略的帝王之一。洪德二十五年（1494 年）黎圣宗创立"骚坛会"，自号"骚坛元帅"，成员包括圣宗本人及其近臣 28 人，史称"骚坛二十八宿"。"骚坛会"写下不少汉、喃诗文。其中，《洪德国音诗集》收录喃文诗三百多首，内容多为吟咏天地和大自然景观、描绘各种物品、抒发情怀，以及娴静逍遥的自我吟哦等。"骚坛会"及其诗文，带有浓郁的颂圣色彩，但他们汉、喃诗文并蓄，对越南后世民族诗歌与文学，尤其是喃文文学走向巅峰，所产生的影响不言而喻。后黎朝僧人香真法性编撰《指南玉音解义》②，是越南历史上的第一部汉喃辞书。它的出现，说明喃字和喃文书发展到了新的历史阶段。

经过百余年的清平之后，后黎朝经历了兵连祸结、生灵涂炭的"南北朝""郑阮纷争"和"西山起义"。1802 年，阮福映击败西山朝，结束战乱，建立阮朝。但好景不长，19 世纪中期，法国拉开了殖民侵略越南的序

---

① 刘春银、王小盾、陈义主编：《越南汉喃文献目录提要·王序》，台北："中央研究院"中国文哲研究所编印，2002 年，第 xxxvi 页。

② 按：《指南玉音解义》又名《重镌指南品汇野谭并补遗大全》或《指南野谭》，首页印有"重刊指南备类各部野谭大全序"字样。此书于景兴二十二年（1761 年）再版，但成书时间不可稽考。

幕，并于 1885 年将其变成自己的殖民地。兵荒马乱的社会现实，往往折射于越南文人墨客所创作的喃文作品之中。其中，段氏点演喃的《征妇吟曲》、阮嘉韶的《宫怨吟曲》、阮攸的《金云翘传》不但是典型的代表，也是越南古典喃文学巅峰阶段的系列著作。

后黎朝至阮朝时期，还是中越两国文书交流史和越南本土喃文书发展的繁盛阶段。有学者对《越南汉喃文献目录提要》所收录的喃文书进行统计发现，很多喃文古籍是作为汉文古籍的译本出现的。比如，四部分类中的经部，《易》被译为 6 种喃文书，《诗》被译为 7 种喃文书，《礼》被译为 2 种喃文书，《春秋》被译为 1 种喃文书，《五经总义》被译为 2 种喃文书；《四书》被译为 4 种喃文书；《孝经》被译为 3 种喃文书；《小学》被译为 13 种喃文书；子部的佛教和道教等领域的汉文古籍也均有被译介为喃文书者；至于集部的儒学、蒙学、小说和传奇等汉文古籍，被译为喃文书的更为丰富多样。[1]这说明，此一时期越南的儒、释、道迈入了深度融合的历史顶峰阶段。因此，中国儒、释、道经典被越南封建文墨之士以"演音"或"演歌"的形式译介为喃文，符合当地社会文化发展的客观需求。其中，西山朝（1786—1802 年）崇政书院院长罗山夫子阮浃，曾刻印《诗经解音》，还用喃文译介《小学》和《四书》，是儒学典籍在越南传播在地化的重大文化事件。

如上所述，由于受到三教文化，尤其是儒家文化框架下人伦道德和心理的深刻影响，加之社会形态基本相似，这使得中国明末清初的不少才子佳人小说传入越南后，不仅被越南文墨之士视若珍宝，而且往往出现在原文内容框架基础之上，完美融入越南本土文化、语言风格、艺术形式、民族心理、价值观念和民族精神等诸多元素，进行再创作，大多获得了积极而良好的社会反应。例如：《金云翘传》《花笺传》《传奇漫录》《二度梅演歌》《刘元普传》《玉娇梨新传》《西厢记》《好逑新传演音》《平山冷燕演音》《双星不夜》《潘陈传》《再生缘传》《昭君贡胡传》《琵琶国音传》《林泉奇遇》《金石奇缘》等，就是其中的佼佼者。

后黎朝至阮朝时期，越南本土喃诗文的创作也得到了蓬勃的发展，诸如

---

① 参见刘玉珺：《越南汉喃古籍的文献学研究》，北京：中华书局，2007 年，第 284—287 页。

《越南开国志演音》《春香诗集》《事迹翁状琼》《事迹翁状猷》《碧沟奇遇》《贫富传演歌》《董天王新传》《芳花新传》《蚊花新传》《刘平杨礼新传》《铜钱传》《果报新传》《范载玉花》《范公菊花》《宋珍菊花》《石生新传》《初镜新装》等不胜枚举。纵观可知，这些本土喃文作品仍是在三教思想观念的总体范畴内进行创作。但值得注意的是，被后世越南文坛誉为"喃诗女王"（Bà Chúa thơ Nôm）的胡春香，具有超越时代的强烈女权意识和叛逆精神。她创作的系列喃文诗歌中的笔触，往往即景即情即性，对封建儒家礼教、道德伦理和男性权威大加挞伐。《一夫多妻》《无夫而孕》和《三叠山》就是胡氏非常典型的喃诗代表作。

随着社会经济文化的发展，后黎朝至阮朝期间，越南民间歌曲和戏曲等艺术创作也发展到了新的阶段。喃字和喃文本来就以表音和记录民间口头语言为第一特性，而民间歌曲和戏曲则兼具表演和说唱特征。此类喃文歌曲大致分为民间歌谣和礼会歌两大类。越南的曲艺与戏曲一般被称为"嘲歌"和"嗺戏"；前者重于歌唱表演，后者重于角色表演，但也有说唱成分。这些曲艺与戏曲也几乎用喃文进行创作。这些喃文作品，是以表现和抒发越南民族风土人情、风俗习惯和价值理念为主，但不少作品，尤其是"嗺戏"喃文戏本及其演绎的内容，多源于中国的历史典故。

歌筹，也称为陶娘歌[①]，是越南民间艺术表演方式，由主唱陶娘（又称"姚娘"）以汉越音进行演唱，伴奏者"管甲"以带琴、拍板和小鼓伴奏。歌筹的歌词汉喃兼用，但以喃文为主。据王小盾考证，越南歌筹源于唐朝的艺术术语——唐代饮姬歌唱小曲，往往以"筹"为点歌记令的工具；歌筹典籍"或记录歌筹曲目，或叙述演奏鼓、琴、板的方法，或解释制度名物，或阐述歌唱理论，内容十分丰富"。[②]另据王氏考证，"在越南古籍中，有一种《考教坊式》，记录对陶娘进行典试的评价体式，由礼部教坊撰写，其典试方式是以得筹多寡而确定评分高低。这就证明歌筹是一种教坊艺术，其名亦来

---

① 笔者按：2009 年 10 月 1 日，联合国教科文组织将越南歌筹列入人类非物质文化遗产名录。

② 刘春银、王小盾、陈义主编：《越南汉喃文献目录提要·王序》，台北："中央研究院"中国文哲研究所编印，2002 年，第 xxxiii 页。

自教坊。"①歌筹演唱的内容丰富多样，其中有不少内容取材于中国的历史典故、文学作品等。这生动而深刻地体现了中国古典音乐及其理论与越南民间音乐水乳交融的情况。

除了上述各领域之外，越南还有反映古代乡社社会情况的相关碑铭和村社喃文书。其中，喃文乡约最常见，是留存数量最多的村社喃文书。越南喃文乡约大致可细分为"约""券"和"例"三种体裁。其中，"约"是全体村民共同订立的公约，内容主要涉及村社的行政管理；"券"是村社日常事务处理的规定；"例"也称为"俗例"，是村社诸如收支、奖惩、课税和礼仪习俗的行事惯例。由于绝大多数村民的文化水平不高，因此长于表达越南语口语的喃文被大量用于订立乡约。此外，丁田簿、交词、嘱书和分书等民间文书也大多用喃文书写。关于这方面的详细情况，将在第四章另有专门论述，不赘述于此。

值得注意的是，16 世纪以降，西方天主教和基督教开始陆续在越南传播。在数量众多的传教士中，不乏优秀的语言文字学家。为了发展信众，他们努力学习越南语、汉字和喃字，节译《圣经》教义的相关内容，传授给最先皈依的教徒。皈依的教徒又与传教士们合作，译介更多的经文，传播给更多的信众。这些经文也多用喃文，甚至用国语拉丁文字译介，以便于越南信众的理解和宗教的传播。诸如《八日教程》《圣教经愿》《圣教要理》和《圣母芳名》等即属于此类文书。

19 世纪中后期，随着法国在越南逐步确立殖民统治，越南的国运和历史文化被推到了新的十字路口。法国殖民当局极力推行国语拉丁文字，以替代汉字和喃字。起初，传统士大夫和民众激烈抵制国语拉丁文字，后来转而接受并大力推广。1945 年，胡志明领导的"八月革命"取得胜利，旋即颁布了《平民学务》敕令，明确规定国语拉丁字为国家官方通用文字。自此而后，汉字和喃字逐步退出越南文字的历史大舞台，用喃文书写和创作的各类写本，也逐步萎缩和消失。总而言之，喃字和喃文书何时退出越南的历史舞台，学界见仁见智，但大致可将 1945 年"八月革命"胜利，及越南民主共和国颁布的《平民学务》敕令作为分水岭。因为它以国家法令的形式，宣布

---

① 刘春银、王小盾、陈义主编：《越南汉喃文献目录提要·王序》，台北："中央研究院"中国文哲研究所编印，2002 年，第 xxxv 页。

了越南官方通用文字的鼎革，体现了越南国家和民族的意志，是越南文字发展进程中标志性的历史事件。有趣的是，1945 年之后，基于某种原因或情怀，越南知识分子或民众仍有极少数人使用喃字创作喃文书或喃文诗文；它们仍可被视为越南传统喃文献在新时代的有机延续，或至少可被看作越南现代喃文书。

三、喃文献的历史灾殃

虽然 13 世纪以降，越南历代封建文墨之士创作了一定数量的喃文诗文，但纵观目前越南存世的喃文献，尤其是纯用喃文书写的古籍，却基本上是 18 世纪至 20 世纪的作品。这种情况与该历史阶段越南喃字和喃文书处于繁荣发展时期，被较多用于创作诗文或记录日常生活的情况相吻合；但也可能从侧面反映了 18 世纪以前的喃文古籍未能或鲜有留存下来，只有部分抄本流传于世。造成这种情况的主客观条件和原因是多方面的。

第一，不少古人缺少对自己创作著述进行收藏和保存的意识，超脱于名利之外。据越史所载，陈朝英宗、明宗二帝，临终前将自己的所有诗稿付之一炬，片纸未留。后世之人，无缘一睹他们诗文之辞藻风采与思想之奥义情怀，殊为可惜。此外，无名氏的诗文和著述也并不少见。

第二，就地理和气候条件而言，越南处于北纬 8°30′ 至 23°22′，东经 102° 至 109°29′ 之间的热带区域；国土南北狭长，东面和东南面濒临南海，西面和西南面为高原山区及南北走向的长山山脉。孕育越南古代文化的北部和中部北区，基本处于热带季风气候，日照充足，气温高且湿度大。在这种天然条件下，纸质文献容易腐烂，难以长久保存和流传，即便是用于刊刻的木质雕版，也容易腐烂或被虫蛀而损毁。

地理和气候条件对越南汉喃古籍的侵蚀，不仅发生在古代，而且在现代社会里仍然时有发生。据越南媒体报道，2022 年 12 月，越南汉喃研究院管理人员发现原版古籍图书馆有若干册古籍丢失。事发后，汉喃研究院对原版古籍书库展开 10 余年来的首次清点工作。结果发现，由于馆藏条件欠佳，书库中 1/10 的原版古籍，即大约 4000 册原版古籍，由于虫蛀、潮湿等，出现了不同程度的物理损坏，有的古籍脱落损坏若干页；有的古籍书皮损毁而未获修复；有的古籍潮湿腐烂；有的古籍则整册或部分被白蚁啃噬。[①]由此可见，在现代社会中，古籍的馆藏和保护工作，需要依靠防潮、防虫和防菌等高科技的保驾护航，否则类似情况很可能难以完全避免。

第三，历代封建王朝对官方馆藏典籍管理的忽视与疏漏，是造成汉喃古籍散佚的重要原因。后黎朝硕儒黎贵惇曾不无遗憾地指出：

> 我国本以文学著名。各阶层，自王侯以至士庶，均有作品流传。然而遗留的数量，百不存一，仅可比中国作家作品总数十分之一。数量已属可怜，加以王室藏书的忽视：既无内廷档案的管理，又无掌书的官员；抄本审查的法则，保存的条例，均付缺如。而历代生员，关心无非应试的策论时文。偶见与科举无关的文字，即属往代难得的孤本，亦弃置不顾，不加缮录。而有好事者随笔抄记，亦绝无校勘可言。间或有嗜古成癖的人；则什袭而藏，视同珍宝。所以古书发现固不易，偶而获致，则盈篇讹误，使读者困顿迷惑，辨正为难。这对于好学深思之士是一件重大遗憾的根本原因。[②]

阮朝末年，兵连祸结，朝廷风雨飘摇，万事凋零。在这样的大背景之下，皇室藏书的怪乱情景让人愕然。1944 年，陈荆和曾到阮朝保大书院调研古籍史料。让他吃惊的是，作为一国王室的保大书院太简陋了，书院里的书库、书棚、调度品等的贫乏程度令人难以置信；阅览室门庭冷落，书院苦力无所事事；从聚奎书院移来的典籍和安南本没有一种为了保存而进行过很好修理，又被收在带有玻璃门的涂红的木板的书棚里，几乎全被虫蛀。[③]

第四，即便在现代，由于相关职能部门管理上的疏漏和古籍保护意识欠佳，也导致了部分汉喃古籍或被毁坏，或随意处理，甚至丢弃和烧毁。据越南汉喃研究院前院长陈义（Trần Nghĩa）指出：自 1945 年以来，汉喃古籍的收集、保护和整理工作取得了诸多成就，但也仍存在诸多令人痛心疾首的事情。如：某些地方机构馆藏的汉喃古籍"不翼而飞"；某些干部以国家机

---

① Viện Nghiên Cứu Hán Nôm, "Thông cáo về sự việc 25 cuốn sách tại Viện Nghiên cứu Hán Nôm bị thất thoát", 2022-12-21, accessed 2022-12-25, http://www.hannom.org.vn/#.

② 转引自〔越〕陈文玼：《越南典籍考》，黄轶球译，载《文风学报》，1949 年 7 月第 4/5 期合刊，第 74 页。

③ 参见刘玉珺：《越南汉喃古籍的文献学研究》，北京：中华书局，2007 年，第 167 页。

关的名义将极具价值的汉喃古籍据为己有；1975 年南方解放后，某支部队将顺化古物协会（Hội Cổ học Huế）的汉喃古籍全部运往北方，至今这批古籍仍下落不明；地方干部缺乏大局意识，思想态度散漫，阻碍了汉喃古籍的收集及其国有化；某些贵重的汉喃典籍"鬼使神差"地在国内消失，却现身国外。[①]

管理上的漏洞致使古籍丢失的问题一直延续到了当前阶段。2022 年 12 月 21 日，汉喃研究院就发出了一则通告说：大约在 2020 年 3—4 月份，古籍书库的工作人员发现有 29 册原版汉喃古籍未在原先存放的书架上。其中，13 册属于 A 和 V 库古籍；13 册属于 ST 库书籍。此外，还发现少了 6 张拓片。经系统清点和统计发现，原版古籍书库中有 25 册原版古籍遗失；4 张拓片乱放他处，2 张拓片丢失。[②]由此可见，科学合理，有效可行的现代管理机制，是古籍管理和保护不可或缺的重要配套措施。

第五，1945 年国语拉丁文字成为国家法定通用文字之后，导致了文化的断层。绝大多数越南新生代已无从识读汉喃典籍。这使得散落民间的，祖上遗留下来的汉喃典籍被自己的子孙视如敝屣，或被丢弃，或被烧毁，或"物尽其用"被拿来折扇子，或用来扑扇米灰，或用以混合石灰砂浆做砌墙材料；还有"孝子贤孙"用汉喃古籍陪葬逝者。在越南西北地区，有些地方文化机构的干部将师公/道公的汉喃经书视为"迷信异端"之物而没收起来。由于缺乏保存意识，或者说无人读懂，那些收集到的汉喃古籍最终被人为损坏甚至烧毁。凡此种种，都导致了汉喃古籍不可挽回的损失，实在令人顿足捶胸！

除上述主客观原因之外，越南历史上的古籍也曾饱受兵燹之祸。古代和近现代历史上的战乱都三番五次严重损毁越南的汉喃古籍文献。这种灾殃史迹斑驳可考，或载于史册，或仍历历在目，主要体现在以下几个方面。[③]

---

① 参见〔越〕Trần Nghĩa, "Sưu tầm bảo vệ thư tịch Hán Nôm", 2019-07-17, accessed 2022-07-12, http://vns.edu.vn/index.php/vi/nghien-cuu/van-hoa-viet-nam/1237-suu-tam-bao-ve-thu-tich-han-nom.

② Viện Nghiên Cứu Hán Nôm, "Thông cáo về sự việc 25 cuốn sách tại Viện Nghiên cứu Hán Nôm bị thất thoát", 2022-12-21, accessed 2022-12-25, http://www.hannom.org.vn/#.

③ 按：关于越南古籍历史上的多次灾殃问题，前贤时彦已有考论。参见张秀民：《〈中越关系书目〉继编》，载《中国东南亚研究会通讯》，2001 年第 1 期，第 34 页；刘志强：《有关越南历史文化的汉文史籍》，载《学术研究》，2007 年第 12 期，第 170—

第一，元代蒙古军队攻打安南时，北宋赠予安南四部印制的《大藏经》和一部《道德经》皆毁于兵火。此一时期，喃字刚开始被用于创作的初级阶段，喃文的数量应比较有限，或许没有多少可被"毁于兵火"的喃文古籍。

第二，据《大越史记全书》所记，陈朝绍庆"辛亥二年（1371 年）闰三月，占城入寇，……二十七日，贼乱入城（即升龙城），焚毁宫殿，……贼烧焚宫室，图籍为之扫空……"[1]陈朝绍庆二年（1371 年）距陈朝绍宝四年（1282 年）阮诠首次用喃文作《祭鳄鱼文》已近百年。在此期间，陈朝文墨之士应创作了一定数量的喃文诗文，但具体情况史迹淹没，后世难窥其堂奥。因此，可以合理推断，陈朝绍庆二年占城军队攻占升龙城，应有喃文书毁于战火。

第三，明朝征伐安南胡季犛父子期间，也给越南古籍造成散佚甚至毁书焚典的情况。据《大越史记全书》记载，明永乐十六年（1418 年）"秋，七月，明遣行人夏清、进士夏时，来取我国古今事迹志书。"[2]中国野史也有记载，永乐四年（1406 年）七月，明成祖朱棣敕征夷将军成国公朱能等"计事十件"。其中之一曰："兵入，除释道经板、经文不毁外，一切书板文字，以致礼俗童蒙所习，如上大人，丘乙己之类，片纸只字悉皆毁之。其境内凡有古昔中国所立碑刻则存之，但是安南所立者，悉坏之，一字勿存。"[3]永乐五年（1407 年）五月，明成祖又敕总兵官征夷右副将军新城侯张辅相似的内容。这与潘辉注在其所著《历朝宪章类志·文籍志》序文中提到的"明将张辅取古今书籍部送金陵"略有差别。此间，也应有喃文书被明军焚毁，但具体情况亦无从考究。

第四，后黎朝出现多次内乱。其中，至少有三次战乱损毁了大量越南汉喃古籍。第一次是，黎初绍光元年（1516 年），陈暠作乱攻破京城升龙，"人民入城，争取金银宝货，……图书、胡椒、草香等物委弃衢路，高一二

171 页。笔者参引了张氏和刘氏的研究成果，并在其基础上有所补充。

[1] 〔越〕吴士连等编撰、陈荆和编校：《大越史记全书·本纪》卷七《陈纪》，东京：东京大学东洋文化研究所，1984 年，第 442 页。

[2] 〔越〕吴士连等编撰、陈荆和编校：《大越史记全书·本纪》卷十《黎纪》，东京：东京大学东洋文化研究所，1984 年，第 516 页。笔者按：还有一种观点认为，明征交趾胡季犛父子时，新城侯、征夷右副将军"张辅取古今书籍部送金陵"。

[3] 李文凤：《越峤书》卷二，载《四库全书存目丛书·史部》第 162 册，济南：齐鲁书社，1996 年，第 695 页。

寸，不可胜纪"。[①]第二次是，后黎击败莫氏，克复京师（升龙）时，"诸书又毁于火"。[②]第三次是，后黎朝末年，西山吕氏三兄弟领导了越南历史上最大的农民起义。他们不仅击败了郑主和阮主，并推翻了后黎朝的统治，兵锋所向，生灵涂炭，后黎朝宫室器物和书院古籍为之损毁。

第五，近代法国不断对越南发动殖民侵略战争。1883 年，法军攻入阮朝都城顺化，皇宫遭受兵燹，皇宫里的包括皇帝御批的朱本等典籍，被运至顺化城集市及周边的南浦、东波和保荣等集市贱卖。此外，根据越南史学家明峥考究，法军在河内即将解放时，曾经运走越南古籍 700 箱。[③]

第六，1940 年至 1945 年，为了策应"太平洋战争"的军事需要，日本侵入越南，并逐步排挤和踢开在越南的法国殖民势力，对越南进行了短暂的殖民统治。在此期间，日本侵略者也掠夺了不少越南汉喃古籍。今日日本东洋文库馆藏的越南汉喃文献，多为日本殖民统治越南时期所掠夺。

总体而言，在历尽历代兵燹之乱和各种天灾人祸而留存下来的越南越族喃文献，是宝贵的精神财富，为后世了解、认识和研究越南的文献、文学、语言、文字、风俗习惯和社会形态等，提供了颇为丰富多样的资料与素材。

---

① 〔越〕吴士连等编撰、陈荆和编校：《大越史记全书·本纪》卷十五《黎纪》，东京：东京大学东洋文化研究所，1984 年，第 811 页。

② 张秀民：《〈中越关系史书目〉续编》，载《中国东南亚研究会通讯》，2001 年第 1 期，第 34 页。

③ 张秀民：《〈中越关系史书目〉续编》，载《中国东南亚研究会通讯》，2001 年第 1 期，第 34 页。

第四章　喃文献的分类

从陈朝直至越南末代封建王朝阮朝，越南历代文人墨客，除了创作大量的汉字诗文之外，还留下了蔚为可观的喃文献。据了解，目前越南历史留存下来的喃文献主要馆藏于越南社会科学翰林院下属汉喃研究院和越南国家图书馆。此外，越南社会科学翰林院下属史学院、越南国家档案馆、法国远东学院河内中心、越南河内国家大学、越南胡志明市国家大学等机构或院校，以及部分佛寺以及某些私人藏家也不同程度地馆藏有越南越族喃文献。

由于种类繁杂多样，加之笔者力有不逮，难以完全按传统汉文献经、史、子、集四大部类的标准，对越南越族喃文献进行分类。为了对越南越族喃文献有更加直观的认知，我们以体裁为分类标准，拟就比较有代表性的律体诗、骈体赋、韵文小说、六八体和双七六八体诗歌、乡约和辞书等几类重要的喃文献进行简略考察和梳理。

一、喃文律体诗

诗歌是中国文学的重要体裁之一。唐诗在中国文学史，乃至世界文学史都占有重要的地位，对封建时期的日本、朝鲜和越南等国家和地区文学的形成与发展，产生过炽烈的影响。越南越族喃文诗的兴起与发展，均与越南历代文墨之士对唐律体诗的持续摸索、运用，并逐步走向成熟有莫大的联系。

如上所述，阮诠被认为是越南历史上创作喃文诗的第一人，但遗憾的是，他的喃文诗未能流传下来。在越南古代文学话语体系中，阮诠所创作的喃文诗体裁被称为"韩律体"或"唐律体"。"韩律体"源于唐律体诗，并不断在地化，使之符合越南语音韵和声律特点。"韩律体"大致包括七言八句、五言八句和四绝等诗体。据于在照先生考究，"越南唐律体中的七言八句、五言八句相当于中国古典诗歌中的七律、五律，越南唐律体中的'四绝'相当于中国古典诗歌中的五绝和七绝。在越南唐律体喃字诗创作中，七言八句律诗运用最为广泛，七言八句律诗的作品数量最多，'四绝'中的七言四句诗数量较少，而五言八句律诗和'四绝'中的五言四句诗则数量更少。"①越南喃文诗体大多以唐律或唐律变体的六八体和双七六八体为主。

值得注意的是，越南喃文律体诗在发展的过程中，会出现变体的现象。比如：七言八句体律诗，大致从中国七律诗体发展为七言加六言诗体；七言四句体律诗，演变成七言加六言诗体，可视为对中国七绝的进一步发展与运用。这种变化既体现了古代越南文墨之士创作喃文诗歌时，并未完全遵循传统汉文诗歌体裁的范式，而是在其基础上推陈出新，具有一定的创新性。之所以出现这种情况，是因为喃文诗韵脚数量比汉文诗更多，押韵情况更为繁杂，因此喃文诗体必须进行灵活的变体才能与之相适应。这也从侧面反映，越南语虽然受到汉语的深刻影响，但两者之间还是存在着巨大的鸿沟。

1428 年，黎利击败明军，建立后黎朝，越南重新走上自主封建的道路。越南喃文学迎来了新的发展时期。阮廌（1380—1442 年）是后黎朝的开国功臣，具有经天纬地之才。他不仅在军事、政治和外交层面具有卓越的才能，而且还是一位工于诗文的文学家。阮廌的著作多用汉字撰写，仅有《国音诗集》为喃文作品。据越南学者考据，此书流传至今有手抄和木刻两个版本，前者较古，但仅存录喃文诗 70 首，故人们多参考木刻本。②《国音诗集》原收于阮廌《抑斋遗集》第七卷，共录喃文诗 254 首。阮廌国音诗体较灵活，或七言八句，或七言四句，还有许多六言诗，不一而足。在 200 多首喃文诗歌中，可能由于作者为求押韵的缘故，因此有些喃字的写法和用字非常随意，难以解读和确知文义。③《国音诗集》是越南历史上第一部完整的喃文诗歌集，在越南文学史上具有举足轻重的作用。从越南喃文学发展史来看，它是在汉字诗文独霸文坛的背景下创作的，对越南喃文学的发展起到承前启后的作用；从诗歌的格式来看，他创造性地在唐律体的七言诗中插入

---

① 于在照：《越南文学史》，广州：世界图书出版广东有限公司，2014 年，第 129—130 页。

② 〔越〕Trần Văn Giáp, Phạm Trọng Điêm, *Nguyễn Trãi Quốc Âm Thi Tập Phạm luận*, Hà Nội: Nhà xuất bản Văn-Sử-Địa, 1956, tr.4.

③ 〔越〕Trần Văn Giáp, Phạm Trọng Điêm, *Nguyễn Trãi Quốc Âm Thi Tập Phạm luận*, Hà Nội: Nhà xuất bản Văn-Sử-Địa, 1956, tr.7.

一句或多句六言和首尾吟，预示了阮廌努力摆脱汉赋和唐诗的影响，被后世越南诗人陆续采用，也为越南喃文诗的民族风格——六八诗体和双七六八诗体的形成奠定了坚实的基础。这种诗歌体例的创作方式，也从侧面体现了灵活而不拘一格的越族民族思维方式和语言特点。正因如此，《国音诗集》被认为是越南喃文学飞跃发展的开篇之作。

阮廌的喃文诗歌的另一个特点是分类而作，往往围绕一个主题而作，少则一两首，多则数十首不等。如《首尾吟》1 首，《言志》21 首，《漫述》14首，《陈情》9 首，《述兴》25 首，《自欢》41 首等。在《国音诗集》诸多诗歌的字里行间，流露了作者万般无奈、孤零寂寥、悲戚交织和缺衣少食的境况。这从侧面反映了在黎利建国后，阮廌遭到奸佞排挤和刁难的悲惨遭遇。

继阮廌之后，黎圣宗（1442—1497 年）对喃文学的发展也做出了巨大的贡献。黎圣宗，名灏，讳思诚，学识渊博，即位后文治武略，史称"光顺中兴"。他自称"天南洞主"骚坛大元帅，设"琼苑"馆，与朝臣相互唱和。以黎圣宗为"元帅"的骚坛会除了以汉字进行创作之外，还以喃文吟诗作赋，相互唱和。这些作品被后人整理辑成《洪德国音诗集》。但可惜的是，后黎朝末年，兵连祸结，典籍多毁于战火，故诗集的成书年代已难以稽考。此书现在越南仅存两三个版本。其中，以汉喃研究院所藏 AB.292 号手抄本最佳。《洪德国音诗集》共收 328 首喃文诗，分为天地、人道、风景、品物四门。其中，天地门 59 首，主要吟咏季节、时令、昼夜；人道门 46首，多以中国历史人物如项羽、张良、牛郎、织女等历史或传说人物为创作主题；风景门 66 首，吟咏潇湘、桃源、祠庙、寺庙、名胜、山川；品物门69 首，则以风花雪月、琴棋诗酒为吟咏对象。诗集还附载《闲吟诸品诗集》共 88 首，所咏有《古城》《朗吟》《兴吟》《玩咏》《乐酒》等题，并有组诗问答歌、王嫱故事、《吊王嫱墓诗》等。[①]《洪德国音诗集》是继阮廌《国音诗集》之后的重要喃文诗集，对越南后世喃字和喃文学的发展影响炽烈。有学者认为，它"为字喃作品打开了广阔的前景，使得字喃文学能在汉文作品继续发展的形势下，登上越南的文坛，打破了越南知识分子用汉语写诗的传统观念"[②]。

---

① 越南汉喃文献目录数据库系统检索，http://140.109.24.175/pasweb/Opac_book/book_detail.asp?systemno=0000003512，2013/11/10。

② 颜保：《越南文学与中国文化》，载《外国文学》，1983 年第 1 期。

除了阮廌和黎圣宗的喃文诗之外，胡春香是 18 世纪的越南女诗人。她的喃文诗在越南文坛中享有盛誉，被誉为越南最伟大的诗人之一。关于胡春香的史料记载片纸难求，世人难以确切知道其生卒年代，只能以其作品来推断她的生平事迹。可以肯定的是，胡氏生于后黎朝末年，经历西山朝，卒于阮朝初年。她祖籍义安省琼瑠县琼堆村，出身于书香门第。她年幼丧父，家境清贫，由寡母抚养成人，过着清贫的生活。胡春香从小明敏好学，无奈家道中落，半途辍学。及年长，胡春香大部分时间生活在升龙城。她当时交游甚广，家中常有儒士、诗友相聚。胡春香的爱情和婚姻并不幸福，她曾两度嫁做人妾，且两度守寡。胡春香的诗歌中，有的诗篇反映了她的悲惨境遇。

虽然胡春香学业半途而废，但学识不浅，汉文诗和喃文诗并通，但最精于喃文唐律体诗，将其推到了非常完美的高度。据考证，胡春香的诗歌创作包括三部分，第一部分是约 60 首喃文诗歌，收集在《春香诗集》中；第二部分是陈清迈于 20 世纪 60 年代发现和公布的胡春香的《琉香记诗集》；第三部分是北京大学颜保教授发现并出版的《胡春香诗的新发现》。①笔者在越南研修期间，在越南国家图书馆还查阅到《春香国音诗选》，共 38 首。诗文内容多与《春香诗集》中的诗文并无二致，唯一不同的是，《春香国音诗选》是喃字与国语拉丁文字二元一体板，上栏为喃字诗文，下栏为国语拉丁文字译文。

胡春香的诗歌创作题材，"往往具有两义的朦胧色彩。本义是诗人对表现对象的直接描写，暗义又往往涉及夫妻的私生活。"②正因如此，她的诗在内容和思想上历来引起不少争议，越南历代对她褒贬不一，有人怒斥其为"淫诗"，但却追捧其在形式和艺术技巧上取得的惊人成就。现代越南诗人春妙肯定了她对越南文学发展的贡献，指出："春香的诗歌最越南化、最民族化，也最被人民所推崇。"越南人也赞誉胡春香为"喃字诗女王"，她的诗歌通俗易懂，脍炙人口，流传极广且经久不衰。

胡春香的诗作有着明显的女性意识和叛逆精神，她在《一夫多妻》《无夫而孕》两首诗中，以犀利辛辣的笔触揭露封建旧礼教对妇女感情和人性的压抑与摧残，大胆揭露封建婚姻制度的丑恶和虚伪，对封建礼教和封建迷信

---

① 于在照：《越南文学史》，北京：军事谊文出版社，2001 年，第 112 页。
② 罗长山：《越南古代女诗人胡春香和她的诗》，载《东南亚纵横》，1993 年第 4 期。

大加挞伐。胡春香喃文诗的另一显著特点是，她的不少诗歌都有朦胧的两性描画色彩。如《三叠山》表面写的是大自然的风景，但笔触却再现了阴阳、雌雄交合的景象和女性生殖器的特点，这类诗中所隐藏的第二层意思往往具有强烈的讽刺和反叛蕴意，为传统儒家文化思想所不容。胡春香的诗歌还将越南民间俗语、歌谣的讽刺艺术融入自己的创作风格中，使自己的诗歌风格极具讽刺性。如《无夫而孕》中"管之呬世咥贞歷，庄劳仍麻劳買頑"句就化用了越南俗语"Có chồng mà chửa thế gian sự thường, Không chồng mà chửa mới ngoan."（意为"有夫而孕寻常事，无夫而孕巧声名"）。这对封建礼教对女子所要求的所谓"坚贞""女子无才便是德"和"三从四德"构成了巨大的挑战，但却反映了女权主义的要求。胡春香的这种尖酸讽刺的诗风，极大地影响了越南后世的诗人，陈济昌、肥秀（胡仲孝）等均是这种诗风的继承者。

胡春香的喃文诗语言质朴，天然去雕饰，深受越南民间歌谣和俚语的影响。她的喃文诗既具有浓郁的生活气息，又有超脱物外的空灵神韵。越南现代文学评论家阮禄对她评价道："在诗歌语言上，可以说越南古代文学历史上无人比胡春香更通俗、易懂和质朴，胡春香的诗歌像歌谣和俗语。"[1]这种评价是对她喃文诗特点恰如其分的认识。

除了胡春香外，阮朝时期的青关夫人也是很有名气的女诗人。关于她的姓名和生卒年月已难以稽考。她的夫君为刘仪，1821 年中举，拜青关县（今越南太平省太宁县）知县，她随夫迁就，故世人称为"青关夫人"或"青关县夫人"。据传，她学问渊博，曾被召入宫中任教习，专授公主、妃嫔学字作诗。她流传下来的喃字诗歌有《升龙城怀古》《过镇北寺》和《过横山》等十余首。与胡春香一样，青关县夫人也以唐律喃文诗而闻名于世，对越南民族语言和喃文诗歌的发展、完善做出了贡献，为时人与后世称道。

二、喃文骈体赋

赋是中国古代的一种文体，兼具诗歌与散文的性质，讲究文采和韵律。

---

① 〔越〕Nguyễn Lộc, *Văn Học Việt Nam(nửa cuối thế kỷ XVIII nửa đầu thế kỷ XIX)*, Hà Nội: NXB Giáo dục, 2001, tr.291.

赋侧重于写景，借景抒情，故人们以"铺采摛文，体物写志"来概括它的特点。赋最早出现在诸子散文里，称为"短赋"。在中国文学史中，战国时期楚国屈原《离骚》所用的文学体裁，被称为"骚体"，也叫"骚赋"，代表着诗向赋的过渡。及至汉代，赋的体例正式确立，称为"辞赋"。魏晋以降，赋的体例日益向骈对方向发展，称为"骈赋"。唐代，赋又从骈体转入律体，故称为"律赋"。宋代以后，文人墨客多以散文形式写赋，转称"文赋"。

与诗歌一样，赋也是越南文学作品的重要体裁，但其数量远比诗歌少。据越南学者对其国内现存汉文献的统计显示，越南历代文墨之士约有 135 篇赋流传于世[①]。至于越南历代喃文赋的数量，暂时未见有学者进行系统的统计。从越南学者对李、陈两朝诗文整理的情况看，最早的喃文赋当属 14 世纪在《禅宗本行》中出现的四首赋。其中，《居尘乐道赋》《得趣林泉成道歌》为竹林派初祖陈仁宗所作；《咏云烟寺赋》（也称《咏华烟寺赋》）为竹林派第三祖玄光（即李道载）所作；《教子赋》则是陈朝状元莫挺之的作品。前两首赋的内容均与禅宗有关，主要反映其"即心即佛"和"无念"的修佛领悟。就体例而言，《居尘乐道赋》属于汉赋，共十回，每回一韵，除了过渡之处，全文用韵严谨，最后以偈诗结尾。《得趣林泉成道歌》每句四字，两句一行，与唐律诗的押韵特点相似，但其实仍属赋而非诗。《咏云烟寺赋》也属汉赋，共分八段，每段一韵，但用韵严谨性略逊于《居尘乐道赋》。《教子赋》的体例与《得趣林泉成道歌》大致相同。它的内容虚构了地狱对恶人的各种惩罚，借以劝诫子孙弃恶从善，修行守戒以免遭祸害。

后黎朝以降，喃文骈体赋有了进一步的发展。据统计，后黎朝至阮朝初年，越南文坛比较著名的喃文骈体赋有：阮简清的《凤城春色赋》，裴咏的《宫中宝训》，阮航的《僻居宁体赋》和《大同风景赋》，阮世宜的《玄光朱荣没宫女》，武维断的《范蠡觥制伍湖》，阮伯麟的《我吧鹤赋》和《佳景兴情》，阮辉谅的《颂西湖》，和范泰的《战颂西湖》等。此外，佚名氏的《山厚》和《三女图王》，阮居贞的《仕尾》等喃文嘈剧的剧本也是用骈体撰写。[②]值得注意的是，喃文骈体赋基本上已脱离了传统赋的体裁束缚，不拘

---

①〔越〕潘秋云：《越南汉文赋对中国赋的借鉴与其创造》，复旦大学博士学位论文，2010 年，第 2—3 页。

② 详见〔越〕Viện Khoa Học Xã Hội Việt Nam, Viện Nghiên Cứu Hán Nôm, *Tổng tận Văn học Nôm Việt Nam(Tập I)*, Hà Nội: NXB Khoa học Xã hội, 2008, tr.10-11.

泥于用韵与体例，受到越南民间俗文学和本土越南人民族思维范式的影响较为深刻。

三、喃文韵文小说

越南喃文韵文小说，大致开始出现于后黎朝时代。当时越南文人墨客除了用汉文和喃文创作之外，还用喃文译介和演绎中国的汉文小说。比如：《王嫱传》、《苏公奉使》、《白猿孙恪传》（又名《林泉奇遇》）、《鲶鱼蛤蟆传》和《贞鼠传》等一些无名氏的喃文作品。这些喃文作品均与中国文学具有非常密切的联系。《王嫱传》为一部由三十余首韩律组成的韵文小说，基本上以中国元朝马致远的《汉宫秋》为主要依据，个别地方采撷《京西杂记》的情节，由于受到表现形式的限制，在故事的连贯性和人物对话等描述方面与汉文原著相去甚远。《苏公奉使》是以中国苏武出使匈奴的故事为依据，用喃文演绎的作品。《白猿孙恪传》则以中国唐朝《孙恪传》（又名《袁氏传》）为蓝本，由一百四十余首韩律喃文诗组成，叙述由白猿化身为美女的袁氏与书生孙恪悲欢离合的故事[1]。

虽然这些作品无法与阮屿和黎圣宗的作品相提并论，但它们却开启了越南文学史上以中国汉字文学作品为蓝本演绎喃音的新时代。这既是中国汉文小说在越南传播的结果，也是越南民族在接触中国汉文小说并将其在地化和民族化之后，进行二次创作的具体表现。它们对越南后世文学发展影响炽热，为后来的六八体和双七六八体喃文诗歌的发展，尤其是以这两种诗歌体译介和演绎中国汉文作品，打下了坚实的基础。后黎朝至阮朝，越南喃文学逐渐发展至顶峰阶段，其中以六八体和双七六八体喃文演绎或再创作的作品，获得了空前的成就，在越南文坛史上占有重要的地位。

四、六八体和双七六八体诗歌

六八体和双七六八体是越南喃文诗歌与小说的一大特色，它是唐律结合越南本民族语言韵律特点发展而来。越南传统诗歌六八体是一种具有炽烈本

---

[1] 颜保：《越南文学与中国文化》，载《外国文学》，1983 年第 1 期。

土艺术特色，善于叙事表达，以吟唱风格见长的诗歌体裁。这种体裁是汉越文化，尤其是汉文学与越南民间口头说唱艺术相结合的产物，旨在服务于口头吟咏和传播。这与越南民族形象思维发达、口语表达细腻且讲究韵律与节奏的总体特征有莫大的关系。所谓六八体句式，即六字句在前，八字句在后，两者前后相随，轮流出现；六八体的韵律为，首句的第六个字平声起韵，第二句的第六个字为叶韵，同时第八个字另起平声韵；第三行的第六个字为第二行第八个字另起平声韵的叶韵；第四句的第六个字为第三行第六个字的叶韵，同时第八个字则再起平声韵。其具体句式和韵律如下所示：

第一句：平平仄仄平平（起韵）

第二句：平平仄仄平平（叶韵）仄平（另起韵）

第三句：平平仄仄平平（叶韵）

第四句：平平仄仄平平（叶韵）仄平（再起韵）

需要指出的是，越南六八体是由律诗与越南民歌水乳交融的产物。它的这种押韵方式被称为腰脚韵，与中国壮侗语族民歌的韵律结构方式并无二致。[①]这种惊人的相似之处，并非偶然。从语言学和文化交流的角度看，它不但从侧面反映了越南越族与中国南方壮侗语族诸民族语言上的渊源关系，而且还反映了历史上他们在接触和吸收中原文化，尤其是唐朝律诗韵律过程中，所体现出来的共同规律与特点。

越南双七六八体是由六八体发展演变而来。16 世纪末 17 世纪初，黄士恺创作的《四时曲咏》，标志着喃文双七六八体的成熟。这种格式的诗歌每个单元为前两句七字，第三句六字，第四句八字，如此类推而下，一般用于"吟曲"创作。双七六八体句式和韵律的具体情况如下所示：

第一句：平仄仄平平仄仄（起韵）

第二句：平平平仄仄（叶韵）平平（另起韵）

第三句：平平仄仄平平（叶韵）

第四句：平平仄仄平平（叶韵）仄平（再起韵）

黄士恺是越南文学史上首位完整运用双七六八体创作喃文诗歌的文墨之

① 详见韦树关：《汉越语关系词声母系统研究》，南宁：广西民族出版社，2004年，第 6—7 页。另见颜保：《越南文学与中国文化》，载《外国文学》，1983 年第 1期。这种押韵方式被中国学界称为"腰脚韵"和"脚韵"，所谓押腰脚韵即奇数句末字与偶数句的腰字押韵，所谓押脚韵即两行歌的末字押韵。

士。从目前所挖掘的史料看，他生卒年月未详，曾经入仕莫朝，累迁户部尚书和国子监祭酒等职，告老还乡后被封为永乔侯。后黎朝击败莫登庸政权后，黄士恺得到赦免，并重新获得后黎朝廷的礼遇。政局跌宕和个人命运的起伏，让黄士恺充满了创作的灵感。这点在《四时曲咏》中得到了充分的体现。或许也正因如此，双七六八体喃文诗歌从诞生起，便带有抒情炽热的显著特点。这种风格，被越南后世文墨之士所承袭和发展。

　　不管是六八体还是双七六八体，作者在创作时可以根据自己的需要，巧妙运用这些句式和韵律，而不受限于篇幅长短的限制。之所以出现这种情况，是因为律诗在字数和韵律有严苛的要求，汉字和汉文未能完全记录和自由表现、抒发越南越族的民族语言、思维与情感。这对越南越族民族文学的发展造成了诸多限制与不便。六八体和双七六八体的出现，则填补了这方面的空白，丰富和扩展了越南越族文学的形式与内涵。有学者认为："六八、双七六八体巧妙运用了越南语语音多变的长处，符合越南民族语言习惯，是具有民族文学特色的诗体。双七六八体适合抒情，六八体则适合叙事，尤其适用于长篇叙事诗。显然这些诗体的出现扩展了越南喃字诗歌的表现领域。"[①]

　　在此领域中，有阮攸根据中国明朝青心才人《金云翘传》演绎成六八诗歌体的喃文同名作品，段氏点根据邓陈琨汉文乐府长诗《征妇吟》演绎成双七六八诗歌体喃文《征妇吟曲》，阮辉似根据中国第八才子书《花笺记》演绎为六八诗歌体喃文《花笺传》，阮嘉韶创作的双七六八诗歌体喃文《宫怨吟曲》等；在韵文小说领域，则有喃文演绎的《二度梅》《观音氏镜》《番陈》《范载玉花》《范公菊花》等。

　　需要指出的是，越南传统喃文作品的题名中，如带有"演歌""歌""演音""解音""吟曲"或"国音"等字眼，一般预示着该作品按越南传统的诗歌韵律进行编撰或创作，但具体使用哪种韵律，须详读原文，认真分析才能得出准确的答案。但这种情况不能机械而论，有的喃文作品虽讲求韵律的使用，但作品的题名也不一定有上述字眼。最为典型的是阮攸的《金云翘传》，阮辉似的《花笺传》和阮廷沼的《蓼云仙》（又名《云仙古迹新传》）

---

　　① 于在照：《越南文学史》，广州：世界图书出版广东有限公司，2014 年，第141 页。

等，都是越南传统"六八体"诗歌韵律的典型代表，但作品题名未见上述所提及字眼。

五、喃文乡约

目前学界倾向于认为，乡约源于《周礼》的"读法之典"。所谓"读法"就是州长、党正和族师在履行自己"教治政令"之外，还要定期组织民众"读法"。此处的"法"非指"法令"，而是指"道德教化"，包括十二教："一曰以祀礼教敬，则民不苟；二曰以阳礼教让，则民不争；三曰以阴礼教亲，则民不怨；四曰以乐礼教和，则民不乖。五曰以仪辨等，则民不越；六曰以俗教安，则民不偷；七曰以刑教中，则民不虣；八曰以誓教恤，则民不怠；九曰以度教节，则民知足；十曰以世事教能，则民不失职；十有一曰以贤制爵，则民慎德；十有二曰以庸制禄，则民兴功。"①"读法之典"是统治阶层以礼仪教法规范民众生活，劝善戒恶，驯化德性的理念和举措，旨在加强和巩固自己的统治。

乡约作为封建时期村社民众自治的明文规约始于北宋年间。据史载，北宋熙宁九年（1076 年），关学创始人张载的弟子吕大钧制定了中国历史上第一部成文乡约，史称《吕氏乡约》。《宋史·吕大防传》对此载曰："尝为乡约曰：凡同约者，德业相劝，过失相规，礼俗相交，患难相恤，有善则书于籍，有过若违约者亦书之，三犯而行罚，不悛者绝之。"②由此可见，乡约大致涵盖道德、行业、行为、礼节、风俗、互助、奖惩等诸多方面的内容。乡约大多是由德高望重的乡绅和宿儒自主发起，在特定的地缘与血缘关系群体中，以社会教化为主要目的，而共同订立的民间村社组织模式及生活规则。

所谓汉喃乡约就是越南封建社会里，村社民众用汉字、喃字或汉喃文字并用，订立的村规民约。根据乡约的性质和功能，可以大致把汉喃文乡约细分为"约""券"和"例"三种类型。其中，"约"包括"乡约""券约""会约""条约"和"民约"等，是全体村民共同订立的公约，内容主要涉及村社的行政事务管理；"券"是"乡券（簿）""券例""券簿"和"券约"等的

① 李学勤主编：《周礼注疏（上）》卷第十《大司徒》，北京：北京大学出版社，1999 年，第 246 页。

② 〔元〕脱脱：《宋史》，北京：中华书局，1985 年，第 10844 页。

简称，是村社日常事务处理的规定；"例"则涵盖"俗例""券例""乡例""条例""旧例"和"例簿"等，是村社诸如收支、奖惩、课税和礼仪习俗的行事惯例。不管从称谓或内容来看，三者之间并非泾渭分明，往往相互交融，故被总称为"乡约"。汉喃乡约是越南村社民情、风俗习惯与中国文化，尤其是儒家思想文化水乳交融，并不断本土化的产物。它既有东亚汉文化圈各国乡约的共性，又有自身的显著特征。

乡约何时传入越南，并为人们所接受难以确考，但有可能在南宋灭亡之际，已随逃亡的中国人士传入越南。据《大越史记全书》记载，宋咸淳十年（1274 年）冬十月，有宋人来附，"以海船三十艘装载财物及妻子浮海来萝葛源。至十二月，引赴京，安置于街媾坊。"[①]越史未提及此批遗民的人数，但以三十艘海船的载荷量，人数有可能在 1500 至 2000 人之间。他们被集中安置，形成了相对闭环的聚落。从主客观两方面来看，这为保留他们的语言文字、风俗习惯和生活方式提供了便利条件。他们亡命越南，很有可能将南宋时期已大为流行的乡约模式带入越南，或结合当地新情况订立新的乡约，解决生活中的婚、丧、冠、祭等问题。当然，这也只是一种合理的假设，真实情况有待考证和材料的发掘。

陈朝绍庆年间（1370—1372 年），"左券"已流行于世，为黎民百姓乃至皇亲贵族的遵从[②]。古代称契约为券，用竹做成，分左右两片，左片叫"左券"，由债权人收执，是索取偿还的凭证。"铁券"和"左券"已具有约定、规约、契约等含义，但未可视为真正意义上的乡约。越南学者武维绵（Vũ Duy Mèn）对越南史料进行总体考察后认为："16 世纪仍是'券约'的世纪；而 17 世纪下半叶以降，'乡约'已经在某些村社出现。"[③]由于种种原因，越南封建时代早期的"券约"已湮灭于历史长河，后人难闻其详。

据目前所掌握的资料来看，乡约至迟在明朝永乐年间已从中国传入越南。永乐五年（1407 年）至宣德二年（1427 年），明朝讨灭安南胡朝之后，

①〔越〕吴士连等编撰、陈荆和编校：《大越史记全书·本纪》卷五《陈纪》，东京：东京大学东洋文化研究所，1984 年，第 348—349 页。

②〔越〕吴士连等编撰、陈荆和编校：《大越史记全书》，东京：东京大学东洋文化研究所，1984 年，第 441 页。

③〔越〕武维绵：《北部平原村社古乡约》，河内：国家政治出版社，2010 年，第 32 页。（Vũ Duy Mèn, *Hương ước Cổ Làng xã Đồng bằng Bắc bộ*, Hà Nội: Nhà xuất bản Chính trị Quốc gia, 2010, tr.32.）

对安南进行了 20 年的短暂统治。明朝初年，朝廷重视文治教化。永乐年间，明成祖"取蓝田《吕氏乡约》列于性理成书，颁降天下，使诵行焉"①。此后，全国各地纷纷以《吕氏乡约》为蓝本，订立符合本地情况的乡约。当时作为明朝郡县的交趾地区，也应在推行乡约之列。

可以肯定的是，后黎朝建立后不久，村社逐渐兴起私自订立券约之风，影响到了朝廷府衙对地方的治理。黎圣宗曾为此下谕旨限制村社擅立券约。为了从封建国家法理框架解决"王法输乡例"②的问题，洪德五年（1474年）黎圣宗派人着手编纂《洪德律例》并于洪德十四年（1483 年）颁行。关于这一点，同样在洪德年间颁布的《洪德善政书》明确指出："国有条例，民遵行则国泰民安。诸村社应改邪归正，不可擅立券约。若社有奇俗，须由德高望重之宿儒订立券约禁例，再呈府衙批准。若券约有营私奸邪条例者，一律删除，以免谋奸。"③

喃文乡约是越南喃文献的一大特色，其数量比汉文乡约还多。它们内涵丰富、特色鲜明，不但集中反映了古代和近代越南村社的治理体系、群体意识、社会活动、人际关系和价值观念等方面的情况，而且生动具体地展示和体现了儒家思想观念中有关修身、齐家在越南村社的传播及其影响。

陈朝初年至后黎朝末年，越南历朝多在村社中设置社官。后黎朝末年，罢社官，乡约转而也由村社民众，尤其是耆老、乡绅、乡豪共同议定，而后交由业儒者，或抄录成文，或刻板刊印，颁行于村社。此外，还有刻于匾牍、铜板或石碑的喃文乡约。从接触到的资料来看，喃文乡约的编撰体例相对散乱，大致可分为手抄和刊印两种，但前者居多，后者偏少。

手抄喃文乡约大多简单明了，有的在乡约名称之后直接罗列目录和条文。例如：《乡约目录廊甲贰》（即《甲二村乡约》或《甲二村乡约目录》）首页为乡约名称之后，下一页即为"乡约目录"；目录之下包括与该村社会活动和生活习俗密切相关的"政治"和"俗例"两大类，共计 197 条④。

---

① 〔明〕王樵：《金坛县保甲乡约记》，载《古今图书集成·明伦汇编·交谊典》第二十八卷，中华书局影印本。

② 按："王法输乡例"是越南俗语 "phép vua thua lệ làng" 的直译。

③ 转引自〔越〕武维绵：《北部平原村社古乡约》，河内：国家政治出版社，2010年，第 29—30 页。（ Vũ Duy Mền, *Hương ước Cổ Làng xã Đồng bằng Bắc bộ*, Hà Nội: Nhà xuất bản Chính trị Quốc gia, 2010, tr.29-30. ）

④ 〔越〕佚名：《乡约目录廊甲贰》，越南国家图书馆藏本，藏书编号 R.1768。

有些手抄乡约体现总则与细则的逻辑和层次关系。其中，总则是整份乡约高度概括的条文；细则对总则条文逐条进行详细阐明。例如，《富基亭四约》是南定省海厚（Hải Hậu）县群芳忠社（xã Quần Phương Trung）四甲（Giáp Tứ）村的乡约。此乡约撰于阮朝维新甲寅年（1914 年），就祭祀位次交接、员目位次并收街攔、庆贺和丧事款待及赙吊四个条文进行约定。其中，祭祀位次交接目下包括十九条细则；员目位次并收街攔目下包括五条细则；庆贺目下包括十条细则；丧事款待及赙吊目下共十五条细则[1]。手抄喃文乡约稍显随意和散乱，秉笔者往往把拟好的条文抄录好便可。其中，有的喃文乡约文字美观大方，便于后人释读，但有的字迹潦草，对后人释读与研究形成了很大障碍与挑战。

在考察中，也发现部分刊印的喃文乡约，有的还带有官方规范文契的性质。其中，《国朝书契》便是此类乡约。因为它除了有固定的体例之外，每类书契模板文末几乎都有"国有常法，故立文契/文书/文字/文约为照用者"[2]之类的表述。有些文墨之士将当时社会的各种乡书、文书分类整理为范式体例，刊印成册，以资上至世豪之家，下至蓬门荜户，遇事不求他人，取来笔墨纸砚，照范本誊抄，填上相关信息便可。《翰墨林》即是这样的集子。它收录了喜贺贡笺、契券诸事、保举诸事、词札诸事和书寄诸事五大类，囊括近百种乡书、文书的范式[3]。

喃文乡约的内容，是封建时期越南村社治理和社民活动，以及人际交往的重要依据。从典籍记载来看，陈朝初年至后黎朝均在村社设置社官，职责包括"整理乡务""勘问讼词""训化社民""看守乡间"和"收纳租庸"五大领域[4]。社官们的这些职责，也恰恰反映了喃文乡约的基本内容。后黎朝末年，社官一职被废黜，村社治理由官治改为自治，职役改由村社自己选

---

① 〔越〕佚名：《富基亭四约》，越南国家图书馆藏本，藏书编号 R.1207。

② 按：从越南国家图书馆公布的图片看，此书契共十二页，但第一页已散佚，未见书名；前十页是刻板印刷字体，后两页则为手抄字体。吴德寿（Ngô Đức Thọ）等在整理时，将其命名为《国朝书契》，未具撰者姓名及成书时间，列为佚名之作。但笔者查阅时发现，契约第十一页左上角最后一行字为"国朝书契体式，曾惟琦甪新写"，且每篇书契格式上均有"统元某年月日"字样。由此可见，《国朝书契》原全名应为"国朝书契体式"，撰者是"曾惟琦"，成书时间为后黎朝统元年间（1522—1527 年）。

③ 〔越〕佚名：《翰墨林》，柳文堂原本，阮朝维新三年（1909 年）新镌。

④ 〔越〕潘辉注：《官职志》，载《历朝宪章类志》卷十四。

出；作为村社治理重要依据的喃文乡约，其内容也相应地由社民根据自己村社的具体情况制定。16 世纪至 19 世纪，喃文乡约还对村社的祀神、礼佛、敬贤、党朋、斯文会、慈善会等方面做出了约定。概而言之，古代越南喃文乡约的内容主要包括个人行为、人际交往礼仪、祭祀与宗教组织及其礼仪、村社治理、村社活动费用收支、朝廷赋役、官民互动等内容及其行事规则或原则等，几乎囊括村社生活的方方面面。

乡约的制定，并非完全由村社民众共同商议拟定成文即可，而是经历了由官府主导到村民制定的渐进过程。从陈朝初年至后黎朝末年，乡约的制定过程中，朝廷设置的社官发挥了主导作用。根据朝廷和府衙的统治要求，结合村社的具体情况，社官会同乡绅、儒士、豪族和耆老等共同制定乡约明文条款。总体上，府衙让社官主政治理村社，将本土习俗和儒家封建礼教，佛教和道教某些教义和观念，融于汉喃乡约，使之服务于王朝的封建统治。

后黎朝龙德（1732—1735 年）之后，村社自治得到加强，可以自己制定乡约，但很多时候仍需呈报府衙批准。有时官府为了了解乡约的制定情况、条款内容、废立和增补情况，还会到村社进行考察，掌握具体情况。例如，阮朝维新五年（1911 年），乂安府衙对其下辖兴元县黄盖社上溪社乡约条目和施行情况进行了调查；上溪社对府衙所提的村寨数量、交好情况、庙宇数量、神祇供奉、农事耕作、功德事迹、嫁娶婚俗和乡饮等 69 个问题，用喃文一一作答[①]。值得注意的是，至 1911 年，法国已对越南殖民统治多年，且有意废除汉字和喃字，转而强力推行国语拉丁文字，企图斩断越南传统文化和中越两国历史文化的联系，加强殖民统治。在此背景下，喃文乡约仍得到不断的制定、改良和施行。由此可见，它有利于法国殖民当局和越南封建统治者对社会的治理。

喃文乡约是越南历史上村社治理的重要依据，更是儒家思想对越南历代封建村社治理的直接影响。必须客观看到，乡约传到越南后，并非完全机械化的移植，而是与本土村社的风俗或俗例结合在一起的，形成特有的文化现象。比如，诸多乡约或碑文中关于"佛后""神后""贤后"的内容，虽与

①〔越〕高伯道、范曰能、潘有启：《乡约廊上溪》，越南国家图书馆藏本，藏书编号 R.1623。

儒、释、道关系密切，但却为越南喃文乡约所独有[①]。喃文乡约的本质是，结合各村社的具体情况，将儒家思想，以及道教和佛教的若干观念融入它们的治理明文中。其中，儒家思想占据主导地位。这既符合统治阶层的统治需要，也有利于村社的治理或自治，维护社会的安宁。值得注意的是，在越南的古代典籍中，汉文典籍的数量远多于喃文典籍，但在乡约领域里，喃文乡约的数量则远多于汉文乡约。对越南社会科学通讯院国家人文与社会科学中心编撰的《越南汉喃文本乡约书目》统计显示：在总数 1225 份汉文和喃文乡约中，喃文乡约 876 份，占比 71.51%；汉文乡约 349 份，仅占 28.49%[②]。由此可见，较之于汉文乡约，贴近越南口语表述的喃文乡约，更符合村社民众的表述习惯和理解方式。

越南汉喃乡约深受中国文化的影响，是中国儒家思想深刻浸润封建时代的越南村社与民众，并与当地村社本土民情和风俗习惯深度融合的产物。自主封建时代，"越南思想的发展以独立封建国家为依托，以儒学为主导，释、道为辅助，与村社和民间文化相结合，逐步形成了与其封建社会相适应和与中国相对独立的封建思想体系"[③]通过考察汉喃乡约可以看到社会上层意识形态与村社基层观念的交汇，可见以及冠、婚聘、丧葬、祭礼等为载体的民间礼俗，反映出越南儒学与村社民间文化的结合，既是越南思想史和文化史不可忽视的重要一环，也是中国传统文化在越南传播、浸渍的表现，反映出中越深厚的文化关系。它为学界深入研究以儒家思想为主导，佛道思想为辅助的三教思想文化在越南基层社会的传播及其在地化，提供了新的视角和材料，值得继续深入挖掘和研究。

---

① 笔者按：越南学者武维绵、阮有心认为，"佛后"源于陈朝，当时贵族、富庶者盛行给寺庙献赠财物、土地等，从而换取被本村、本族配祀于佛祖之后的荣誉，所以称为"佛后"。"神后"指配祀于村社所奉祀城隍神之后，但来源与资格获取尚无定论。"贤后"约出现于 16 世纪中期，起初因村社尊崇儒教，让本村社在科考中荣登士三魁者，配祀于村社文祠或文址所供奉孔子之后，但后来资格逐步降低，以致举人、秀才等皆被奉祀为"后贤"。参见〔越〕武维绵、阮友心：《十九世纪末二十世纪初越南北部三角洲村社组织管理中的乡约》，载《地方文化研究》，2016 年第 3 期。

② 越南社会科学通讯院国家人文与社会科学中心：《越南汉喃文本乡约书目》，河内：越南社会科学通讯院，1993 年。

③ 于向东：《越南思想史的发展阶段和若干特点》，载戴可来、于向东《越南历史与现状研究》，香港：香港社会科学出版社有限公司，2006 年，第 28 页。

六、喃文辞书①

喃文辞书是喃字的工具书，是喃文献的重要组成部分。它们的出现与越南历代封建王朝以儒家思想理念治国，开科取士，吸纳各阶层精英进入封建国家统治阶层的人才选拔模式息息相关。古代越南文人在学习汉文典籍时，不仅需要识读汉字，理解典籍的奥义，而且还需要用本民族的母语——越南语进行进一步深入理解和阐发，甚至再创作，使之融入本民族的语言与文化。正因如此，古代越南有些文墨之士编撰了各种喃文辞书。它们在记载本民族语言固有词语的同时，还以喃字解释汉字音义，以便学习儒家经典和中国文化。需要指出的是，越南喃文辞书有三个特点：第一，有些辞书以越南传统诗歌"六八体"编撰，具有一定的韵律，可诵性较强。第二，越南喃文辞书不仅数量较少，内容相对简单，且体例稍显凌乱。第三，相较于中国历代汉字辞书，越南喃文辞书缺少对逐个文字音、形、义三位一体的系统考究，而偏向对名物的解释，不是严格意义上的"字典"。为了加深认识和了解，有必要对《指南玉音解义》《三千字解音》《嗣德圣制字学解义歌》《大南国语》等颇具代表性的几部喃文辞书加以讨论。

《指南玉音解义》又名《重镌指南品汇野谭并补遗大全》或《指南野谭》，是目前越南所发现最早的喃文字典。此书成书时间不可稽考，但景兴二十二年（1761 年）再版时，首页印有"重刊指南备类各部野谭大全序"字样，接着便是一篇喃文序言，其中提及了编撰此书的目的是："祉曾遇等科名，茶瑧寿寻溋字仙，诵经读册圣贤，……卜论卷旨南尼。……洪福觥香真法性，笔花下买订年篇。"（"编撰此书……为让少年读圣贤之书，考取功名，让长者诵经向佛求得长寿，……洪福寺香真法性，妙笔撰成此篇。"）最后落笔为"臣僧拮笔草年序尼"②（意为"臣，僧×××草成此序"）。在喃文序言之后另有一篇汉字序文，其文如下：

> 夫三才定位，盖混茫人物难名。五帝开基，立州县，山川草木，

---

① 笔者按：笔者对越南喃文辞书问题，已有前期研究成果专门论述，详见梁茂华：《越南文字发展史研究》，郑州大学博士学位论文，2014 年，第 206—215 页。又见梁茂华：《越南古代汉喃辞书略论》，载何华珍、〔越〕阮俊强主编《东亚汉籍与越南汉喃古辞书研究》，北京：中国社会科学出版社，2017 年，第 40—51 页。

② 〔越〕佚名：《指南玉音解义》，越南汉喃研究院抄本，藏书编号 AB.163。

有其形而有其号，次类甚繁，非文字亦非指名，群蒙难识。夫自古圣人立傍（旁？）说义以正言名，使其中国易明，外夷犹惑。至于士王之时，移车就国，四十余年，大行教化，解义南俗以通章句，集成国语诗歌以至号名，韵作《指南品汇》上下二卷，学者难详。兹宿禅谨严香玉，音其字，解其义，手写帙成。可谓明明览详之要，使其读者，走韵连声。皇天不负读书人，必有子孙登科目（日？）。候质诸先生博学云耳。

皇朝景兴二十二年（1761），岁次辛巳孟春谷日[1]

根据上述序文，可知士燮主政交州期间曾"解义南俗，以通章句"，并集成"国语诗歌"，撰有《指南品汇》二卷。可惜，这些典籍均已散佚，无从稽考。阮朝时，文多居士阮文珊《大南国语》书序中亦载："列国言语不同，一国有一国语。我国自士王译以北音，期间百物犹未详识。"[2]正因如此，这两则史料也是人们认为喃字源于士燮时期的主要依据。从序文中还可看出，《指南品汇》比较晦涩难懂，以致"学者难详"，后由"宿禅谨严香玉"在其基础上注音解义，撰成《指南玉音解义》。编撰此书的目的是"让少年读圣贤之书，考取功名，让长者诵经向佛求得长寿"。可见，当时人们学习喃字是为了更好研习以汉字编著的中国经典和佛教典籍。从喃文序言署名"洪福𫝛香真法性，笔花下買訂年篇"（意为"洪福寺香真法性，妙笔撰成此篇"）和汉文序"兹宿禅谨严香玉，音其字，解其义，手写帙成"来看，此书的作者应是"洪福寺"的一名僧人，俗名"香玉"，法号"香真法性"，"谨严"为此人之字或号，也可能是其籍贯。

序文后是"辞书"各部目录，包括上下两卷。其中，上卷包括：天文、地理、人伦、身体、脏腑、食部、饮部、饼部、衣冠、锦绣、宫室、舟车、农务、禾榖、蚕室、织紝、铸器、木匠、金玉、撒网、器用、文字、婚姻、报孝、丧礼、乐器、公器、兵器、法器、杂戏，凡30类；下卷包括：羽虫、毛虫、鳞虫、甲虫、木部、花部、果部、根藤、皮藤、南药，凡10类。[3]几乎每类后面，都有数量不等的补遗条目。上卷在卷尾注有"上卷

---

① 〔越〕佚名:《指南玉音解义》，越南汉喃研究院抄本，藏书编号 AB.163。

② 〔越〕阮文珊编撰:《大南国语》，文江多牛文山堂藏板，成泰己亥年（1899 年）。

③ 详见〔越〕佚名:《指南玉音解义》，越南汉喃研究院抄本，藏书编号 AB.163。

终"字样，但下卷最后一页未见写有"下卷终"，故可能存书残缺若干页。此喃文收录汉语词条约三千四百条，释义以喃文六八体韵文为主，其间亦有体式不限之处。如："天文署呐朱哈，'洪钧'歪咢高世重重。'金乌'密歪朗红，'蟾轮'月朗连空漏漏。"[1]译文为："天文简而言之，'洪钧'指苍天含万世。'金乌'是红太阳，天上皎皎月是'蟾轮'。"[2]有些简易的汉字或汉语词语则不用六八韵文解释，如："'月落'，朕吝"，"朕"即现代越南语之"trăng"（意为"月亮"）字，"吝"假借喃字，与现代越南语"lặn"谐音，指日月的"没、下落"。

《三千字解音》又名《字学纂要》，编者为越南历史学家、诗人吴时任（1746—1803 年）。[3]此书收汉字三千个，每个汉字的右边用较小字体的喃文注解，基本上是一个汉字对应一个喃字，但有些汉字无法与单个喃字对应，便以相应的喃文注解。据罗长山的研究，此书收入吴时任的《金马行余》一书中，名为《字学纂要》，其中有序文如下：

> 六书垂则，四海同文，二韵翻声，五方异译。固、塔、失、达、识，昔贤深辨于土音，而牛、录、昂、邦，北朝（指"中国"）不弃夫国语。我越文献立国，文字与中华同，而设义解音则与中华异。姑举一二，以类其余。轻清者，"天"也。中华呼为"天"，我国于"天"之下加"上"字。重浊者，"地"也。中华呼为"地"，我国于"土"之旁加

---

① 〔越〕佚名：《指南玉音解义·天文章》，越南汉喃研究院抄本，藏书编号 AB.163。

② 笔者按："洪钧"指"天"，我国古诗曰："洪钧陶万类，大块禀群生。"李善注："洪钧，大钧，谓天也；大块，谓地也。"参见萧统编、李善注：《文选》第二十四卷《答何劭二首》，上海：古籍出版社，1986 年，第 1133 页。"金乌"是中国古人对太阳的称呼，是中国古代神话中的神鸟，也称阳乌、三足。唐代诗人韩愈曾有"金乌海底初飞来，朱辉散射青霞开"诗句，参见〔清〕彭定求等编撰：《全唐诗》卷三百三十八《李花赠张十一署》，北京：中华书局，1999 年，第 3797 页。"蟾轮"喻圆月，唐朝诗人元凛诗云："蟾轮何事色全微，赚得佳人出绣帏。"参见〔清〕彭定求等编撰：《全唐诗》卷七百七十四《中秋夜不见月》，北京：中华书局，1999 年，第 8862 页。

③ 笔者按：罗长山在其《越南传统文化与民间文学》一书中认为，《三千字解音》的作者是吴时仕，括号中注明生卒时间却为"1746—1803"。其实吴时仕乃吴时任之父，前者生卒时间为：1726—1780；后者生卒时间为：1746—1803。这或许是罗氏疏忽所致。越南学者对《三千字解音》的作者已做过详细考证，确系出自吴时任之手，而非其父吴时仕所撰。参见〔越〕Hoàng Hồng Cẩm, "Về cuốn Tam thiên tự do Ngô Thì Nhậm soạn", *Tạp Chí Hán Nôm*, Số.1, 2007.

"旦"字。至于"车"、"么"、"个"、"巨"、"草头"、"竹头"，千字一画，随写增加。正如《皇极经世》所称：开口、撮口者，南、朔自然之理。故我国字号难于中国。前正名公曾著《指南双字》，因或翻义，概未足以尽天地事物之理。余早事翰墨，今官华籍，有意义所不足者，……旁搜广采，得其梗概者，拾集而珍藏之，音注为义，义联为韵，韵分为对，概得三千字。谚曰：《字学纂要》，书成，付之其厕。或曰：圣之造书，三万九千余字，公乃三千焉，得无狭道一之传也？曰：道不在远，远不在道。虽曰万畴，理一而已。蝌蚪、虫鱼、飞白、舞（？）剑，平、上、去、入，散为西域、东洋。偏旁点划，文与时增，诘屈聱牙，义因音异。而天地之所以为天地，万物之所以为万物，五经四传，诸子百家，传经载道，意被后人，曾有几字几义，出吾儒耳目齿牙之外哉！故水、火常见也，澧泉、夜光不能夺其成功；粟、布常有也，火烷、熊掌无能争于日用。余之为三千字，其音常，其义约，非于其所不常用者，不曾泛及。诚以林枝海勺，未涉于字典韵汇之翻，而隐现之理，细大之事，品皆鄙夫、鄙妇之所易知，亦可为课童活套，庶有助于吾徒之登高行远者，非敢取圣贤文字，寻而仗之，为私家自说也。博文君子，幸谅其心焉。[①]

从上述序文看，中越两国同用汉字，属同文之国，但在读音方面相去甚远，有些越南固有词语无法用汉字汉语表达，故必须借助自造喃字，并根据需要"随写增加"一些偏旁部首。这无意中指出了喃字欠规范性和人们创制与书写喃字时的巨大随意性。吴氏所选三千字的标准是，"其音常，其义约，非于其所不常用者，不曾泛及"。吴氏之作，在体裁和格式方面借鉴了中国《千字文》《二千字文》和《三千字文》编撰形式，其目的也在于对幼童的启蒙训学。

但值得注意的是，以《千字文》为代表的中国古代蒙学书籍，涵盖了自然、历史、人伦、处事和修养等诸多方面的内容，前后有序，结构严谨，循序渐进。吴氏的《三千字解音》侧重于解义，仅选取三千个常用汉字，并用喃文逐个解释，排版方式为一个大字体的汉字在左，右边以小字体的喃文对

---

① 转引自罗长山：《越南传统文化与民间文学》，昆明：云南人民出版社，2004年，第290—291页。

其进行释义，汉字及其相应的喃字配成一对，每句两对，且句与句之间押腰脚韵。如："天丕地坦，舉拮存羣。子昆孫召，六耖三巴。家茄国渃，前齭後耡。"[1]这三句话如果用越南国语拉丁文字注音，其文句为："Thiên trời địa đất, cử cất tồn còn. Tử con tôn cháu, lục sáu tam ba. Gia nhà quốc nước, tiền trước hậu sau."通过拼音文字，人们很容易看出第一句第四字"坦"（đất）与第二句第二字"拮"（cất）；第三句第四字"召"（cháu）与第四句第二字"耖"（sáu）；第四句第四字"巴"（ba）与第五句第二字"茄"（nhà）；第五句第四字"渃"（nước）与第六句第二字"齭"（trước）分别相押韵。这种押韵方式使得越南人在学习汉字和喃字的时候变得易学、易懂、易记，不失为启蒙学字的好教材。

《嗣德圣制字学解义歌》又名《圣制字学》《字学解义歌》，为阮朝嗣德帝所编撰，由阮朝史馆修书所黄有秤、吴惠连等编辑，经史馆总裁张光憻、充副总裁阮述和礼部尚书阅合删订而成。此辞书虽是嗣德所编撰，但却是在嗣德驾崩后，于成泰九年（1897年）才刊行。此书收录的汉字和喃字词语分类如下：堪舆（两卷）、人事（三卷）、政化（两卷）、器用（两卷）、草木（两卷）、禽兽（一卷）、虫鱼（一卷），凡十三卷。每卷下有若干目，刻板页面竖排，分为五列。

《嗣德圣制字学解义歌》题名中有"歌"字，此即预示着该辞书的编排讲求越南的传统韵律。辞书主要以越南传统"六八诗体"形式进行编排，间有"七八诗体"或"六九诗体"等不规则形式作为补充，六字句和八字句（间有七字句和八字句、六字句和九字句）连写以合"歌"韵，使临读易于识别；句中押腰脚韵，每句以小圈表示句读。内文有"大""中""小""细"四种字体。大者为汉字，"中"者为解义汉字之喃文，如有音义较为生疏的汉字，则在其傍用细字注音；如若在"六八句"以下又有生疏汉字或涉及典故者，则用小的汉字或喃文对其进行解释，解释部分不求押韵，也不拘泥于字数。例如："天丕地塌位魁。覆雯載遾流潘满渃。高高博矘厚鶡。晨晨暮暖轉搓移移。月桶朘日桶丕。照暄临细世甡年薢。朔蒙没望晧㻸。晝旪晦暖喻（通都切）壬暝（明，又莫定切）霖。（喻日陰也，暝晦也，又夜也。"①按照"六八诗体"的押韵方式，上述引文中，"魖"（ngôi）字与"潏"（trôi）；"潜"（đầy）字与"髷"（dày）字；"移"（dời）字与"歪"（trời）；"歪"（trời）字与"椾"（đời）；"薜"（năm）字与"腃"（rằm）字；"腃"（rằm）字与"壬"（nhằm）字分别相押韵。

此书与其他喃文辞书有两大不同之处。第一是，涉猎的内容比较广泛，注释较为翔实。据成泰八年八月二十三日（公历 1896 年 9 月 30 日）阮朝礼部奏折，此书内容丰富，对诸多领域，都收录了相关的喃字，并做出了解释，"上自人事、政化、堪舆之大，下至器用、草木、禽虫之微，无不备载注释，详明其于致格之学，诚非小补。"②第二是，自喃字诞生以来，人们造字、用字和书写均各凭所好，导致喃字的规范性极差，官方亦无从规定或推行喃字的标准。此书是阮朝晚期官方的喃文辞书，首次涉及了喃字的规范用字问题，文内注音应为当时越南学界的标准字体及其读音，很大程度上反映了 19 世纪越南通用标准喃字的情况，为喃字字形的统一制定了初步的标准。如："字学诸仰望词语解义有写为'魓'，有写为'瞔'，兹均写为'瞔'；曲撬词语解义有写为'枸'，有写为'弸'；'炤'字解义有写为'曘'，有写为'燸'，兹均写为'燸'；'甚'字解义有写为'膠'，有写为'鰲'，兹均写为'鰲'。"③喃字规范措施的出台，表明 19 世纪喃字已经发展到了一个更为成熟的阶段，也表明它仍然有更大的发展空间。鉴于《嗣德圣制字学解义歌》在汉喃辞书中的重要作用和价值，陈荆和曾将其整理和音译为越南国语字，对其进行校勘。1971 年，香港中文大学出版了陈荆和译注的《嗣德圣制字学解义歌译注》。

需要指出的是，由于喃字本身的复杂性和欠规范性，以及表音欠佳和记音失准的天生致命缺陷，因此它的发展难以获得本质上的真正突破。此外，阮朝建国仅约半个世纪，便受到法国的殖民入侵。1858 年至 1885 年，法国以坚船利炮，逐步将越南变成自己的殖民地。法国殖民当局采取了诸多政策和举措，以加强和巩固殖民统治。在文教上，法国殖民当局在越南实施愚民政策，逐步废除科举，废除汉字和喃字，企图先推行越南语国语拉丁文字，

---

① 〔越〕嗣德编撰：《嗣德圣制字学解义歌》卷一《堪舆类上》，成泰九年（1897年）印本。

② 〔越〕嗣德编撰：《嗣德圣制字学解义歌》，成泰九年（1897 年）印本。

③ 〔越〕嗣德编撰：《嗣德圣制字学解义歌》，成泰九年（1897 年）印本。

再过渡到使用法文。法国此举目的在于，企图斩断越南本国历史文化，以及中越两国历史文化的内在联系，培植和扶持当时的越南社会精英，并通过他们影响和训化越南民族，服务法国殖民当局的统治需要。法国殖民者的入侵和残酷统治，扼杀了喃字进一步发展完善的历史进程。

《大南国语》是越南 19 世纪又一部重要的汉喃字典，编者阮文珊，字海珠子，号文多居士。成泰己亥年（1899 年），此书由文山堂刊印问世。书的卷首有序文一篇，序中作者谈及不以喃字对汉字注音会导致困惑。他列举自己的亲历之事："余昔观人改厝，见便房坚固，其中有宁蚰四五尾，不知所以。及观医书，有谓人之手甲化为黄颡鱼。问之良医黄颡是何鱼？皆不知。考之本草，注黄颡为宁蚰。夫中国一国也，而有楚人齐语，况我国与北国（指中国）言语不通，非南译北音，万物何由而详？"①可见，古时中越虽为同文之国，但由于语言上的诸多差异，导致很多名物或概念表述存在很大的差别。因此，作者编撰此书的目的是"南译北音"以详万物。序文之后为"义例"，其中论及了对喃字产生的一些看法。其文曰："列国言语不同，一国有一国语。我国自士王译以北音，期间百物犹未详识，如雎鸠不知何鸟，羊桃不知何木，此类甚多。是书注以国音，庶得备考，或有易知者，亦不必注。"②"义例"之后为目次，包括天文门、地理门、人伦门、身体门、身体（举动门）、宫室门、婚姻门、耕农门、蚕桑门、菽粟门、饮食门、饼饵门、女妆门、织纸门、彩色门、衣冠（服用门）、锦绣门、衣服门、火用门、器用门、撒网门、舟船门、铸冶（工用门）、法器门、公器门、作用门、文事门、兵器门、珍宝门、众香门、杂技门、人品门、酬应门、疾病门、丧祭门、丧礼门、俗语门、百花门、百果门、蔬菜门、百草门、百木门、羽虫门、毛虫门、鳞虫门、甲虫门、虫豸门、水部、土部、金部，凡 3 部 47 门。

与上述其他几本汉喃字典不同的是，此书未按任何传统诗体进行编排，仅在汉字下释义和解音，易懂之汉字甚至不做任何释义和解音；对于一些词语，作者还对其进行说明或阐述己见；有时还援引中国典籍进行释义。从版

---

① 〔越〕阮文珊编撰：《大南国语·序》，文江多牛文山堂藏板，成泰己亥年（1899 年）。

② 〔越〕阮文珊编撰：《大南国语·义例》，文江多牛文山堂藏板，成泰己亥年（1899 年）。

面编排看，此书每页分八列，文中汉字为大字体，释义、解音用字体较小的喃文或汉字。为加强对此书的了解，笔者谨节录若干内容如下：

　　天文门第一：天至。昊天上帝，德昊天上帝主宰天界。大冶。洪钧。毂运（？）。弓张。碧汉。青穹。苍天，春。昊天，夏。旻天，秋。上天，冬。皞天，东方九天以下。阳天，东南方。赤天，南方。朱天，西方，南。成天，西方。幽天，北方，西。玄天，北方。……露霈，立秋凉风行，白露降，万物始实露以润草木，露从地出，和气津液之所凝也；花上露最香美，栢上露能明目，荷叶露酿酒最佳；露气浓甘者为甘露，一名荣露；甘露者仁泽也，其凝如脂，其美如饴，王者施德惠则甘露降。[①]

　　除了上述几部重要的汉喃文辞书外，还有范廷琥的《日用常谈》、无名氏的《难字解音》、杜辉琬的《字学求精歌》等，也是较为重要的喃文辞书。尽管越南的各种喃文辞书无法与中国历代辞书同日而语，但它们对古代越南推动汉字和喃字的学习，以及文教事业的发展，仍发挥了不可低估的作用。它们对汉字的解释，更能说明越南人学习和认识汉字的思维和理解方式，而且有些条目用喃文对汉字的释义、解音还相当准确，一些被人们淡忘了的汉字和喃字古音、古义也较完整地保存了下来。这不但对越南的语言文字和辞书等领域的研究有重要意义，而且也对古汉字和古汉语的研究提供了宝贵的参考依据和学术视角。

　　历史上中国也曾编撰过类似于喃文辞书的书籍——《安南译语》。此书是明朝《华夷译语》的系列书籍之一，既是官方的辞书，也可视为中国历史上第一本越南语教科书。其主要作用是培养越南语译介人才，为两国的外交活动提供译介服务。《安南译语》编排的体例相当简单：汉字相关名物词语列于上行，对应越南语名物的汉字注音字则列于其下。《安南译语》包括天文门、地理门、时令门、花木门、鸟兽门、宫室门、器用门、人物门、人事门、身体门、衣服门、饮食门、珍宝门、文史门、声色门、数目门、通用门，共 17 门类，凡 716 个词语。[②]每一门类包括若干常用汉字名物词语，然

---

　　① 〔越〕阮文珊编撰：《大南国语·天文门》，文江多牛文山堂藏板，成泰己亥年（1899 年）。

　　② 郑振铎：《玄览堂丛书续集》第一百册《安南国译语》，国立中央图书馆影印本，1947 年。笔者按：《安南国译语》在学界里一般简称为《安南译语》。

后于其下列出相应的注音文字；如该汉字名物词语所对应越南语的发音与某些汉字读音相近或相似者，则用它们进行注音。如，天文门中有："天，雷，音勒；日，霭，音额；月，物；星，抄；风，教；……有云，亇梅；……有雨，亇墨。"[①]此处，以汉字"雷"和"勒"给当时越南语的"blời"（天）注音；以"霭"和"额"给当时的越南语"ngày"（日）注音；当时越南语的"nguyệt"（月）音似汉字"物"的读音，故以"物"对"nguyệt"注音；以"抄"给当时的越南语"sao"（星星）注音；"有云"词组当时的越南语读音为"có mây"，其中汉字异体字"亇"（个）的读音与"có"相似，汉字"梅"的读音与"mây"相近；其余诸字、词语与此相类。

《安南译语》突出的特点是，文中绝大多数汉字名物词语，均用相应汉字注出其在越南语中的相应读音，充分体现了"译语"的本质与内涵。这种"译语"也可称为"注音"或"记音"，虽然大多数只是大致相仿的读音，但仍体现了明朝时期汉语和越南语读音的若干特点与痕迹。比如：用"雷"给当时越南语的"blời"（天）注音，而"天"在现代越南语中则读作"trời"。这说明在明朝统治安南时期（1407—1427 年），"天"这一名词在越南语声母中，是带有边辅音/l/的复辅音，韵母为/ei/。换而言之，揆诸历时语境层面，在将近六百年的发展过程中，"天"这一名词在越南语中，由"blời"发展演变成了"trời"，即声母从/bl/变成了/tʂ/，而韵母未曾改变。

《安南译语》不但体现了古时中国人对越南语的理解和认识，而且还是今人研究古代越南语言和文字的重要参考资料。正因《安南译语》的重要性，陈荆和先生曾对其进行系统性考释，构拟了中古越南语的音韵体系。[②]

除了上述分类之外，越南历史上越南传统文墨之士在接触和学习中国汉文典籍的过程中，还用喃文对部分中国汉文典籍进行译介或注疏。在很大程度上，这既体现了中国汉文典籍在越南的传播范围和影响力度，又体现了越

---

① 郑振铎：《玄览堂丛书续集》第一百册《安南国译语·天文门》，国立中央图书馆影印本，1947 年。

② 参见陈荆和：《安南译语考释：华夷译语中越语部分之研究（上）》，载（台湾）《文史哲学报》第 5 期，1953 年 12 月。陈荆和：《安南译语考释：华夷译语中越语部分之研究（下）》，载（台湾）《文史哲学报》第 6 期，1954 年 12 月。又见陈荆和：《安南訳語の研究》，庆应义塾大学文学博士学位论文，学位授予番号：乙第 175 号，1966 年。

南传统文墨对中国汉文典籍，尤其是儒家经典的理解与认知。刘玉珺对《越南汉喃文献目录提要》中收录的汉喃典籍进行统计和比较时发现，其中的汉文典籍与喃文典籍在经、史、子、集各部中的比例差异甚殊，但其平均比例约为 10∶2.13（3725∶794），喃文典籍大约仅占汉文典籍的五分之一强。①

---

① 参见刘玉珺：《越南汉喃古籍的文献学研究》，北京：中华书局，2007 年，第283—287 页。

第五章　喃文献的收集与管理

　　在不同的历史背景下，越南越族喃文献保护工作的性质、体现形式和操作范式等，有着本质的区别。在封建时代，越南作为东南亚汉文化圈的重要国家之一，传统士大夫和文墨之士既有辑录自己创作诗文的习惯，也有辑录名家名作之举。喃字走上成熟后，越南不少儒士既善于汉文写作，又工于喃文诗赋。他们之中有的将自己的喃文诗赋辑录成册；有些名家的喃文诗赋则被后世的文墨之士辑录成册，流传于世。凡此种种，虽是有意或无意为之，但在客观上却是越南传统喃文献保护的有益之举。

　　19 世纪中后期至 20 世纪中期，越南历史接连发生巨变。第一个历史巨变是，19 世纪中期起，法国通过坚船利炮，逐步把越南变成自己的殖民地。第二个历史巨变是，20 世纪中期，越南末代封建王朝——阮朝结束统治。第三个历史巨变是，二战末期，胡志明领导的越共武装力量，利用千载难逢的机遇，果断发动"八月革命"，建立越南民主共和国。此后的 30 年中，在中国和苏联等社会主义阵营国家的鼎力支持下，越南先后赢得抗法战争和抗美战争两场胜利，完全解放南方，实现了国家的统一。1976 年，越南更国名为越南社会主义共和国。

　　这一历史时期中，不管法国殖民当局，还是执政后的越共，都在文教方面出台了影响越南国家通用文字的政策和措施。统治越南期间，法国殖民当局极力推行西方传教士创制的国语拉丁文字，旨在以此加强对越南的殖民统治。当时，越南的有识之士和精英分子，辩证地继承了这一政策，以国语字为载体宣扬爱国思想，号召国民抗法图存。越南共产党人将此举发扬光大，在建立越南民主共和国后，宣布国语拉丁文字为越南的官方通用文字。越南国语拉丁文字虽然与传统的喃字和汉字有千丝万缕的内在联系，但它们的书写体系、文字风格和文字性质已发生了本质上的变化。这导致后世越南国民，尤其是没有汉喃学根基的越南新生代，在接触、阅读与理解自己祖先曾经书写、创作和保留下来的传统喃文献时，茫茫然不知所云，导致传统文化的传承碰到了严重的阻碍，甚至可以说造成了文化的断层。越南越族喃文献的保护，便是在这样的历史大背景中展开的。

一、历史背景

如上所述，封建时期，越南文人墨客对喃文诗文有辑录成册、抄录和刻板刊印等之举。虽然这些举措对越南越族喃文献的初步保护工作有所裨益，但他们当时或许并未真正意识到这层含义。从文献保护的角度看，越南越族喃文献的保护工作是在国语拉丁文字成为越南国家正式通用文字之后，才逐步展开的。从这一角度来看，越南越族喃文献的保护工作，既是一般文献保护的内在共性要求，又是该国民族文化载体——官方通用文字系统彻底变革后的迫切要求。总体而言，它受到越南历史巨变和文字发展变革的强烈影响。

（一）从封建、殖民到社会主义

14 世纪，欧洲的文艺复兴促进了欧洲各国社会经济文化的发展，资本主义在历史舞台上逐步萌芽。15 世纪，西方探险家和殖民者开启了世界大航海时代。18 世纪，以英国为首的西方国家，逐步进入工业革命阶段。它不但是一场技术变革，而且是一场深刻的社会变革，推动了经济、政治、思想、世界市场等诸多方面的变革。完成工业革命的资本主义国家，在世界大范围地杀戮，以抢占商品市场，抢占原料产地，奴役当地农民，加剧了当地农民的贫困落后，使得东方从属于西方。

16 世纪初叶到 17 世纪中叶，欧洲如火如荼地进行宗教改革，大力开展普世宣教运动。1534 年，罗耀拉（Ignace de Loyola）在巴黎创立耶稣会（Societas Jesu，越文称为 Dòng Tên）成为天主教对外宣教工作的重要平台。天主教徒虔诚地前往新发现的地区，开辟新教区普世宣教，发展信徒。此外，大航海时代的到来，工业革命不断发明的新技术，都为天主教的宣教运动提供了巨大的便利条件。传教士跟着西方商船、探险船队等远航到美洲和远东新发现的地区宣教。其中，包括越南在内的东南亚沿海各国便成为首要传教地区之一。

早在 16 世纪后期，作为西方殖民侵略急先锋的传教士、商人和探险家就相继进入越南。1771 年，越南爆发西山农民起义，很快便席卷越南全国，先后击溃郑主和阮主，后黎朝灭亡。阮福映无力抵抗西山军队，被迫逃亡暹罗，谋求借势再起。在此过程中，以百多禄为首的法国天主教传教士集团扶植阮福映复国，合力扑灭了西山起义，但从一开始便对越南抱有十分露骨的侵略野心。在反击西山起义军的过程中，百多禄为阮福映穿针引线，向法国求援。1784 年，阮福映全权委托百多禄携带国书及年仅 4 岁的王子阮福景，乘船前往法国请求军事援助。1787 年，百多禄和阮福景一行抵达法国，觐见国王路易十六，双方缔结了《越法凡尔赛条约》。其内容大抵如下：（1）法国支援阮福映 4 艘军舰，1200 名步兵，200 名炮兵及 250 名黑人士兵，并提供充足的武器、军装和重炮；（2）阮王将会安、昆仑岛割让法国；（3）如有必要，法国有权在越南陆地建造房子和扩建会安港；（4）法国人在越南有完全自由的贸易权利，享有所有货物进出口的权利，嘉定政权必须保证法国人的人身和财产安全；（5）如法国与任何国家发生战争，阮福映必须在士兵、水手、粮食和战舰方面给予帮助，并提供一切必要的军事物资和后勤保障。[①]签署条约之后，由于当时法国国内革命呈现一触即发之势，这个援助条约实际上并未付诸实行。

1802 年，阮福映最终击败西山农民起义军，建立阮朝。但此后不久，法国政府以《越法凡尔赛条约》为由，要求阮朝兑现条约内容，被阮福映拒绝。此后，法国不断伺机挑起侵越战争。1847 年，法国借口本国传教士被越南人杀害，炮轰土伦港（岘港），击沉了阮朝 5 艘船只。1856 年，法国舰队又再次炮轰土伦港。1858 年 9 月，法国人以自由通商和保护传教士为由，伙同西班牙联合舰队，第三次炮轰岘港，发动了对越南的殖民侵略战争。1861 年占领西贡（今越南胡志明市）。翌年，法国殖民者强迫阮朝缔结第一次《西贡条约》，割让东三省（嘉定、边和、定祥）和昆仑岛给法国。1867 年，法国进一步占领了南圻西三省（永隆、河仙、安江）。至此，越南南圻全部落入法国殖民者之手。

---

① 参见陈氏荣主编：《越南历史（第 4 集）：从 17 至 18 世纪》，河内：社会科学出版社，2017 年，第 452 页。

　　占领南圻后，法国殖民者于 1873 年开始向越南北部进军。1874 年，法国通过军事手段和利用越南阮朝内部矛盾，逼迫阮朝签订第二次《西贡条约》，让其承认法国对南圻的占领。这为法国殖民者进一步吞并越南创造了更加有利的条件。通过一系列的军事打击和内部分化，1884 年，法国进一步逼迫阮朝签订《顺化条约》，阮朝被迫接受法国对越南的"保护权"。法国殖民者的目的不仅在于侵略越南，而且企图以越南为跳板北上侵略中国华南。当它占领北圻之后，就直接威胁了中国南部和西南部的安全，因此 1884 年爆发了中法战争。昏庸无能的清政府在战况占优的大好形势下，竟与法国和谈，于 1885 年签订了丧权辱国的《天津条约》，承认法国对越南的"宗主权"，结束了中国封建王朝与越南之间延续近千年的"藩属关系"。全此而后，越南完全沦为法国的殖民地。

　　法国殖民者在侵略越南的同时，还分别于 1863 年和 1893 年将柬埔寨和老挝变成它所谓的"保护国"。法国殖民者将越南分为"交趾支那"（南圻）殖民地、"安南"保护国（中圻）和"东京"保护地（北圻），禁止越南人在三圻之间自由往来，以此分而治之，并连同老挝和柬埔寨拼凑为所谓的法属"印度支那联邦"。该"联邦"的殖民统治中心设于河内，由法国总督总揽一切军政大权。法国殖民者保留了阮氏封建朝廷，让它名义上享有统治中圻的权力，但其实完全是法国殖民者的统治工具和傀儡而已。至此，越南由封建社会转化为殖民地半封建社会，资本主义殖民剥削形式与封建剥削形式双重结合，越南人民更加贫困化。

　　自从法国殖民势力入侵越南国土的那天起，越南人民救亡图存的抗法斗争也从未停止过。他们在长达 80 年的斗争史中，写就了壮烈辉煌的篇章。中国越南史专家戴可来先生将越南人民的抗法斗争大致分为三个阶段：19世纪中叶到 20 世纪初，是越南人民抗法斗争的早期阶段。20 世纪初到 20世纪 30 年代越南共产党诞生前，越南人民抗法斗争进入资产阶级民主革命的发展阶段。20 世纪 30 年代初到 1945 年，越南共产党诞生后，越南人民抗法斗争进入由越南共产党领导的工农革命运动阶段。[①]

　　其中，第一阶段抗法斗争的性质属于旧式农民起义和文绅运动，竖起爱

---

　　① 参见戴可来、于向东主编：《越南》，南宁：广西民族出版社，1998 年，第 15—18 页。

国忠君大旗，领导农民武装抗法。第二阶段中，民族资产阶级开始出现在越南历史的舞台上，越南人民抗法斗争进入了资产阶级民主革命时期。但由于自身阶级属性的局限性和软弱性，不管是旧式农民起义还是资产阶级民主革命，都未能揽狂澜于既倒，扶大厦于将倾。在第三阶段的斗争中，以胡志明为代表的越南共产党及其领导的工人阶级，在俄国"十月革命"胜利的召唤与鼓舞下，走向了历史舞台的中央。1930 年 2 月，越南共产党在中国香港成立。经过艰苦卓绝的斗争和巨大的牺牲，1945 年 8 月，胡志明及其领导的越南共产党，在革命中取得决定性胜利；9 月 2 日，越南宣布独立，建立越南民主共和国。

越南民主共和国建立之后的 30 年里，越南又接连经历了艰苦卓绝的"抗法斗争"和有美国干预的南北战争。在中国和苏联等社会主义阵营国家的大力支持下，越南接连取得了这两场斗争的胜利。1975 年 5 月，越南南方全部解放。1976 年 4 月 25 日，越南全国举行普选，成立了统一国会；同年 6 月 24 日至 7 月 3 日，统一国会通过决议，把国名改为越南社会主义共和国。

（二）从汉喃文字到国语拉丁文字

郡县时代，汉字已在交趾/交州/安南地区通用千余年。自主封建之后，越南历代封建王朝，均以汉字作为官方通用文字。在此千余年的漫长历史时期，汉字在当地的传播与使用大致与中原内地诸州郡县别无二致。

10 世纪中叶以降，安南逐步走上自主封建，先后建立了丁、前黎、李、陈、后黎、阮等王朝。这些王朝都以汉字为官方通用文字，由于汉字是博大精深的中国文化，尤其是孔孟之道的文字载体，而孔孟之道又是两千多年中国封建文化的正统，这种文化属性和范式，被包括越南在内的东亚历代封建王朝所膜拜、效仿和借鉴。正因如此，汉字不但被越南人尊称为"儒字""圣贤之字"，而且还被亲切称为"咱们的文字"（越南语：Chữ ta）。

喃字则是在汉字的基础上，结合当地口头语言而创制，用以记录民间口头语言的土俗文字，是越南的民族文字。与汉字及其所承载的孔孟之道深刻奥义相比，喃字记录的是越南民族本土的语言，反映了越南民族本土语言与文化的诸多特征，更接地气，但其文化底蕴无法与汉字及其所承载的文化蕴意相提并论，被越南人称为"不正之父"（越南语：Nôm Na là cha mách qué）。在西方殖民者到来之前，汉字和喃字是越南民族语言和文化的载体，国家文明的书写方式。与东南亚周边国家、地区和部族相比，越南民族的汉字和喃字各司其职，交相辉映，创作和流传后世的文献可谓蔚为壮观。越南历代封建王朝，也因此自称为"文献之邦"，自视文明程度不亚于中国。

西方传教士到越南后，逐步创制的国语拉丁文字，后来被越南人所主动接受，并将其替代汉字，成为官方通用文字。这种转变是在越南近 400 年的历史进程中逐步实现的。要了解越南通用文字的转变，必须先了解国语拉丁文字的创制、推广和普及过程。

如前所述，西方宗教改革和大航海时代开启之后，西方传教士、商人和探险家便陆续来到越南。据越南史籍记载，1533 年已有名为"衣泥枢"的欧洲传教士，在越南宁彊村、群英村、茶缕村"阴以耶稣左道传教"。此后西班牙、葡萄牙、意大利、法国和荷兰等西方国家的传教士，也陆续来到越南传教，越南人信徒也日益广众。由于基督教和天主教的诸多教义与越南自古尊奉的儒家思想、祖先崇拜和祭祀神灵等礼俗相违背，越南封建统治集团突见许多民众皈依天主教，恐将危及自己的统治，视其为歪门邪道。

17 世纪以后，北方郑主和南方阮主，均频频采取驱逐、捕杀传教士和信众等严厉的禁教措施。即便如此，西方传教士在越南的传教活动并未完全停止，教徒数量也日益增多。这是因为郑主和阮主都有与西方人进行贸易，购买枪炮，以增强自身实力的刚性需求，有时甚至请他们进行军事援助或请西方军人训练本土士兵。西方人也以此为由，要求允许他们进行贸易和传教。此外，当越南封建统治者禁教时，传教士往往化身为商人，转入地下继续传教活动。17 世纪末，一位名为吉福德（Giffond）的英国商人来庸宪时曾说："法国人在这里有住房，可是我们无法确知那些房子的用途是为了商贸还是传教。"①

据不完全统计，1615—1625 年间，大约有 20 位来自葡萄牙、意大利、法国和日本等国家的传教士抵达越南传教。其中，10 人为葡萄牙人，其余

---

①〔越〕阮友心：《关于天主教从十六世纪至十八世纪在越南传入与发展之初探》，载《成大历史学报》，2011 年第 40 期。

为意大利人、日本人和法国人。^①这些传教士中，大多来到越南后，便注意学习越南语，尝试用本国的拉丁字母给越南语注音，目的在于向越南民众传教。这就是越南国语拉丁文字最初的胚胎形式和性质。意大利人布若米、葡萄牙人佛朗西斯科·迪·皮纳、意大利人克里斯托弗·波里和法国人亚历山大·德·罗德、意大利人乔瓦尼·飞利浦·德·马里尼和法国人约瑟夫·狄若瑟等西方传教士在越南学习，并通晓越南语，为越南国语拉丁文字的创制做出了贡献。^②在此过程中，他们得到了一些越南人，尤其是越南天主教和基督教信徒的帮助。

起初，不同国籍传教士，在学习和与越南民众交往及传教过程中，都用本国的拉丁字母对越南语进行注音，并尝试用这种初创的文字译介《圣经》或编撰简明教义，向越南人传教。虽然西方各国的语言有亲缘关系，但仍有很大的差异。这使得记录越南语的拼音文字杂乱无章，形态各异，缺乏系统性和规范性。这对传教士们的传教工作，以及越南信众对教义的理解造成了障碍。1651 年，亚历山大·德·罗德编著的《越-葡-拉字典》和《八日教程》在罗马出版。这标志着越南国语拉丁文字系统化的成功。这种文字为基督教和天主教在越南的传播起到了重大的作用，而信众的不断增长以及他们对这种文字的接受，又为国语拉丁文字的发展注入了强大的动力。

由上可见，越南国语拉丁文字是在众多西方传教士的不懈努力下创制的，其过程得到了本土民众和信徒的帮助，可视为集体智慧的结晶。在此过程中，亚历山大·德·罗德居功至伟。他在这种文字的创制、发展、完善，以及系统化和规范化方面，做出了里程碑式的贡献，是这种文字走向成熟的集大成者。

19 世纪中后期，随着法国殖民军通过坚船利炮，先控制南圻六省，进而控制中圻顺化朝廷和北圻。1885 年，中法战争结束，双方签订《天津条约》，清政府承认法国对越南的保护国地位，中越延续近千年的宗藩关系被终结。法国殖民当局在越南实行一系列的训化教育。他们的终极目的是让法语成为当地的官方语言文字。在野心驱使之下，首当其冲的便是文字变革。

---

① 详见范宏贵、刘志强：《越南语言文化探究》，北京：民族出版社，2008 年，第257 页。

② 〔越〕Đỗ Quang Chính, *Lịch sử Chữ Quốc ngữ 1620-1659*, Hà Nội: Nhà xuất bản Tôn giáo, 2008, tr.11.

他们想方设法废除汉字和喃字，转而极力推行传教士发明的国语拉丁文字，企图斩断越南的历史文脉，及其与中国文化的关系，巩固殖民统治，进而再逐步推行和使用法语。

为达此目的，法国殖民当局采取了一系列政策和措施，在行政、学政、报纸和文学四个核心领域中强迫使用国语拉丁文字。值得一提的是，他们还将国语拉丁文字引入科举考试策论写作；考察举子法文的能力与水平，成绩优异者给予加分等。

1905 年，法国印度支那联邦总督下令组建联邦公共教育署；次年又组建了印度支那联邦教育促进委员会，制定教育政策和教育发展规划。在教育语言和文字方面明确规定，越南学生在小学阶段以国语字或法语作为教学语言，而中学和大学教育阶段，法语应为唯一的语言工具。基于此项决策，1917 年 12 月 21 日，印度支那总督阿尔伯特·沙洛特（Albert Sarraut）颁布了《印度支那联邦公共教育法》，全面废除学校的汉字教育。根据该法案，法越教育是越南唯一的官方教育，法国公立中学不再接受越南学生，越南国语字学校将改造为法越学校以接受越南学生就学。1919 年 7 月，阮廷颁布《皇家诏旨》宣布废除科举，汉字和喃字失去了继续存在的最大教育平台，越南传统汉喃文脉被法国殖民者连根拔起。法国殖民当局通过行政手段以国语字和法文作为正式通用文字。

起初，法国殖民当局的措施受到了越南民众，尤其是传统士大夫阶层的极力反对。但是在经过不断的接触和尝试使用之后，他们认识到国语拉丁文字易学易懂，能更准确地书写自己的民族语言和表达自己的思想感情时，转而逐步接受了这种新文字。

20 世纪 30 年代，越共成立后，逐步展开救亡图存的革命工作。他们很快就意识到易学易懂的国语字是传播革命救过思想的锐利工具。发动民众学习掌握国语字的同时，暗中传播抗法救国革命火种，是一举两得之举。为了迷惑法国殖民当局，越共高级领导人决定笼络在国内民众和法国殖民当局中均享有名望之士，承担此项重任。阮文素（Nguyễn Văn Tố）是其中的重要人选之一。1938 年 4 月 8 日，阮文素向法国殖民当局提议，成立推广国语字的民间组织。此举正好契合法国殖民当局在包括越南在内的印度支那三国推行的语言文字政策。1938 年 5 月 25 日，倡导学国语字、扫文盲、开民智的越南文化精英，在河内市曲灏街安南体育会馆成立了"国语传播会"（Hội

Truyền bá Quốc ngữ)[①]，会址驻地位于蒲扇街（phố Hàng Quạt）59 号。该会的骨干成员及他们所担任的职务如下：

会长：阮文素（Nguyễn Văn Tố）；

副会长：裴杞（Bùi Kỷ），尊室平（Tôn Thất Bình）；

秘书：潘青（Phan Thanh）；

副秘书：范有章（Phạm Hữu Chương），管春南（Quản Xuân Nam）；

出纳：邓台梅（Đặng Thai Mai）；

副出纳：阮文卢（Nguyễn Văn Lô），武元甲（Võ Nguyên Giáp）；

顾问：阮文煊（Nguyễn Văn Huyên），陈重金（Trần Trọng Kim），黄春瀚（Hoàng Xuân Hãn），黎烁（Lê Thước）。[②]

这些越南名人和精英知识分子，则不遗余力地宣传、推广和普及国语拉丁字；爱国仁人志士及越南共产主义组织，则利用它来扫除民众文盲并传播抗法救国革命思想。

1945 年 8 月，胡志明领导的"八月革命"获得胜利。9 月 2 日，胡志明在河内八亭广场庄严宣布越南民主共和国的诞生。9 月 8 日，越南民主共和国政府颁布关于《平民学务》（Bình Dân Học Vụ）敕令。其中，第 20 号法令规定："强力推行免费学习国语字活动。在一年的期限内，使 8 岁以上的所有越南人都必须能读写国语字。"《平民学务》敕令的颁布，标志着越南文字变革画上了句号。这也意味着越南传统的汉喃文献，开始步入"文物"的历史阶段，民族文化开始出现断层，且会越来越深，成为传统文化与现代文化有机衔接和赓续的巨大屏障。

上述历史大背景的变化，对越南传统汉喃文献的前途产生了极其重要的影响。主要体现在以下几个方面：第一，殖民战争让不少汉喃古籍被战火损毁。第二，法国殖民当局设立法国远东学院，大肆网罗了越南阮朝宫廷与民间的藏书。殖民统治结束后，虽把大部分汉喃古籍移交给了越共新政权，但在撤退中带走了数以百箱的汉喃古籍。第三，1945 年"八月革命"之后，

---

① 按：1938 年 7 月 29 日，法国殖民当局北圻统使签发第 3622-A 号决定，同意该会成立，要求将会名改为"Hội học chữ quốc ngữ"（国语字学习会），但越南相关组织和民间并不认可，一直以"Hội Truyền bá Quốc ngữ"称呼该组织。

② 参见越南国家档案馆官网："Hội Truyền bá chữ Quốc ngữ", 2021-05-24, accessed 2022-09-28, https://luutru.gov.vn/hoi-truyen-ba-chu-quoc-ngu-196-vtlt.htm.

越南官方的书写文字系统由传统的汉字和喃字，转变为国语拉丁字。这一鼎革，昭示着越南文化与文明，开始以全新的文字载体书写，传统与现代的断层与鸿沟逐渐形成，且难以弥补。对传统文化重要遗产汉喃文献的收集、保护、整理和挖掘，成为紧迫的任务。

必须指出的是，越南历朝历代，不管是皇家书院，抑或是民间私人藏家，大多没有严格地对汉文典籍和喃文典籍进行分门别类，而是将它们混合在一起进行收藏和管理。

二、法国远东学院与越南汉喃文献

总体而言，世界近代史就是西方资本主义向全球扩张和侵略的历史。西方资本主义列强对亚非拉传统封建国家的武装侵略、殖民统治和资源掠夺等野蛮行径，给当地人民带来的巨大灾祸，制造的累累罪行，罄竹难书。但从客观上看，西方资本主义列强在血与火的扩张过程中，也把他们较为先进的科学技术和思想学说传播到了世界地区。习惯上，我们将其称为"东学西渐"。

（一）法国远东学院的设置

法国在殖民侵略和殖民统治的过程中，也逐步将本国的科学技术和思想学说移植到包括越南在内的所谓"印度支那联邦"，其中影响尤为炽烈的当属法国远东学院的设置，及其展开的系列学术活动。法国远东学院的设立并非一步到位，而是有个逐步发展和调整的过程。在印度支那立稳脚跟后，法国殖民当局组织人力物力，系统对印度支那联邦各国历史、文化、民俗、宗教和风俗习惯等方面进行综合研究，以便服务和巩固自己的殖民统治。

1898 年，为了研究西贡市（今胡志明市）一带的风土文化，法属印度支那总督保罗·杜梅（Paul Doumer，1857—1932 年）下令创立"法国印度支那考古调查会"（Mission archéologique permanente en Indochine），由"法国铭文与文艺学院"负责学术监督。1900 年，该会更名为"法国远东学院"，法语全称"École francaise d'Extrême-Orient"，简称"EFEO"。1901 年，该院开始出版《法国远东学院学报》（*Bulletin de l'Ecole Française d'Extrême-Orient*，以下简称"学报"）。1902 年，法国远东学院随同殖民当局总督府迁往河内。由于学院设立于河内，研究范围广博，涵盖历史学、语言学、人类学、民俗学、考古学、艺术学、文献学和金石学等诸多领域，因此越南人将其称为"Học viện Viễn Đông Bác Cổ Pháp"，中文直译为"法国远东博古学院"。学院的创始人、首届代理院长是东南亚铭文学专家路易·费诺（Louis Finot）。1956 年，因越南战争的原因，法国将该院从河内迁回巴黎市。

在组织架构上，法国远东学院除了将总部设于河内之外，分部设在金边、万象和顺化。在越南地域内，还在北越的莱州、南越的西贡设立学院办事处作为临时研究站。学院还设有博物馆、图书馆和档案馆。其图书馆涵盖欧文部、汉文部、安南部、日本部、地图部、抄本部和拓本部。

在法国远东学院从事研究的人，分为"正员"和"副员"二种，院外另设"通信员"若干人。此外，学院还极力邀约世界上硕学渊博之士为"名誉员"。这些学者有法国籍和外籍人士，如斯坦因、乔治·马伯乐和保罗·伯希和等。在职务方面，学院设有院长、考古学部长、秘书、司书、印度学员、中国学员、艺术史学员以及吴哥窟、柬埔寨、东京、安南、占婆、老挝等地的古迹员。这些职务都是由"正员"担任。学院对院长的选定非常郑重和谨慎，必须先经过法国学士院推荐，再由法属印度支那总督决定，方可上任。由于学院设立于河内，因此录用了诸如阮文素（Nguyễn Văn Tố）、陈文玾（Trần Văn Giáp）、陈涵晋（Trần Hàm Tấn）和阮文瑄（Nguyễn Văn Huyên）等若干越南学者，担任事务长、助手和学员等职位。这些机构的岗位设置，尤其是配备的本土精英人员，不仅为法国殖民学者海量收集和研究越南汉喃文献提供了巨大的便利条件，而且他们经过法式现代教育和学术思想理念的熏陶，成为越南独立后人文社会科学体系、思想、理论、框架建构和研究的先驱者，影响深远。

（二）法国远东学院对越南汉喃文献的收集

如上所述，文献学是法国远东学院的重点关注和研究领域之一。自成立之日起，法国远东学院就广泛地收集、影印和购买印度支那三国的古籍文献。殖民统治体系为法国远东学院网罗各类文献与典籍带来巨大的便利条件。林英强曾对该院的报告进行调查，结果显示法国远东学院藏书颇为丰富："欧文 14000 部，36 册；中国书籍最丰富约 42000 册，纯粹中国字的越南本，汉籍的越南本，字喃（中国字式的越南文字）越南本三种合计约 9000 部；日本书籍 2000 部；柬埔寨与法国有关的手记 2000 册；他如古代版画，资料图像原版共藏 35000 枚。"[1]林氏所列数据，并未直接体现法国远东学院图书馆所藏喃文献的具体情况，但藏书的丰富性和多样性是毋庸置疑的。

另据邓正水考察，编纂历史文献和档案资料书目提要，是法国远东学院研究印度支那历史的重要举措。其中，有若干涉及越南的论著或书目。1904 年，卡迪埃尔和伯希和合著的《安南史的安南资料初探》，刊登于《学报》第 4 卷。布德和布尔热瓦合作编撰的三卷本《法属印度支那书目提要》，分别于 1929 年、1932 年和 1943 年在河内先后出版。加斯巴尔丹的《安南书目》和《安南史料》，分别刊载于《学报》1929 年第 29 卷和 1934 年第 34 卷。1929 年至 1951 年，该院编纂的全六卷《法国远东学院书目清册》，陆续在河内出版发行。1942 年，布德的《安南史与安南帝王档案》，载于《古都顺化之友》（*Bulletin des Amis du Vieux Hué*，简写为 "B.A.V.H"）法文杂志第 29 期。[2]

较早接触了解到法国远东学院编纂书目的是，我国著名目录学家、印刷史专家和中越关系史专家张秀民先生。1931 年至 1971 年，他长期在北京从事图书馆工作 40 年。1953 年，北京图书馆成立参考研究组，张氏任组长。其间，越南史学家陈文玾、明峥、陈辉僚、邓台梅，柬埔寨李添丁及英国李约瑟博士先后到馆查阅资料和交流时，均由张氏负责接待解答。2001 年，张秀民曾言："三四十年前笔者请人抄录了全部《河内远东博古学院图书馆目录》三本，内汉文书 3070 种，中国书越南印板 690 种，喃字本 628 种，三者合计共 4388 种。此书目不注作者姓名、版本、卷数、又不分类，虽杂

---

① 林英强：《越南的文学艺术》，载《南洋文摘》，1969 年第 10 卷第 1 期，第 69 页。

② 参见邓正水：《法国远东学院对印度支那的研究》，载《印度支那》，1987 年第 3 期。

乱而较全。"①检张秀民关于"中越关系书目"的系列文章，大致从 20 世纪 80 年代至 21 世纪初年，陆续在各类期刊登载。故上述引文所提及"三四十年前笔者请人抄录了全部《河内远东博古学院图书馆目录》三本"，很可能就是 1953 年越南学者陈文理一行，从越南河内将已抄录好的三本书目带至北京交给他的。据考察，《河内远东博古学院图书馆目录》包括《安南汉文书籍目录》《中国书南印板书目》和《安南越文书籍目录》三册。其中，《安南越文书籍目录》实为越南喃文书籍目录。

法国远东学院之所以能收集到如此丰富的汉喃文献，大概有以下几个方面的原因：第一，通过在越南建立起来的殖民统治体系，他们可以对阮朝顺化皇宫、各地府衙、传统书院/书库藏书进行收集、影印或誊抄。第二，法国远东学院的学者们，大多具备渊博的学识，且研究经费比较充足，他们知道如何在社会上收集、购买珍贵的越南汉喃典籍。第三，部分被驯化的阮朝官员、士大夫，特别是归依天主教的旧学落魄儒生，为法国远东学院的汉喃典籍收集活动提供了很大的帮助。第四，法国殖民当局废除科举取才和推行国语拉丁文字之后，越南传统的汉喃典籍逐步变成了历史的"故纸堆"，受越南民众重视的程度减弱，或流入市井贱价叫卖，或弃之如敝屣。

及至 20 世纪 90 年代，法国远东学院与越南汉喃研究院合作，对法、越两国各学术机构所藏的越南汉喃文献进行整理和统计，并在此基础上以法文和越文编辑了三卷《越南汉喃遗产目录》。2000 年起，刘春银、王小盾等中国两岸学者与越南汉喃研究院协同合作，在重新考察越南汉喃藏书的基础上，将《越南汉喃遗产目录》编译成汉文，冠名《越南汉喃文献目录提要》发行，嘉惠学林。据《越南汉喃遗产目录》统计，"1993 年前入藏于汉喃、远东两院图书馆并予编号的越南古籍，共有 5,038 种，16,164 册。其中，中国重抄重印本有 1,614 册；越南人所著汉文书有 10,135 册；喃文书有 1,373 册。其余为用汉喃两种文字的图书，包括玉谱（神的事迹）535 册、神敕（封神的敕文）404 册、俗例（乡约）732 册、地簿 503 册、古纸 96 册、社志 16 册。"②这是现存越南汉喃古籍书目的最新统计数据。由此可见，存世

---

① 张秀民：《中越关系史书目续编》，载《中国东南亚研究会通讯》，2001 年第 1 期，第 34 页。

② 刘春银、王小盾、陈义主编：《越南汉喃文献目录提要·王序》，台北："中央研究院"中国文哲研究所编印，2002 年，第 xii 页。

的纯喃文书仅 1373 册；汉喃二元一体的图书共计 2286 册，即便两者相加，也才约占越南汉喃文献总数的 22.6%，不可与纯汉文典籍同日而语。

需要指出的是，《越南汉喃遗产目录》所统计的汉喃文献数字，仍有较多的缺漏。据考察，那些未编号的汉喃古籍尚未收录于其中。例如，1987 年以前，被汉喃研究院新收录的汉喃喃文献达 729 种；汉喃研究院图书馆的目录箱中还有一种"复印本目录"，除去重复而未编号者亦有两百多种；越南汉喃古籍绝大部分为手抄本，往往把数种内容未必相关的图书抄于一册，合用一名。[①]

法国远东学院虽然是法国殖民统治越南的文化产物，是剥削和压迫越南人民的思想文化专制工具，殖民文化色彩浓厚。但就客观而言，它对越南汉喃古籍文献的收集和整理做了大量的工作和研究，为保护越南汉喃古籍文献有突出的成就和贡献。1958 年，法国远东学院撤离越南迁回法国时，把大部分汉喃藏书和资料移交给越南新政权。后来，这批汉喃藏书和资料分别馆藏于越南社会科学院所属汉喃研究院和越南社会科学院图书馆。但据越南史学家明峥说，法军在河内解放时，运走越南古籍 700 箱。

三、汉喃研究院与越南汉喃文献

汉喃研究院坐落于越南河内市栋多郡邓进东（Đặng Tiến Đông）路 183 号。1984 年，越南国家计划委员会开始拨款建设，但由于历史原因，1990 年才完成建设并投入使用。它的成立，是越南重要的文化事件，对越南传统汉喃文献的收集、整理、研究，以及传统文化的传承等方面，具有重大而深远的影响。

汉喃研究院的成立，是越南政府和文化界精英在收集、整理和研究越南传统汉喃文献材料过程中，逐渐形成的共识。如上所述，越南民主共和国文化部在牵头负责传统汉喃典籍保护的过程中，面临着诸多挑战。比如，汉喃文献材料的鉴定、释读和分类等工作，碰到了越来越多的问题。临时招聘精通汉文和喃文的专业人士，散布于各地或不同的工作组，无法形成合力，以

---

① 刘春银、王小盾、陈义主编：《越南汉喃文献目录提要·王序》，台北："中央研究院"中国文哲研究所编印，2002 年，第 xii 页。

致工作杂乱无章，效率低下。为了解决这一问题，并着眼长远的民族文化发展目标，越南民主共和国科学委员会于 1970 年成立了下属的"汉喃工作小组"。此即今日越南社会科学翰林院下属汉喃研究院的前身。

"汉喃工作小组"成立之初，便聚集了一批汉喃学识渊博的阮朝遗老，如：范韶（Phạm Thiều）、石干（Thạch Can）、高春辉（Cao Xuân Huy）、华鹏（Hoa Bằng）、陶方萍（Đào Phương Bình）、高文请（Ca Văn Thỉnh）和阮董之（Nguyễn Đổng Chi）等等。此外，诸如陈惟稳（Trần Duy Vôn）、黎维掌（Lê Duy Chưởng）、阮有制（Nguyễn Hữu Chế）、阮文烺（Nguyễn Văn Lãng）和黎春和（Lê Xuân Hoà）等，则被特聘为"汉喃工作小组"的协作者。从成立之始，"汉喃工作小组"就译介、编辑编译和整理所收集的汉喃文献资料，并为社会科学院委员会培训了两届汉喃专修人才。

汉喃研究院成立之后，在对传统汉喃文献资料进行收集、保护、整理和开发等方面，取得了诸多卓有成效的阶段性成绩。这集中体现在如下几个方面。

（一）接管越南国内汉喃文献资料

汉喃研究院是越南，乃至全世界馆藏汉喃文献资料最多的地方。上文"法国远东学院对越南汉喃文献的收集"部分已有论及。但需要指出的是，1958 年越共新政权教育部接管了法国远东学院图书馆所馆藏的汉喃文献资料，并将其转移至中央科学图书馆。其后不久，中央科学图书馆又增加收藏了综合大学（其中包括龙岗图书馆和河东文化司图书馆）的汉喃文献资料，以及黄春瀚（Hoàng Xuân Hãm）先生捐赠的私藏汉喃典籍。1968 年中央科学图书馆分为中央科学技术图书馆（隶属国家科学技术委员会）和社会科学图书馆（隶属社会科学委员会）两个平行单位。根据职能与分工要求，社会科学图书馆（今社会科学通讯院）接管了所有的汉喃文献资料。

据汉喃研究院阮俊强（Nguyễn Tuấn Cường）院长介绍，汉喃研究院成立后，其书库所馆藏的汉喃文献资料主要来源有四[①]：

---

① 参见〔越〕阮俊强：《越南汉喃研究院所藏汉喃资料的历史、特征与前瞻》，载何华珍、〔越〕阮俊强主编《东亚汉籍与越南汉喃古辞书研究》，北京：中国社会科学出版社，2017 年，第 3 页。

第一，原法国远东学院馆藏的汉喃古籍资料，分别被编号为 A, AB, AC, AD, AE, AF, AG, AH, AJ。1979 年，汉喃研究院建院时，越南社会科学图书馆的汉喃书库文献资料陆续被转移至汉喃研究院。当时转移至汉喃研究院的汉喃文献资料包括：综合书库，16500 件/份；铭刻拓片藏库，21000 件/份；神敕库，430 件/份；神迹库，540 件/份；俗例乡约，650 件/份；地簿库，500 件/份；社志库，100 件/份；中国古籍书库，5000 件/份，共计44720 件/份。但仍有不少汉喃古籍继续馆藏于越南社会科学院下属社会科学通讯院图书馆中。

第二，1958—1979 年接收其他图书馆的汉喃古籍资料，如文庙图书馆、河内综合大学图书馆、河东文化司图书馆和博物馆藏品保管部，以及外文进出口部等。此类图书编号以 V 开头。

第三，1979 年以后，收集到的汉喃古籍资料，分别被编号为 VHv、VHb、VHt、VNb、VNv。

第四，其他单位和私人赠书，编号为 T。虽然汉喃研究院很早之前即接受赠书，但给赠书单独启用图书编号的时间并未久远。2016 年 5 月 11 日，越南汉喃学者武荀灿（Vũ Tuân Sán）先生将私家收藏的 470 本汉喃书籍赠予汉喃研究院。汉喃研究院领导认为此次赠书具有重要意义，遂借此拟定接受赠书仪礼，包括致"感谢信"、颁发"为社会科学研究的纪念章"，设立一个"T"类的专门书库。该类书库的具体信息是："T"为越南语"Tặng"（赠送）首字母的缩写，"T"之后是赠书者名字的缩写，及具体图书的编号。比如"T.VTS.123"即表示武荀灿（Vũ Tuân Sán）先生所赠送书籍的第123 本。①在武氏之前，诸如阮文素（Nguyễn Văn Tố）、邓台梅（Đặng Thai Mai）、黄春瀚（Hoàng Xuân Hãn）等汉喃学者，以及阮朝科榜遗老武文对（Vũ Văn Đối）、陈方知（Trần Phương Tri）、黎鸿顺（Lê Hồng Thuận）、武必直（Vũ Tất Trực）等已将他们私家的汉喃书籍捐献给汉喃研究院。此外，旅居海外家国情怀浓厚的越侨，还将他们手中的汉喃古籍寄赠汉喃研究院。

另据统计，目前汉喃研究院收藏了 33,164 本单册汉喃书籍和 67,902 张

---

① 参见〔越〕阮俊强：《越南汉喃研究院所藏汉喃资料的历史、特征与前瞻》，载何华珍、〔越〕阮俊强主编《东亚汉籍与越南汉喃古辞书研究》，北京：中国社会科学出版社，2017 年，第 7 页。

拓片。①但由于尚未完成整理和鉴定等相关工作，汉文与喃文作品的具体数量仍未知其详。这些文献资料中，有的本来就有不同的刊刻版本，有些是孤本。不管哪种情况，这些汉喃文献资料，大多已被誊抄为抄本，或复制成复制品。此外，还有部分汉喃文献资料是通过制作其他相关文化单位、图书馆、民间组织或个人收藏汉喃文书而来的复制品。目前，汉喃研究院图书馆对外开放借阅的汉喃文献，大多为复制品或抄录副本，原本古籍已专门放置于专门书库馆藏，轻易不对外借阅，即便能借阅，办理申请手续也颇为繁杂，须院领导层层审批。

根据 1963 年 12 月 13 日总理第 117/TTg 号指令，有需求的机构和图书馆等单位，可以根据具体情况，向汉喃文献资料馆藏和管理机构申请获取必要的汉喃文献资料抄本或复制品。

虽然现在越南国内的绝大部分汉喃文献资料均集中馆藏于汉喃研究院，但也还有部分汉喃文献资料散藏于越南国家图书馆、越南国家第一档案馆、越南社会科学通讯院等单位。这些单位的汉喃文献资料，有的是原版汉喃文书，有的是复制品。之所以出现这种情况，有可能是 20 世纪 50—60 年代，越南各文化单位收集和征集到汉喃文献资料之后，并未全部转交给越南社科委，而是获准将部分汉喃文献资料留存在自己的单位里，但具体情况暂难考究，有待相关资料的进一步公布，及深入考察、统计和研究。

总体而言，目前越南国内外汉喃古籍文献资料的藏书大致分布如下：汉喃研究院书库大约馆藏了世界上汉喃古籍总量的 70%，其余汉喃古籍资料则散布于越南国内外不同的文化机构。除了汉喃研究院之外，越南国内的国家图书馆、社会科学通讯院、位于河内的国家第一档案中心、位于大叻的国家第四档案中心、历史研究院等机构，也分别馆藏有数量不等的汉喃古籍文献资料。②

需要指出的是，由于受到时局的影响，汉喃研究院虽然建制于 1970

---

① 参见〔越〕阮俊强：《越南汉喃研究院所藏汉喃资料的历史、特征与前瞻》，载何华珍、〔越〕阮俊强主编：《东亚汉籍与越南汉喃古辞书研究》，北京：中国社会科学出版社，2017 年，第 5 页。

② 参见〔越〕阮俊强：《越南汉喃研究院所藏汉喃资料的历史、特征与前瞻》，载何华珍、〔越〕阮俊强主编《东亚汉籍与越南汉喃古辞书研究》，北京：中国社会科学出版社，2017 年，第 8 页。

年，但其后许多年里，并没有专门存放汉喃文献资料的场所。1990年，汉喃研究院办公大楼才完成建设并投入使用。从此，该院成为越南全国汉喃文献资料馆藏的中心。相较于以前，汉喃文献资料得到了较好的保存；但这也只是具备了基本的硬件条件而已。越南全国绝大部分汉喃文献集中于汉喃研究院之后，古籍的分类、管理和保护等基础性工作，不仅需要充足人力、物力和财力的支撑，而且还必须建立科学规范合理的管理机制进行有效管理。

越南河内处于热带季风气候地区，气候炎热潮湿，虫蚁蟑鼠随处可见，各种对纸质和木质具有侵蚀性的微生物更是不计其数。集中起来的古籍，如果疏于管理，得不到行之有效的、针对性强的技术保护和支撑，很有可能出现集中性的损毁。就目前了解到的情况而言，汉喃研究院的原版古籍被专门存放起来，轻易不对外开放，查阅和借阅都需要层层审批，处于"金屋藏书"的闭环管理状态。其本意是避免因翻阅或借阅而造成的损伤，更好地保护古籍原貌；但也会因此导致管理人员不能了解和掌握书库古籍的实时状态而适得其反，等到发现古籍自然损毁、被细菌侵蚀或受虫蚁蟑鼠之害等异常情况或现象时，造成的损失反而是更难以估量的。窃以为，过于封闭的管理对学界进行汉喃文化的研究、发掘与传承，以及社会民众的认知反而是一种阻碍。

（二）持续关注和收集国内外汉喃文献资料

越南政府和学界对国内外汉喃文献的收集，是一个持续性的过程，可划分为两大阶段：第一阶段为1945年至1979年，第二阶段为1979年至今。关于第一阶段的大致情况，上文进行了勾勒。在第二阶段中，越南加大了收集国内外汉喃文献资料的深度和广度。1988年10月1日至2013年3月11日，汉喃研究院在全国范围内收集和征集到了17,712册汉喃古籍资料[①]，并以"ST"[②]进行编号。由于接触和收集到的材料相对有限，外人对汉喃研究院就国内外汉喃文献资料的收集具体情况仍不太明了。从一些零星的新闻报道、国际会议，以及与越南同行的学术交流，可以大致得知：在2020年之

---

① 何华珍、〔越〕阮俊强主编：《东亚汉籍与越南汉喃古辞书研究》，北京：中国社会科学出版社，2017年，第6页。

② 笔者按："ST"是越南语"sưu tầm（收集）"两字首字母的缩写。

前，越南已经基本完成了对国内汉喃文献/遗迹的调查统计工作，对发现的民间汉喃典籍进行劝赠、购买或复制；对重点历史文化遗迹/聚落发现的汉喃碑铭、楹联、乡约、族谱、家谱、神敕、医书、地簿和佛经等进行征集或复制。

值得注意的是，近年来汉喃研究院凭借自身汉喃文献藏书的优势，以及政策之东风，深入挖掘其所馆藏的汉喃文献资料，为越南南海主权的声索，提供所谓的历史依据。2021 年 12 月，越南政府总理通过了《关于开展"公布国家档案材料服务社会经济建设发展，保护国家主权"活动的决定》。此项活动将由越南内务部负责起草相关细则和指导施行。根据该决定，2022 年至 2030 年，越南将在国内及国外相关国家公布 12 大类档案材料；其中，有些展示内容涉及若干汉喃材料及其编译。具体情况有待进一步了解和关注。

散落海外的汉喃典籍，也是越南政府和学界关注和收集的对象。据相关信息显示，法国、中国、日本、荷兰、英国、中国台湾、美国、泰国等国家和地区，也保留若干越南汉喃古籍。由于法国曾殖民统治越南 80 余年，其间劫掠或收集的越南汉喃古籍不计其数。20 世纪 50 年代，法国兵败于越南，殖民势力及其附属机构撤退越南时，运走了数以百箱的汉喃古籍。正因如此，法国成为越南汉喃古籍散落海外的主要国家。据越南学者考证，目前法国巴黎国家图书馆拥有不少汉喃古籍，仅喃文古籍就有 108 部；法国亚洲学会图书馆的亨利·马伯乐（Henri Maspero）书库馆藏 159 种尚未分类的汉喃古籍，其具体信息有待公布或考究；法国远东学院有 100 多本尚未编号的汉喃古籍；巴黎第九大学（Université Paris Dauphine）也馆藏有 19 本喃文古籍；法国东方语言学院、法国国家档案馆、法国外交部图书馆、法国尼斯大学图书馆和集美博物馆等地方均馆藏有越南汉喃古籍。此外，诸如河内法国远东学院前院长莫里斯·杜兰德（Maurice Durand）、法国天主教牧师 L. 卡迪尔（L. Cadiere），从越南移民至法国的黄春瀚（Hoàng Xuân Hãn）和春福（Xuân Phúc），也不同程度地收藏有越南汉喃古籍。他们去世后，这些汉喃古籍移交给了法国相关文化机构馆藏。①

---

① 参见〔越〕Trần Nghĩa, "Sưu tầm bảo vệ thư tịch Hán Nôm", 2019-07-17, accessed 2022-07-12, http://vns.edu.vn/index.php/vi/nghien-cuu/van-hoa-viet-nam/1237-suu-tam-bao-ve-thu-tich-han-nom.

中越两国山水相连，历史上各方面关系和往来很密切。两国典籍的交流是中越文化互动的重要体现。古代中越书籍的交流，以中国汉文典籍传入越南为主，数量不计其数。文化交流或许并不对称，但总是双向的。据刘玉珺对中国各大公共图书馆的考查，发现有 47 种从越南传入中国的汉喃典籍[①]。这些越南典籍如何传入中国，已难以考究。考查和统计刘氏所著《越南汉喃古籍的文献学研究》中所提及 47 种从越南传入中国的汉喃典籍，结果显示：《日用常谈》《千字解音歌习图》《大南国史演歌》《河内远东博古学院图书馆目录》《重镌校明心宝鉴》《明道家训》《抑斋诗集》《春香诗集》《名家国音》《南风解嘲》《排喝瓶更》《女秀才新传》《金云翘新传》《南风》等是喃文典籍，或与喃文相关的书籍。[②]

此外，刘氏还发现，流入中国的汉喃典籍，有的书页上印有中国学者的私家印章，有的书页上有中国相关学者的亲笔题文或署名。这说明中国民间私人藏书家和学者也有专门收藏过包括喃文书籍在内的越南古籍。后来因各种机缘巧合，这些古籍有的被中国的相关文化机构或图书馆所收藏，有的可能已经被淹没在历史的长河里了。就目前情况来看，中国北京大学、中山大学和广西东兴京族三岛等地，均藏有数量不等的越南汉喃典籍。

许灿煌先生原本在我国台湾从事商贾之业。20 世纪 90 年代，因生意失败，许氏远走越南找寻新商机，企图东山再起。1995 年起，他机缘巧合地走上了收集越南汉喃古籍文献和文物之道。许氏亲自在越南各地进行田野式的搜集。历经十余年孜孜不倦的努力，许氏于 2017 年成立了"许灿煌文库"。该文库以越南汉喃古籍为主要特色，是目前已知的、最大的越南古籍私人收藏文库。据报道，该文库共计有藏品 3000 余件，相当一部分藏品为海内外汉喃文献或文物孤本，珍贵性不言而喻。[③]就目前所收集到的信息而言，人们暂时尚未得知该文库汉文和喃文典籍的详细情况，有待许氏的统计和公布。

---

① 参见刘玉珺：《越南汉喃古籍的文献学研究》，北京：中华书局，2007 年，第42 页。

② 参见刘玉珺：《越南汉喃古籍的文献学研究》，北京：中华书局，2007 年，第43—64 页。

③ 参见《许灿煌：许灿煌文库的越南古籍收藏》，西南交大人文学院官网，2018 年10 月 30 日，https://rwxy.swjtu.edu.cn/info/1142/8373.htm，访问日期：2020 年 5 月10 日。

20 世纪 90 年代以来，越南的革新开放逐步进入正轨，陆续与世界各国建立或恢复了外交关系。在此背景下，越南与世界各国的人文交往不断深化。越南学者前往收藏有越南汉喃典籍较多的国家，接触相关文化机构和私人藏书家，进行了考察、研究和交流。这些研究成果大多发表在汉喃研究院的《汉喃杂志》《汉喃研究》、年度《汉喃学通讯》，或相关书籍里。例如：1992 年，《汉喃研究》杂志第 2 期刊登了张文平的《荷兰莱顿大学所藏汉喃古籍》①；1995 年，《汉喃研究》杂志第 3 期刊登了陈义的《英国诸图书馆中的汉喃书籍》，《汉喃研究》杂志第 5 期刊登了潘文阁的《美国哈佛大学燕京图书馆的越南学汉文书目》；1999 年，《汉喃研究》杂志第 1 期刊登了陈义和阮氏莺合著的《日本四大藏书院汉喃书籍的总书目》；2003 年，周雪兰的《关于美国夏威夷大学汉喃资料的信息》被《2002 年汉喃学通讯》收录。

由于历史的原因，日本的国立国会图书馆、东京大学东洋文化研究院、京都大学、庆应义塾大学、东洋文库、斯道文库、龙谷大学以及某些私人旧书店，也馆藏有较多数量的越南汉喃古籍，而且还编撰了可供参考的详细书目。如《东洋文库安南本目录》《东洋文所藏越南本目录》《国立国会图书馆所藏越南本一览》《〈汉喃本〉庆应大学藏越南文献》等。此外，美国耶鲁大学图书馆、哈佛大学燕京图书馆等高校学府，也保存了数量不等的汉喃文献资料。这些都是越南汉喃学者重点关注和研究的对象。总体而言，越南汉喃古籍散布海外，是该国历史上受到西方列强侵略和殖民统治，国内民众携带书籍移民海外，以及国家之间书籍自然流通等诸多因素影响的结果。

总之，越南汉喃学界非常关注对国内外的汉喃文献资料的收集。其对国内汉喃文献资料关注和收集的途径与方式，上文已提及，不再赘述。越南汉喃学界也非常关注散布在世界各国的越南汉喃文献资料，通过学术合作交流、实地考察、接受赠送和下载已公布的电子文本等方式，持续不断地了解和收集各国机构馆藏的汉喃文献资料。

---

① 按：张氏的文章后来又被收录在《汉喃杂志：精选 100 篇》里。详见张文平：《荷兰莱顿大学图书馆的汉喃书籍》，载《汉喃杂志：精选 100 篇》，河内：越南汉喃研究院，2000 年，第 57—69 页。

第六章 喃文献的保护与整理

1945 年，越南结束了封建时代，进行了文字改革，传统汉喃文献遂成为越南的民族文化遗产。越共高级领导人向来重视传统汉喃文献材料，历届政府也出台诸多针对性的政策法规，对它们进行保护和整理。

越南对喃文献的保护与整理，主要体现在政策层面和具体措施两个层面。需要指出的是，由于越南汉文献和喃文献两者之间关系非常密切，越南越族喃文献的保护与开发，往往是与汉文献一起推进的。本章在论述越南越族喃文献的保护与整理相关问题时，将尽量聚焦于喃文献，但很多场合也将不可避免地涉及越南汉文献的保护与整理。这是由于越南汉喃文献资料的历史传统及其二元一体性决定的。

一、越南党和国家高级领导人的重视

在新旧政权鼎革之际，越共领导人和精英分子就敏锐地意识到保护文献材料的重要性。1944 年，长征（Trường Chinh）在越共党报发表的《当前越南新文化运动的若干原则》一文中写道："越南封建主义遗留下来的文化著述与作品，是我们民族的宝贵财富。我们必须对它们进行保护和研究，弘扬其中的精华。"[①] 1945 年 9 月 8 日，胡志明签发第 21 号敕令，指定国家教育部下辖的公文档案署和国家图书馆作为越南民主共和国管理档案材料的最高机构。虽然此敕令的目的在于系统接管旧政权的档案文书，宣示新政权的合法性，但客观上为后来越南加强对传统汉喃文献的征集、保护与管理等诸多方面法规政策的出台，及具体工作的展开，奠定了框架基础和思维方向。

---

① 〔越〕Trường Chinh, "Mấy nguyên tắc của cuộc vận động văn hoá mới Việt Nam hiện nay", *Về Văn hóa Văn nghệ*, Hà Nội: Nhà xuất bản Văn hóa, 1976, tr.141.

1946 年至 1975 年，越南先后经历了艰苦卓绝的"抗法战争"和有美国武力干涉的"南北内战"。但即便在如此艰难困苦的战火年代里，越南党和国家也非常重视对传统汉喃古籍的收集与保护工作，并给出具体的指导意见。1958 年，胡志明主席有一次在太平省考察时明确指出："（汉喃）乡约是村社的规约，……是旧时我国农村的淳美风俗。革命之后，你们把它们完全废除是不对的。革命只清除丑恶现象，好的方面必须保护和弘扬。"[①]1975 年，全国统一后，社会虽千疮百孔，百废待兴；但民族独立、解放和国家的统一，为越南社会、政治、经济与文化的发展，翻开了新篇章。胡志明、范文同等越南党和国家领导人，始终高度重视越南传统文物与文化的保护工作。1977 年，范文同总理在越南少数民族文化工作会议上曾指出："我们党和国家历来高度重视收集和弘扬各兄弟民族的珍贵传统文化。我国各兄弟民族在文学、艺术、建筑、美术、音乐、语言等方面的传统和文化创作，不断被收集、保存和弘扬，使越南社会主义共和国的文化变得更加丰富、灿烂和多彩。"[②]

总而言之，为了保护和整理越南传统汉喃古籍文献，越南政府采取了诸多有益的举措。它们主要措施包括两个方面：一是颁布相关政策和文件，旨在奠定保护的框架和指导原则；二是采取具体措施，如设立汉喃研究院、国家图书馆和国家档案馆等职能部门，作为汉喃文献资料保护的依托单位和平台。

二、汉喃文献的保护政策与措施

20 世纪 50 年代，虽然仍处在战乱阶段，但越南民主共和国已开始陆续颁布有关传统古籍文献、文物和历史文化遗迹保护与管理的法令，或指导性政策文件。1957 年 10 月 29 日，范文同总理根据文化部的提议，颁布了《关于古迹保护原则的第 519/TT 号总理决议》。其中，第五条第四款规定：

---

① 〔越〕阮文利：《在建设今日越南新农村中发挥乡约的作用》，载《东南亚研究》，2022 年第 1 期。（ Nguyễn Văn Lợi, "Phát huy Vai trò của Hương ước trong Xây dựng Nông thôn mới ở Việt Nam Hiện Nay", *Nghiên cứu Đông Nam Á*, Số.1, 2022. ）

② Báo Nhân dân, số ra ngày 6-12-1977. 转引自〔越〕Trần Nghĩa, "Sưu tầm bảo vệ thư tịch Hán Nôm", 2019-07-17, accessed 2021-10-12, http://vns.edu.vn/index.php/vi/nghien-cuu/van-hoa-viet-nam/1237-suu-tam-bao-ve-thu-tich-han-nom.

"不论以任何文字印刷或书写的，具有历史、文化、医术、行业价值的古籍；旧文字材料；古代流传下来的办公室用品、印刷品、仪式、服饰、音乐和游戏"①均按本决议规定原则进行保护。虽然这份政府总理决议只是对包括传统古籍在内的历史文化古迹和文物，提出了指导性的原则和意见，但总体而言仍比较概略，没有很明细的执行细则。考虑到当时越南还处在艰苦的军事斗争环境中，这份决议的颁布为后续的文化工作，尤其是涉及喃文献的收集、保存和管理等，奠定了初步的法理框架基础，体现了越共政权对文化事业的重视，具有开启传统文物、古迹和古籍等文化遗产保护新篇章的重要意义。

1962 年 12 月 31 日，越南民主共和国文化部发布第 1136/VH-TT 号通知，指导相关职能机构的汉喃文献材料管理工。至此，汉喃文献的保护与管理工作有了专门的指导细则。文化部还为此展开专门宣传工作，呼吁和发动越南人民群众积极捐献手中的汉喃书籍。某些宣传动员工作做得很好的地方，发现了许多有价值的书籍和文献。其中，河内、海防和河静等省市，许多人捐赠或借给国家复制非常珍贵的汉喃文字材料；一些家庭捐赠了数千册汉喃古籍。但总体而言，很多地方没有做好，甚至没有重视这项工作。不少地方政府相关机构负责人，并未充分掌握民间珍贵汉喃古籍现状的实际情况。文化部专职干部考察发现，汉喃古籍被人为损毁和自然腐烂日趋严重，被民众视为原材料用以造纸、绘画、折扇子等现象仍普遍存在。如不进一步采取更具针对性的措施，传统汉喃文献和文化典籍将不可逆转地被大量毁坏、散佚和失传。

基于上述原因，1963 年 12 月 13 日，越南民主共和国政府总理范文同签发了《关于保护和管理汉喃文献材料的（第 117-TTg 号）指示》。②该指示要求各省市政府在属地文化与信息职能部门的协助下，紧急推进汉喃文献的管理工作。总理指示的工作内容，大致包括如下几点：

---

① 参见"Nghị định Thủ Tướng Chính phủ số 519/TTG về Quy định Thể lệ Bảo tồn Cổ tích", 1957-10-29, accessed 2022-06-12, https://thuvienphapluat.vn/van-ban/Van-hoa-Xa-hoi/Nghi-dinh-519-TTg-qui-dinh-the-le-bao-ton-co-tich-22906.aspx?tab=2.

② 参见"Chi thị về Việc Bảo vệ và Quản lý Những Sách và Tài liệu Văn hóa Bằng Chữ Hán, Chữ Nôm", 1963-12-13, accessed 2022-06-15, https://thuvienphapluat.vn/van-ban/Van-hoa-Xa-hoi/Chi-thi-117-TTg-bao-ve-quan-ly-sach-tai-lieu-van-hoa-chu-Han-chu-Nom-43793.aspx?tab=2.

第一，各地方政府必须向干部和民众说清楚：按照国家与民众各司其职的原则，保护汉喃文献。国家将在若干图书馆和博物馆集中保存一定的汉喃文献材料，用于研究工作。民间汉喃古籍由持有民众自行保管，文化部门将帮助民众了解自己所收藏汉喃典籍的价值，并指导保管事宜。民众有义务向国家报告所收藏的贵重汉喃典籍材料，精心保存，不得使之损坏或遗失；有必要时，国家可以随时借来进行研究或誊抄。国家尊重和保护拥有汉喃典籍收藏者的所有权。对于国家认为有必要集中保存的私家汉喃典籍，文化职能部门将与收藏者协商，由国家以合理的价格收归国有。向国家捐赠汉喃书籍或珍贵汉喃文献的人，其尊姓大名将被添列于图书馆或博物馆的金色题名录中。如有人想珍藏自己的汉喃典籍文献或将它们留作纪念的，国家只向他们借来誊抄或拍摄影印。如文化部或各省市政府提出要求，那么持有诸如神谱、地簿、地志等，或已解散社会团体带有公共所有权性质的汉喃文献材料的人，有义务将它们交由国家图书馆或博物馆保管。

第二，各省市政府应采取相应措施，对汉喃典籍文献材料的买卖和使用加以管理。必须注重对从事废纸收购者，以及从事毛边纸、草纸、冥器和扇子生产手工业者，进行政策宣传和解释，向他们灌输保护传统汉喃典籍文献材料的思想意识，使得当他们发现汉喃典籍文献时，及时向地方政府报告，以便能及时派出工作人员去遴选需要保护的汉喃典籍文献材料。国家将回购需要保护的汉喃书籍资料，并报销一切费用。政府部门必须避免在工作中拖而不决，影响他们的生产经营活动。

第三，文化部与国家史学院和国家科学图书馆，负责指导各省市政府做好该项工作。在祖国阵线、人民团体、小手工联合合作社的协助下，各省市政府通过其下属各级组织机构和文化与信息司开展工作。在必要的范围与时间之内，地方政府可以临时聘请通晓汉字与喃字的人士来帮助展开工作。各省市政府必须划拨专门经费支持这项工作。在制定需要国家管理的汉喃古籍文献材料清单之后，地方文化与信息厅将在文化部和各省市政府的领导下，负责日常管理工作。

根据政府总理指示精神，1964 年 2 月 21 日，越南民主共和国文化部长黄明监（Hoàng Minh Giám）向各省市政府和文化厅等机构传达了《文化部长关于保护汉喃文献材料的第 05/VN/TV 号通知》[①]。该通知实际上是 1963 年范文同总理指示的执行细则。它包括如下几个方面的主要内容：第一，汉喃文献材料保护工作的目的与意义。第二，汉喃文献材料保护的名录与范围。第三，保护工作的内容。第四，工作的组织与实施方案。

由于是抢救性保护，因此他们列出了汉喃文献材料保护名录与范围如下：第一大类为文学、艺术、科学和历史等领域的汉喃文献材料，其下又涵盖文学、嘲戏和嗺戏喃文唱本、正野史、地志、社志、律例、科榜录、公文集、历代皇室档案文书、家谱、家礼、族谱、神谱、医书、方术、宗教典籍和告示等数十种。第二大类为有关旧社会制度的汉喃文献材料，包括丁田簿、乡社文约、诉讼文书、家产继承书、军功授田文、丧葬用地文、税赋单据、房屋买卖文契、封神敕令和名帖等十余种。第三大类为绘画与刊刻的汉喃文献材料，包括民间绘画、印刷雕版、篆刻印章、纸质或木质楹联、地图等近十种。此外，汉喃碑铭也被列入保护名录。通知建议地方政府、村社民众要注意保护本土地域范围内的汉喃碑铭。

通知还规定，各省市政府根据本辖区的具体情况，争取在 1964 年第二季度完成对所辖地域汉喃文献材料保护的相关工作。随着工作的展开，专家学者们发现汉喃文献材料保护的相关工作，不仅比原先预计的更为复杂，而且还在人力物力、专业知识等方面遇到了严峻的挑战，短时间内根本无法完成任务。但无论如何，上述系列政策法规的颁布，为喃文书的收集、保护、整理和研究等，打下了坚实的基础。这些政策法规在汉喃古籍文献馆藏，保护与管理方面的规定，存在很大的模糊性和欠规范性，导致了文化部、社科院、国家图书馆和各省政府及下属文化厅等"多龙治水"的混乱局面。这引起了责权不明、互相推诿、抢收重要汉喃典籍，以及古籍损坏或散遗无人负责等问题时有发生。更为甚者，有些职能部门的干部，在工作中借机侵吞或"借走"珍贵汉喃古籍而据为己有。总而言之，在此过程中，更多的汉喃文献资料，尤其是散藏于民间的部分汉喃文献材料得到了抢救性的保护，但由于主客观因素的影响，有些汉喃文献材料被人为地损毁或侵吞了。

根据 1963 年越南总理第 117-TTg 号指示精神和 1964 年越南文化部第

---

① 参见"Thông tư của Bộ trưởng Bộ văn hóa Số 05-VH-TV về Việc Bảo vệ Sách và Tài Liệu Chữ Hán, Chữ Nôm", 1964-02-21, accessed 2022-08-10, https://thuvienphapluat.vn/van-ban/Van-hoa-Xa-hoi/Thong-tu-05-VH-TV-bao-ve-sach-tai-lieu-chu-Han-chu-Nom-43836.aspx#:.

05/VN/TV 号通知，地方政府在开展汉喃文献资料收集、保护和管理的过程中，可临时聘请通晓汉字与喃字的人士来帮助展开工作。于是那些阮朝末年受到传统儒学熏陶，又在法越学校接受系统教育的老一代精英知识分子，获特聘为专家，负责鉴定收集到的汉喃文献资料，以及在保管和整理的过程中，编撰目录提要、注释、译介和誊抄副本等方面的工作。法国远东学院撤退时所移交的汉喃文献资料，加上按政策新征集的汉喃典籍资料，使得散兵游勇状态的汉喃专家，没有形成合力，难以应付多头而繁杂的工作。因此，1970 年，越南民主共和国社会科学委员会成立了"汉喃工作小组"（ban Hán Nôm），将汉喃专家集中起来，处理汉喃文献资料的相关工作。"汉喃工作小组"也就是后来汉喃研究院的前身。这方面的情况，我们在上文"汉喃研究院与越南汉喃文献"部分已做阐述，不赘述于此。

随着汉喃文献资料保护工作的深入展开，越南文化部、社会科学委员会，以及有识之士深感有必要让"汉喃工作小组"发展成为一个独立的单位或机构，以便对汉喃文献资料保护及相关工作进行统一而专业化的运作。

1979 年 9 月 8 日，越南政府提出《关于收集、馆藏、保管和利用汉喃文献资料工作的第 311-CP 号决议》草案。①草案指出，自 1963 年文化部按政府范文同总理《关于保护和管理汉喃文献材料的（第 117-TTg 号）指示》，开展汉喃古籍文献资料保护工作以来，越南民主共和国的各研究机构、文化厅、图书馆等，在北部收集了数以千计的汉喃文献资料；全国统一之后，又从接管的南方诸多书库和图书馆中发现一批汉喃文献资料。"汉喃工作小组"在工作中取得了不少成绩，但也还存在诸多不足。比如：民间尚未收集和不断散佚与损坏的汉喃文献资料数量仍较大，南方的情况尤其如此；馆藏的汉喃文献资料散布于诸多科研机构、图书馆和文化单位，未能实现统一管理；绝大部分汉喃文献资料尚未能整理出版，有的甚至尚未进行专业鉴定。

为了解决上述问题，越南政府提出此项决议草案，主要内容包括如下几个方面：

---

① 参见"Quyết định về Công tác Sưu tầm, Thu thập, Bảo quản và Khai thác Tư liệu Chữ Hán, Chữ Nôm", 1979-09-08, accessed 2022-02-20, https://hethongphapluat.vn/quyet-dinh-311-cp-nam-1979-ve-cong-tac-suu-tam-thu-thap-bao-quan-va-khai-thac-cac-tu-lieu-chu-han-chu-nom-do-hoi-dong-chinh-phu-ban-hanh.html.

第一，责成国家社会科学委员会（以下简称"国家社科委"）统一管理全国汉喃文献资料的收藏与保护工作。1945 年"八月革命"之前，全国所有手写或印刷的汉喃文献资料均视为原件，应集中存放于国家总库，由国家社科委直接管理。国家社科委负责组织收集各级图书馆、档案馆、机关等馆藏的所有汉喃文献资料，同时有计划地逐步对有需要汉喃文献资料的机构和图书馆提供复制件。在地方各级政府的支持下，国家社科委在 10 年内完成散布民间的汉喃文献资料的收集工作，以及动员民间收藏者向国家捐赠、出售或给予复制藏书。此外，国家社科委应有计划地通过交换或复制，来收集现藏于国外图书馆、档案馆的汉喃文献资料。

第二，国家社科委要有计划地组织开展全国汉喃文献资料的全面挖掘工作，如文本鉴定、书目提要编写、编译、注解和出版等。

第三，批准国家社科委在当前"汉喃工作小组"的基础上，创建汉喃研究院。汉喃研究院既是汉喃文献资料的保存中心，也是汉喃文献资料的研究中心。其具体任务包括如下几个方面：（1）保存和鉴定汉喃古籍原件，并将其复制成若干份，以提供给有使用需要的图书馆和机关单位。（2）组织人力物力对汉喃典籍进行译介、注释，并刊发出版；对已刊发出版的汉喃典籍进行重新审阅。（3）对汉喃文献资料进行版本学研究，编写必要的辞书，以服务于汉喃文献资料编译和研究工作。（4）与若干所大学协同，培养和培训汉喃研究干部队伍。

第四，文化部有责任配合国家社科委，积极帮助展开汉南文献资料的收集和出版工作。具体而言，要指导贯彻落实好政府总理第 117-TTg 号指示，关注南方各省份的汉喃文献资料动态，组织印刷出版等。

第五，国家计划委员会要适时向国家社科委拨款，在河内选址建设一栋设施齐备的汉喃研究院总部大楼，作为国家汉喃文献资料的馆藏中心。建设部和河内市政府负责帮助国家社科委建造上述大楼。

1979 年 9 月 13 日，越南政府通过第 326/CP 号决议。此决议是对上述草案的批复。1979 年底，越南社会科学委员会根据第 326/CP 号决议要求，成立了下属汉喃研究院，作为收集、保护、整理和开发汉喃文献材料的全国性专门学术机构。这标志着越南古籍文献的保护、管理与传承工作，步入了全新的历史阶段。

除了上述政策之外，随着时代的变化和发展民族文化等方面的需求，越南政府还出台了若干涉及传统汉喃文献资料或人才培养的政策，并产生了积极的影响。1993 年 6 月，越南政府通过《关于交给汉喃研究院培养研究生任务的 300-TTg 号决定》。这不但奠定了培养高层次汉喃人才的政策基础，而且还将汉喃人才的培养与储备提上日程。

2007 年 3 月，越南政府总理又签发了《关于加强和弘扬档案材料价值的 05/2007/CT-TTg 号指示》。要求中央到地方各级政府职能部门，深入挖掘其所存储档案材料的价值，弘扬民族文化，服务于越南国家社会经济的发展。该指示对越南原已馆藏和征集喃文献的保护、管理和整理出版产生了较为重要的影响。不少省市根据该指示精神，在自己辖区内进一步调查和征集仍然散落民间的汉喃文献资料。

总而言之，越南政府陆续出台了诸多关于喃文献保护的相关政策与文件。由于汉文献和喃文献同属越南传统文化遗产，且两者的关系如影随形，因此这些政策文件施行或保护的对象包括喃文献资料和汉文献资料。

三、喃文献的整理

喃文献的整理，总体是在越南整理传统汉喃文献的框架下进行，一并推进和展开的。喃文献的整理是一个历史性的过程。在这过程中，既有越南本国相关机构和学界的整理，也有外国相关机构和学者的参与。本文主要从编撰文集、书目编撰和越文译介等几个方面，做简要梳理以管窥越南喃文献的整理情况。

（一）编撰文集

编撰文集一向是越南各历史阶段整理喃古籍的传统之一。有陈一代，喃文诗赋已开始流行，帝王将相和文化名人的喃文诗歌，有的被编撰成集，流传于后世。《禅宗本行》收录了越南竹林禅宗初祖陈仁宗的《居尘乐道赋》《得趣林泉成道歌》，三祖李道载（法号玄光）的《花烟寺赋》。《国音诗集》是后黎朝开国功勋阮廌创作的 254 首喃文诗集，收录于《抑斋遗集》第七卷。后黎朝圣宗帝创立"骚坛会"，自称"骚坛大元帅"，设"琼苑"馆，与朝臣相互唱和。《洪德国音诗集》就收录了该会创作的喃文诗歌 328 首，其中有陈仁宗创作的 128 首喃文诗歌。后黎朝著名的喃文诗歌集，还有阮秉谦的《白云庵国语诗》，收录 178 首喃文诗。阮主郑根的《御提天和赢百詠》，收录喃文诗约 100 首。阮主郑楹的《乾元御制诗集》，收录其所创作的喃文诗 231 首。[①]被后世越南人誉为"喃诗女王"的黎末阮初诗人胡春香，著有《春香诗集》，收录她创作的 60 首喃文诗歌。

这些诗文集收录了初期喃文作品，在越南文学史上的价值不言而喻。因为除了文学价值之外，人们不仅可以从中了解越南陈朝以降各历史阶段，越南喃字和语言等方面的情况，而且还可以为考察分析这些文学名家的思想观念、情感旨趣和理想抱负等提供新的视角。上述诗人是越南各历史阶段的标志性人物，他们的诗文所蕴含的思想观念和哲学思维，也是越南思想史中不可忽视的重要组成部分。

进入新时期，越南学界编撰喃文文集或与喃文相关的文集也取得了一定的成果。1977 年、1978 年和 1988 年，越南社会科学委员会下属文学院陆续编撰出版了《李陈诗文（第一集）》《李陈诗文（第二集）》和《李陈诗文（第三集）》，其中主要为汉文诗赋，但也收录了陈仁宗的《居尘乐道赋》《得趣林泉成道歌》和李道载的《花烟寺赋》等喃文诗赋。可能是限于当时的技术条件，文集中的汉字和喃字，或为印刷体或为手写体，很不规范。

2010 年是越南河内-升龙迁都 1000 周年，越南学界，尤其是汉喃研究界以此为契机，前后整理译介和出版了系列汉文、喃文或汉喃混合古籍。例如：

2008 年，越南汉喃研究院编撰出版了《越南喃文学总集》（2 册），内容包括韩律喃诗、歌谣、六八体诗歌、演歌、祝词、骈偶文、诗文喃译、喃文对联、喃文传记和岱-侬族喃文诗传等十大类，每大类之下又有数量不等的诗文；文集的前半部分是诗文的国语字音译和简要的脚注，后半部分是原版喃文诗文影印。[②]这是越南有史以来喃文诗文集的集大成之作，对人们了解和研究喃文献相关问题，提供了诸多便利条件。

2009 年，越南社会科学出版社出版了范文审（Phạm Văn Thắm）主编的

①　参见 Nguyễn Tá Nhí Chủ biên, *Tổng tập văn học Nôm Việt Nam(T1)·Lời nói đầu*, Hà Nội: Nxb. Khoa học xã hội, 2008, tr.9.

②　参见 Nguyễn Tá Nhí Chủ biên, *Tổng tập văn học Nôm Việt Nam(T1)·Lời nói đầu*, Hà Nội: Nxb. Khoa học xã hội, 2008, tr.9.

《升龙-河内的汉喃作家》，其中收录了陈仁宗《居尘乐道赋》，阮廌《首尾吟》《诗言志》《漫述》《陈情》《述兴》《自叹》，黎圣宗所作碑铭无题诗歌等10 多首喃文诗赋，及其国语拉丁字译介与简略考释。越南国家图书馆组织潘氏金荣（Phan Thị Kim Dung）和周雪兰（Chu Tuyết Lan）等学者编撰了全四卷套《升龙-河内书目摘选》。一至四卷分别题名《人杰地灵》《物质文化》《非物质文化》和《融入与发展》，共计 2557 条书目信息。其中录入630 条汉文和喃文书目信息。

2010 年，越南文化信息出版社与越南经济时报组织越南国内各界组织编撰和出版了全四卷套《升龙千年文献总集》，内容囊括地理、历史、考古、教育、文化、建筑和文学等 28 个领域，其中部分内容涉及越南河内地域古今的喃文文献。总而言之，为了纪念河内-升龙迁都1000 周年，越南学界将汉喃文献古籍的编撰与出版工作推到了一个新的历史阶段，取得了诸多重要成果。

纪念河内-升龙迁都1000 周年，对越南国内汉喃文献的整理起到了承上启下的作用。2010 年前后，越南学界继续推进了该项工作进程，不断有新的汉喃文献著作被整理出版。据不完全统计，越南学者对地域性的汉喃文化遗产的相应整理、考察，并已经出版发行的著述近 40 种。这些出版的成果大多数是各地域对辖内相关"汉喃遗产"或"汉喃资料"的整理、翻译和初步考究。大致信息如以下表格所示：

表 6-1　越南汉喃遗产系列整理出版著作（部分）信息表[①]

顺序	作者/主编/译者	书名	出版社/文献出处	出版时间
1	阮锁 等	《下谟社汉喃遗产：〈古今传录〉》（全 4 册）	河内师范大学出版社	2024 年
2	阮邓恩	《谅山省的汉喃遗产：平禄县俗例与乡约》	世界出版社	2024 年
3	阮孟强	《宁平省嘉远县的汉喃神敕遗文》	世界出版社	2023 年
4	阮孟强	《宁平省儒关县的汉喃神迹与俗例遗文》	世界出版社	2023 年

① 笔者按：本表格数据系笔者根据越南国家图书馆和其他相关网站检索整理而得，但并不能完全反映2010 年前后越南汉喃遗产整理的全貌。

（续表）

顺序	作者/主编/译者	书名	出版社/文献出处	出版时间
5	黎春通 等	《大禄县汉喃遗产：碑铭、册封、神迹》	信息与传媒出版社	2023 年
6	黎氏秋香	《越南汉喃文献中的义安省劝学传统研究》	社会科学出版社	2022 年
7	阮德勇	《真武观：升龙–河内汉喃资料的记忆》	世界出版社	2022 年
8	阮玉秉	《汉喃资料中的拜恩村》	科学技术出版社	2022 年
9	阮有梅	《北恭祠国家历史文化遗迹的汉喃遗产》	世界出版社	2021 年
10	会安文化遗产管理与保存中心	《会安汉喃遗产》（全6册）	岘港出版社	2021 年
11	阮登宇	《广义省汉喃遗产：类型与价值特征》	社会科学出版社	2020 年
12	黄甲	《广宁省汉喃遗产》（全3册）	河内出版社	2020 年
13	陈仲洋	《瞻亭汉喃遗产》	世界出版社	2020 年
14	陈氏金英	《汉喃资料中的升龙–河内歌筹考究》	文学出版社	2020 年
15	阮氏翠	《河静汉喃资料：研究与选译》	义安出版社	2020 年
16	阮氏翠 等	《河静汉喃资料书目提要》	义安出版社	2020 年
17	阮志卞 等	《汉喃资料中的越人母道信仰》	世界出版社	2019 年
18	王氏红	《宁顺省汉喃遗产》（全3册）	世界出版社	2019 年
19	海阳省史学会	《海阳汉喃遗产》（全4册）	青年出版社	2019 年
20	黄甲 等	《东潮汉喃遗产》（全2册）	劳动出版社	2018 年
21	郑克孟	《越南汉喃资料中的军事》	人民军队出版社	2018 年
22	荣市大学	《河静省乾禄县阮辉家族汉喃资料中关于边界与海岛研讨会论文集》	荣市大学	2018 年
23	武荣光	《阮俨汉喃遗产文本研究》	河内师范大学博士学位论文	2016 年
24	阮德伯	《麋泠县二征祠汉喃遗产》	宗教出版社	2016 年

（续表）

顺序	作者/主编/译者	书名	出版社/文献出处	出版时间
25	蔡辉璧	《兴元县汉喃遗产》	义安出版社	2016 年
26	郑克孟	《汉喃遗产探究》	社会科学出版社	2015 年
27	杜国保	《夫子庙汉喃遗产》	劳动出版社	2015 年
28	胡晋俊	《岘港汉喃遗产》	岘港出版社	2015 年
29	范志申	《巴地-头顿历史文化遗迹的汉喃遗产》	社会科学出版社	2014 年
30	汉喃研究院	《关于越南对"黄沙"群岛、"长沙"群岛及越南"东海"诸海域主权的若干汉喃资料》	社会科学出版社	2014 年
31	陈氏金英	《100 年升龙-河内音乐：基于汉喃资料对宫廷乐舞和歌筹的考察》	音乐出版社	2010 年
32	丁克顺	《汉喃资料中的海阳省地志》	社会科学出版社	2009 年
33	丁克顺	《汉喃资料中的北宁省地志》	社会科学出版社	2009 年
34	郑克孟 等	《镇国寺：基于汉喃资料的考究》	文学出版社	2009 年
35	杜克捷	《平阳汉喃遗产初考》	社会科学出版社	2007 年
36	海洋省文化信息厅	《昆山·劫泊·凤山汉喃遗产》	国家政治出版社	2006 年
37	周辉 等	《汉喃遗产中的章阳村》	民族文化出版社	2004 年
38	林江 等	《北江汉喃遗产中的地志》	北江文化信息厅	2003 年
39	顺化古都遗迹保护中心	《顺化汉喃遗产》	国家大学出版社	2003 年

　　由于二元一体是越南汉喃文献的基本特征，因此上述著述并未严格将所在地域/领域的汉文献和喃文献分开单独整理，人们难以具体知道其中喃文献所占的具体比例。

（二）编撰汉喃混合书目

　　撰写书目也是越南整理喃文古籍的又一传统，但往往将喃文和汉文书目编撰在一起。这与越南历来将汉文典籍与喃文典籍一起收藏管理的传统息息相关。王小盾认为，越南汉喃古籍书目可分为"古典书目"和"现代书目"两大类。其中，"古典书目"按中国文献学传统分类编写的目录有二十多种保存至今；而"现代书目"则是中国学者冯承钧于 1932 年编写《安南书录》以后，又产生了一批按音序或字符顺序编写的书目。

越南古典书目按经、史、子、集四部分类撰写相关书目。据王小盾考察，"这类书目包括《黎朝通史·艺文志》（1759 年）、《明都史·皇黎四库书目》、《历朝宪章类志·文籍志》（1821 年）、《黎氏积书记》（1846 年）、《河内大藏经总目》（1893 年）、《大南国史馆藏书目》（1900 年）、《史馆手册》（1901 年）、《聚奎书院总目册》（1902 年）、《史馆书目》（1907 年）、《藏书楼簿籍》（1907 年）、《国朝书目》（1908 年）、《内阁书目》（1908 年）、《新书院守册》（1914 年）、《内阁守册》（1914 年）、《皇阮四库书目》（1922 年）、《古学院书籍守册》（1925 年）、《南书目录》（1938 年）。"[1]

上述书目大多为后黎朝末年至阮朝末年的书目。据越南学者阮苏兰（Nguyễn Tô Lan）对《史馆书目》《史馆守册》《内阁书目》《内阁守册》《古学院书籍守册》《聚奎书院总目册》《新书院守册》《藏书楼簿籍》《秘书所守册》《大南国史馆藏书目》等 10 部由阮朝编撰、现藏于越南国内外的书目考察发现，除《藏书楼簿籍》没有收录喃文书籍信息之外，其余诸部书目、守册、目册和簿籍等，都将喃文书目笼统地散列于不同的层级中，只有《古学院书籍守册》将喃文（国音）书籍单独列出[2]。由此可见，历史上越南具有将汉文典籍和喃文典籍混杂编撰书目的传统。

法国殖民统治越南期间，河内法国远东学院将广泛搜集越南的汉喃典籍，编撰成三卷本的《河内远东博古学院图书馆目录》。该书目编撰得比较粗糙，不但未编写所收录书籍的作者姓名、版本、卷数等相关基本信息，而且也未对它们进行分门别类，显得比较杂乱。通过该书目可知，当时河内法

---

① 刘春银、王小盾、陈义主编：《越南汉喃文献目录提要·王序》，台北："中央研究院"中国文哲研究所编印，2002 年，第 x 页。

② 〔越〕Nguyễn Tô Lan, "Sách Nôm trong mục quốc âm, kho Quốc thư, Cổ học viện thư tịch thủ sách A.2601/1-10", *Thời đại mới*, Số.5, 2005.（阮苏兰：《汉喃研究院所藏〈古学院书籍守册〉喃文书籍考》，载《新时代》，2005 年第 5 期。）另见〔越〕阮苏兰：《越南阮朝〈古学院书籍守册〉喃文书籍考》，梁茂华、覃林清译，载古小松、方礼刚主编《海洋文化研究（第 2 辑）》，广州：世界图书出版广东有限公司，2023 年，第 122 页。

国远东学院馆藏了 628 种喃文典籍。①后来，这些书目被《越南汉喃文献目录提要》所吸收；汉喃研究院图书馆编号为 A、AB、AC、VHv 和 VNv 等的图书即是当年法国远东学院流传下来的典籍。

越南汉喃古籍现代书目种类较多，越南国内外学界或学者均有涉及。在此类书目中，1977 年成书的越南语版《汉喃书目》，1993 年出版越-法双语版的《越南汉喃遗产：书目提要》(*Di sản Hán Nôm Việt Nam: thư mục đề yếu/Catalogue des livres en Han Nom*)，以及 2002 年出版的汉语版《越南汉喃文献目录提要》尤其值得关注。1960 年，越南中央图书馆杨泰明等学者开始主持编写《汉喃书目》，1971 年完稿发行，1997 年再增补部分书目和索引。该书 3 册，共 2493 页，收录藏于河内国家图书馆的汉喃古籍 5555 种。

1993 年，越南汉喃研究院与法国远东学院合作，用越-法双语编撰出版了 3 册共计 5000 余种汉喃文古籍的《越南汉喃遗产：书目提要》。据该书目统计，1993 年前收藏于汉喃研究院和法国远东学院图书馆并已编号的喃文书有 1373 册；其他杂用汉喃两种文字的图书，包括玉谱 535 册、神敕 404 册、俗例 732 册、地簿 503 册、古纸 96 册、社志 16 册。②但由于当时有不少古籍尚未编号，因此上述数据并未能反映喃文书的全貌。2002 年，汉喃研究院用越文编印了 2 册共计 2000 余种地方汉喃文献的《汉喃遗产目录补遗（上下册）》(*Di sản Hán Nôm Việt Nam: thư mục đề yếu: bổ di quyển thượng, quyển hạ*)。由于法文和越文的限制，使用者较少。

2000 年至 2002 年，越南汉喃研究院与我国台湾"中央研究院"中国文哲研究所，苏州大学王小盾教授团队等相关学术机构、学者合作，在《越南汉喃遗产：书目提要》的基础上，用汉文重新编撰成《越南汉喃文献目录提要》，由我国台湾"中央研究院"中国文哲研究所出版。该目录按中国文献学传统经、史、子、集四部分类编排，基本要素包括每部具体文书的名称、作者、编撰年代、刊印地点、版本、序跋、内容概略、抄写或编写方式逐一介绍。该书目共收汉喃古籍 5023 种，其中喃文书 794 种。

2004 年，中越学者刘春银、林庆彰、陈义在《越南汉喃文献目录提

---

① 张秀民：《中越关系史书目续编》，载《中国东南亚研究会通讯》，2001 年第 1 期，第 34 页。

② 刘春银、王小盾、陈义主编：《越南汉喃文献目录提要·王序》，台北："中央研究院"中国文哲研究所编印，2002 年，第 xii 页。

要》的基础上，增补 2280 种汉喃古籍，撰成《越南汉喃文献目录提要补遗（上下册）》，并由我国台湾"中央研究院"亚太区域专题研究中心编印出版。其中，喃文书 1 种，汉喃文书 135 种。[①]在出版纸质书目的同时，我国台湾方面还建立了"越南汉喃文献目录资料库系统"，开放查询检索网页为"http://140.109.24.171/hannan/"。

此外，还有些馆藏汉喃古籍的单位，就某一特定领域的汉喃古籍编撰了书目。例如，1993 年，越南社会科学通讯院国家人文与社会科学中心，利用日本"丰田基金"的资助，编撰刊印了《越南汉喃文本乡约书目》（*Thư mục hương ước Việt Nam - văn bản Hán Nôm*），对所收集的 1225 份越南汉喃乡约的名称、所在地、订立年代和页数等，进行简要的介绍。据笔者统计，该书目喃文乡约 876 份，其余的则是汉文乡约。

《汉喃书目》《越南汉喃遗产：书目提要》和《越南汉喃文献目录提要》及其补遗，是目前有关越南古籍最完备的书目。喃文书的相关情况，可通过它们一览无余。可惜的是，一直以来学界尚未有单独编撰越南喃文书目之举。这方面的空白有待后人填补。

（三）整理和挖掘地方汉喃文献资料

越南有些省市的文化机构也馆藏着数量不等的汉喃文献资料。加紧对地方汉喃文献资料进行整理，事关当地民族文化的传承、建设与发展。有些地方政府通过专项举措和拨款，推进汉喃文献的整理工作。2021 年，永福省政府通过了《关于批准"注音、译介、保管和挖掘永福省图书馆所藏汉喃文献材料"提案的 1308/QĐ-UBND 决定》。该提案后有 5 项附录，详细罗列了永福省图书馆所藏汉喃文献的目录；其中，附录 1 为神迹，附录 2 为乡约，附录 3 为各地府县级别及以上的报告书，附录 4 多为各地府县级别及以下的报告书，附录 5 为项目经费预算，约 338.8 亿越盾（折合约 975 万人民币），分 5 年划拨。从提案目录和相关报道可知，目前永福省图书馆地志库馆藏 1765 份汉喃文献材料，种类丰富，包括乡约、神迹、神敕、阮朝朱本

---

① 参见刘春银、林庆章、陈义主编：《越南汉喃文献目录提要补遗（上册）·凡例》，台北："中央研究院"人文社会科学研究中心，亚太区域专题研究中心，2004年，第 xviii 页。

和北圻经略等。①

据统计，永福省现有汉喃碑铭、罄铭文和钟铭 1000 余份；神敕 700 份；神迹 400 余份；古乡约和改良乡约 1000 余份，以及诸多其他类型的汉喃资料，散布于全省的历史文化遗迹、家族族谱和乡社等。② 2016 年 9 月，福安省政府制定了《关于 2016—2020 年阶段收集福安省内外珍贵历史材料的计划》。喃文书便是该省收集的重要对象。其他诸如北宁、顺化、永隆和宁顺等省份，也在深入挖掘自己辖区内的汉喃文献遗产，服务地方社会经济的发展。由此可见，现阶段越南不少地方，正逐步挖掘民族优秀传统文化的潜能，助力社会经济的发展；而社会经济的发展，反过来又将可以为保护和发展民族优秀传统文化提供更多的资源和力量。此两者相辅相成，是一个良性循环的过程。

总体而言，越南对汉喃文献的整理已经取得了长足的进展和诸多值得称赞的成效，但也应该客观看到在古籍审定、校勘、标点、分段、注释、译介等专门工作环节，仍存在不少问题。影印也属于古籍整理的重要组成部分，需要检查漫漶、考证版本、配补描修等专业而又烦琐的工作。这些都需要财力、人力和物力的有力支撑。由于越南国家财政在这方面的投入较少，汉喃研究相关文化部门利用自身的优势条件与日本展开合作。日本相关机构提供先进的书籍保护设备和技术，如古籍修复技术、影印设备、防火技术设备等，用于汉喃古籍的整理，甚至担任古籍管理和保护的技术顾问。这些合作，的确为越南汉喃古籍文献资料的整理与保护发挥了重要作用。但仅靠国际合作获得的资助与帮助来维持古籍整理的话，恐怕既非长久之计，也不能满足实际的需求。可喜的是，这些年越南社会经济发展迅猛，国家重视民族传统文化的传承，挖掘它的传统价值和现代意义，服务于今日越南国家现代文化建设。这将对汉喃文献的整理提供强有力的支撑。

---

① 参见"Quyết định về Việc phê duyệt Đề án 'Phiên âm, Dịch nghĩa, Bảo quản và Phát huy Tư liệu Hán, Nôm Tại Thư viện tỉnh Vĩnh Phúc'", 2021-05-24, accessed 2022-09-28, https://thuvienphapluat.vn/van-ban/Van-hoa-Xa-hoi/Quyet-dinh-1308-QD-UBND-2021-Phien-am-dich-nghia-nguon-tu-lieu-Han-Nom-tai-Thu-vien-Vinh-Phuc-480145.aspx.

② 参见"Quyết định về Việc phê duyệt Đề án 'Phiên âm, Dịch nghĩa, Bảo quản và Phát huy Tư liệu Hán, Nôm Tại Thư viện tỉnh Vĩnh Phúc'", 2021-05-24, accessed 2022-09-28, https://thuvienphapluat.vn/van-ban/Van-hoa-Xa-hoi/Quyet-dinh-1308-QD-UBND-2021-Phien-am-dich-nghia-nguon-tu-lieu-Han-Nom-tai-Thu-vien-Vinh-Phuc-480145.aspx.

四、喃文献的数字化

将古籍文献数字化是古籍保护的重要方式。数字化是对古籍文献的再生性保护。所谓再生性保护，是指通过现代技术、数字化手段，逐一将古籍文本内容复制或转移到其他载体，以达到对古籍长期保护与有效利用的目的。越南汉喃古籍文献的数字化主要包括两个方面。第一，通过扫描、影印、拍微缩胶片等现代技术手段对古籍进行数字化处理，以便永久性保存古籍的电子文本。第二，通过开发配套的软件系统或工具，为数字化过程提供具体的技术支撑。

据已知的相关信息来看，目前越南社会科学翰林院下属各单位，如汉喃研究院、史学院、文学院和社会科学通讯院等机构所馆藏的汉喃文献资料大多已得到数字化，但也还有不少古籍文献尚未得到数字化处理。越南学界和职能管理部门对汉喃文献的数字化，及相关技术与专业处理，仍任重而道远。上述单位或职能管理机构，大多不对外公布已经数字化了的汉喃古籍数字文本。例如，馆藏汉喃典籍最多的汉喃研究院官方网站，设有汉喃古籍网上信息查询与搜索专栏，让国内外读者或学者检索古籍的相关基本信息，但倘若需要了解详细的信息，需要前往该院借阅或申请有偿复印。该网站公布古籍的基本信息，是用国语拉丁文撰写的。其他国家的学者必须掌握越南语才能查询和阅读汉喃古籍的相关基本信息。对汉学界而言，值得庆幸的是，前文提及我国台湾"中央研究院"亚太区域专题研究中心与越南汉喃研究院合作编撰《越南汉喃文献目录提要》和《越南汉喃文献目录提要补遗（上下册）》时，建立的"越南汉喃文献目录资料库系统"（开放查询检索网页为"http://140.109.24.171/hannan/"），已收录了目录提要的数字化信息。中国及世界各国掌握汉语和汉字的学者，均可登录该网站查询越南汉喃文献的基本信息。

越南国家图书馆目前藏有 1907 份，共计 133,495 页的汉喃文献材料。[①]这些材料已经完全数字化，但仅供浏览阅读，不支持下载。1999 年，美国学者约翰·巴拉班（John Balaban）、美国越裔学者詹姆斯·杜伯福（James Đỗ Bá Phước）、吴清闲（Ngô Thanh Nhàn）和越南学者吴忠越（Ngô Trung

---

① 参见越南国家图书馆网站：http://hannom.nlv.gov.vn。

Việt）等倡导在美国成立了"会保存遗产喃"（越文：Hội Bảo tồn di sản chữ Nôm Việt Nam；英文：The Vietnamese Nôm Preservation Foundation，简称 VNPF），将越南国家图书馆、胜严寺（Chùa Thắng Nghiêm）和普仁寺（Chùa Phổ Nhân）馆藏的大部汉喃文献材料数字化，并在该会官方网站"http://nomfoundation.org"对外公布，供读者免费阅览或下载。2018 年，"会保存遗产喃"董事会认为，经过近 20 年的努力，不仅实现了促进对汉喃文献及其所承载文化研究的目标，而且薪火已得到相传，因此决定解散该会，但其官方网站所公布的汉喃古籍数字资源和语言资源将继续对全球开放，供读者和学界使用。这是目前学界所能接触、阅读和免费下载越南数字化汉喃文献古籍资料最多和最集中的网站。

除了越南对本国汉喃古籍进行数字化处理之外，世界其他国家某些学术机构或图书馆，在数字化他们所馆藏的古籍文献资料时，也将所藏入的越南汉喃古籍一并处理，对外开放资源，供世界各国学者查阅或下载。例如，美国耶鲁大学图书馆、哈佛大学图书馆、英国牛津大学图书馆、法国巴黎亚洲学会等图书馆或机构已开放部分数字化的汉喃古籍。感兴趣的读者和学者，都可以登录查阅或下载。从宏观的视域来看，这也应该被视为喃文古籍数字化的一个有机组成部分。越南相关文化机构和个人可以下载这些数字化的喃文古籍资料，充实和补充书库、资料室、档案馆等方面的藏书。

第七章　喃文古籍的译介与考究

将喃文古籍译介为越南国语文并进行相关学术考究，既是越南喃文献整理的重要内容，更是新时代越南民族文化传承与发展的必然选择。越南喃文古籍的译介和考究是一个连续性的历史过程。其中，越南学界对相关喃文古籍的译介与考究，取得了诸多显著成果；越南之外其他国家的学者，也在此领域取得了若干值得称颂的成绩。

一、喃文古籍的译介

19 世纪末，越南民族精英分子在法国殖民当局的鼓励和支持下，创办了诸多国语拉丁字报纸杂志[①]。在诸多国语拉丁字报纸杂志中，以《南风》（*Nam Phong*）、《东洋杂志》（*Đông Dương Tạp Chí*）和《嘉定报》（*Báo Gia Định*）等最具代表性和影响力。这些报纸杂志用越南国语文和汉文，甚至是法文刊载文章。此外，它们大多有专门栏目译介国内外名家文学作品。《东洋杂志》比较突出地反映了这一点。该杂志主要有历史、风俗、古文、评论、古学和译介等专栏。在译介专栏中，当时的越南文墨之士多有将中越古典诗文译介成国语拉丁文，获得了广大读者的青睐。张永记（Trương Vĩnh Ký）是将越南喃文作品译介成国语拉丁文的先驱之一。1870 年，黎吴吉和范廷碎编撰的喃文《大南国史演歌》刚付梓刊印，张永记便于同年将其译介为国语拉丁文，在西贡出版发行。1875 年，张永记首次将《金云翘传》译介成国语拉丁文后，交由西贡国家印书馆出版发行。1889 年，张氏还首次将阮廷焆的喃文《蓼云仙》译介成国语拉丁文，交由西贡国家印书馆出版发

---

① 笔者按：准确地说，此类报纸杂志刊载的文章以国语拉丁字为主，但也有一定数量的汉文和喃文，甚至是法文作品或文章。

行。由于上述几部喃文作品本来就有很好的群众基础，被译介成国语拉丁文出版发行后，既得到了大众读者的热烈追捧，又在某种程度上推动了国语拉丁字的普及。

1924 年 12 月 24 日，"开智进德会"（Hội Khai trí tiến đức）组织越南大文豪阮攸忌日追思会。作为该会创立者兼秘书长，范琼（Phạm Quỳnh）在会上发表了演讲，以 "Truyện Kiều còn, tiếng ta còn; Tiếng ta còn, nước ta còn"①对阮攸及其《金云翘传》进行高度评价。1927 年，河内永兴隆书馆出版了《翠翘传》（Truyện Thúy Kiều）的国语拉丁文版。此书实乃裴杞（Bùi Kỷ）与陈重金（Trần Trọng Kim）合作，以国语拉丁文译介和注疏喃文《金云翘传》，并冠以新名出版。

1945 年之前，还有范金枝（Phạm Kim Chi）、邓礼仪（Đặng Lễ Nghi）和玄墨道人（Huyền Mặc Đạo Nhân）、裴庆戴（Bùi Khánh Diễn）、阮文永（Nguyễn Văn Vĩnh）、阮乾梦（Nguyễn Can Mộng）、胡得涵（Hồ Đắc Hàm）和伞陀（Tản Đà）等越南文化界名人，也曾将《金云翘传》译介为国语拉丁文。自此而后，越南文坛掀起了《金云翘传》的热潮，各种国语拉丁文译本不断涌现，与该作品相关的考证，以及围绕女主人公王翠翘的"咏翘"主题诗文，更是层出不穷。

有趣的是，越南学界并非仅把阮攸《金云翘传》译介为国语拉丁文，也有学者将其译介为汉文的情况。据我国台湾学者陈益源考察，越南汉喃研究院仍馆藏三份出自越南学者汉译阮攸喃文《金云翘传》的抄本。其一为前任琼山省巡抚徐元漠译本——《越南音金云翘歌曲译成汉字古诗》，汉喃研究院馆藏编号 VHv.2407。全书不分卷次，以七言诗体译介，共 3264 句。其二为黎孟恬译本——《翠翘国音译出汉字》，汉喃研究院馆藏编号 VHv.2864。书中除了署"二科秀才黎孟恬译"之外，另附有"堂弟壹场黎文敬奉抄"。全书亦不分卷次，以七言诗体译介。其三为黎裕译本，汉喃研究院馆藏编号 A.3213。此译本共四卷，扉页中间题书名《金云翘汉字六八歌》，卷一另题书名《金云翘汉字演音歌》，作有《金云翘汉字演音歌序》，但卷二至四所题书名又与扉页书名同。除了书名之外，扉页左侧署有"译者黎裕"，尾署

①〔越〕范琼：《关于阮攸及其〈翘传〉的演讲》，载《南风》，1924 年第 86 期。该句话大意：《翘传》在，越南语在；越南语在，越南在。

"越南民主共和国贰年①春三月上玩"和"鉴丽·黎裕谨序"。全书以六八诗体译介，共3264句。②

　　另据王小盾考察，越南学人"阮坚注释并汉译二卷手抄本《王金传国音·王金传演字》和'东医学士张甘雨'的《汉译金云翘南音诗集》。阮坚之书由《王金传国音》、《王金传演字》合成，前者用汉字注释阮攸《金云翘传》的典故和难字，后者为阮攸《金云翘传》的六八体汉译；张甘雨书则是七言诗体，作于1961年"③。这说明，即便在越南民族文化或文学的叙述体系和场域之中，汉越文化的交流也是双向奔赴的。《琵琶国音新传》的序文有云："北人以文字求声音，文字便成腔调；南人以声音求文字，声音别具体裁。故东嘉第七才子之书，足登唇吻；而东床六八演音之传，容惜齿牙，掷地声金，补天色石鸿。"④这反映了越南人对中越/汉越语言文字和文学关系及其特征的感性认知，经验总结与艺术甄别，即汉文学以"字"为主要载体，而喃文学则以"音"为主要载体；"字"与"音"不但各有所长而且斑驳可辨，而且浑然一体又相辅相成。阮攸将明末清初青心才人的汉文章回小说《金云翘传》，用越南民族六八诗体再创作为喃文的同名诗歌；百年之后，越南的后学又将阮攸喃文的《金云翘传》译介为同名汉文诗歌。可见，汉字和喃字的天然近亲属性，及其相通或相似的文化内涵，相互成就了它们。这也是汉越文化，尤其是汉越文学关系的显著特征之一。

　　21世纪以来，越南学者陆续将新发现的不同版本《金云翘传》译介为国语拉丁文，并重新出版。2002年，（越南）文学出版社出版了由阮广询（Nguyễn Quảng Tuân）译介和注疏的1871年柳文堂版《金云翘传》。2003年和2004年，该出版社又分别出版了由阮氏译介和注疏的1870年京都（顺化）版和1866年柳文堂版的《金云翘传》。2002年，越南河内国家大学出版社出版了由阮才瑾（Nguyễn Tài Cẩn）译介的1872年惟明氏版的《金云翘传》。2004年，顺化出版社出版了阮世（Nguyễn Thế）和潘英勇（Phan

---

① 笔者按：越南民主共和国成立于1945年，故"越南民主共和国贰年"即1946年。

② 参见陈益源：《越南〈金云翘传〉的汉文译本》，载《清明小说研究》，1999年第2期。

③ 刘春银、王小盾、陈义主编：《越南汉喃文献目录提要·王序》，台北："中央研究院"中国文哲研究所编印，2002年，第xxvi页。

④〔越〕乔莹懋：《琵琶国音新传》，越南汉喃研究院藏本，藏书编号AB.272。

Anh Dũng）译介的 1902 年乔莹懋版的《金云翘传》。

受此浪潮的影响，越南陆续掀起译介汉喃古籍的浪潮。其中，《征妇吟曲》《传奇漫录》《花笺记》《蓼云仙》《宫怨吟曲》《国音诗集》《春香诗集》等古典喃文诗赋或喃文传记小说，不断被不同学者译介成越南国语文。1939年秋至 1940 年夏，中国著名语言学家王力在河内远东学院进行研修期间，就发现《三千字》《金云翘》《征妇吟》《宫怨吟曲》和《二度梅》等越南喃文古籍都有"越语罗马字的译文"。[①]此处王氏所谓"越语罗马字的译文"，指的就是越南现代"国语字译文"。这说明，法国殖民统治越南期间，法国远东学院很可能曾经组织入职于该院的越南本土职员，有计划地用国语字译介或收集过越南喃文相关著述，尤其是历代名人名著的译介作品。这可谓一石数鸟之举。一则可以丰富该院的图书资料，二则可以加深了解和研究越南的传统文学文化；三则通过本土精英的译介活动，进一步推动国语字在社会上的普及。这些举措的潜在意图，都是为了加强和巩固法国对越南的殖民统治。

由此可见，从 19 世纪末 20 世纪初以来，随着国语字的不断传播和普及，那些受到传统儒学和法国殖民教育综合熏陶的越南民族知识和精英分子，就已经自觉或不自觉地把包括喃文古籍在内的汉喃典籍，译介成为国语文。这种译介活动，在越南民族语言文化发展史上，具有重要的价值和意义。第一，它加速推动了越南国语字的发展和普及进程，为国语字替代汉字奠定了更加广泛的群众基础。第二，越南文字书写体系鼎革后，传统文脉的文字根基和载体已被连根抛起，把传统汉喃古籍译介为国语文，是延续越南民族传统文脉的有益尝试，也是无奈之举。第三，译介传统汉喃典籍活动，具有上承传统文脉与文化，下启现代民族文化新书写载体和新书写方式的作用。第四，它能让后世越南人通过译文阅读和了解先人留下的古籍。第五，通过翻译活动，强化了殖民教育体系对越南文化名人的文化感召，将法国现代教育与学术理念移植于他们的潜意识之中，进而对后世越南教育体系产生了重要影响。

由于这一时期，越南处于汉字、喃字和国语字并用的时代，文字的多元化也清晰地反映在传统典籍的译介过程当中。例如，阮朝维新己酉年（1909

---

① 参见王力：《汉越语研究》，载《岭南学报》，1948 年第 9 卷第 1 期，第 92 页。

年）观文堂版的《千字文译国语》就混合地使用了汉字、喃字和国语字，形成了三元一体的译本。通过下面扫描图片可知，文档中大字者为汉字，汉字的右上角是与之相应的喃字，而汉字的正下方则分别是汉字和喃字相对应的国语字。以《千字文译国语》首页的首字为例："天"是汉字，其右上角"垂"是喃字；"天"字之下，从上到下分别是"thiên"和"trời"，其中"thiên"是越南语对汉字"天"字的读音，"trời"则是喃字"垂"的读音。正文其他字均是如此。

图 7-1 《千字文译国语》封面

图 7-2 《千字文译国语》首页

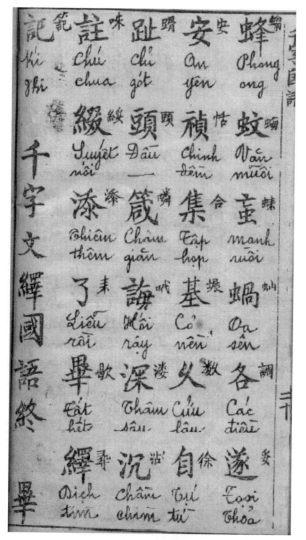

图 7-3 《千字文译国语》尾页

但与此同时，也应客观和理性地看到古籍原文与译文之间存在明显的差异，不能等同视之。从译介学的角度来看，只要是译介就会必然出现原文本信息的遗失，甚至会出现讹误的情况。中国著名越史学家戴可来教授曾指出："越南史籍大多用汉文写成，译成现代越南语后往往有误。"[①]越南喃文作品译介成国语文也出现不少此类情况。上文提及的多个版本的喃文《金云

①〔越〕陈重金著、戴可来译：《越南通史·译者的话》，北京：商务印书馆，1992年，第6页。

翘传》，它们的内容结构和叙述方式并无二致，但有些相同诗句的用词用字，或多或少出现迥异。例如，在同样是刻板刊印的"色停队没才停和亼"喃文诗句中，阮才瑾将"队"字译为"TRỌI"，[①]而阮广询则将其译为"đòi"。[②]类似的情况，实在不在少数。表面上看是学者间见仁见智的迥异，但其深层原因实乃以方块字用作标记越南语的表音字符存在缺陷，容易受到时空阻隔而产生文字释读、语境理解和阅读体验等诸多问题的困扰。此外，由于喃字不少字体比汉字还复杂，且流传下来的喃文古籍，不少是手写本或抄本，字里行间往往会出现难以释读的喃字，译介时就容易出现大相径庭的情况。这种情况，并非个例，而是比较普遍的。总而言之，文字鼎革不但是造成目前越南民族文化出现断层的根本性原因，而且这种断层的纵深度会随着时间的流逝变得难以估量和难以弥合。

除了越南之外，其他国家也有学者译介了某些越南喃文古籍。其中，被国外学界译介最多的首推阮攸的《金云翘传》。据传媒报道，越南胡志明市社会与人文科学大学段黎江副教授（Đoàn Lê Giang）曾对阮攸《金云翘传》的国际译介传播进行过统计，结果显示截至 2020 年，该著作已被译介为 20 种外国语言，共计 73 个版本。[③]这说明阮攸及其《金云翘传》不仅享誉越南，而且还蜚声世界文坛，成为了世界文学的宝贵遗产。

二、喃文古籍的考究

19 世纪末 20 世纪初，在"西学东渐"的大背景下，西方现代性的学术研究范式已被越南部分精英所接受和运用。这一时期，越南出现了汉字、喃字、国语字和法文多元存在，各司其职的奇特现象。越南学界对喃文献的相关研究与考证，进入了全新的历史阶段。

在众多越南学者之中，陈文玾（Trần Văn Giáp），字叔玉，是越南汉喃

---

① 参见〔越〕Nguyễn Tài Cẩn, *Tư liệu Truyện Kiều: thử tìm hiểu bản sơ thảo đoạn trường tân thanh*, TP. Tam Kỳ: Nxb Giáo dục, 2008, tr.44-45.

② 参见〔越〕Nguyễn Quảng Tuân, *Truyện Kiều*, TP. Hồ Chí Minh: Nxb văn học, 2004, tr.78-79.

③ 〔越〕Anh Thư, "Truyện Kiều–cuộc chu du đến những miền đất mới", 2020-11-27, accessed 2023-09-18, https://vovworld.vn/vi-VN/tap-chi-van-nghe/truyen-kieu-cuoc-chu-du-den-nhung-mien-dat-moi-926265.vov.

典籍研究的翘楚。阮朝成泰十年（1898 年），陈文玾出生于河内，家族汉文修养和儒学根基深厚，父亲是举人陈文近。维新九年（1915 年），年少的陈文玾参加了北圻最后一科乡试，考中三场。不久之后，他进入驻河内法国远东学院工作。1927 年，他负笈求学于法国，师从马伯乐与伯希和，专攻东方学。1932 年，陈氏学成归国，复就职于河内法国远东学院。他不仅是越南卓越的历史学家，还工于版本目录学和语言文字学等。1938 年，中国学者黄轶球汉译了陈文玾的《越南典籍考》，但直至中华民国 38 年（1949 年）7 月 1 日，才在广东国民大学文学院编印的《文风学报》第 4—5 期合刊登载。这说明至少在 20 世纪初，陈文玾就开始从事越南汉喃典籍的相关研究。1970 年和 1990 年，越南国家图书馆和越南社会科学出版社分别出版了他所编著的《对汉喃书库的考察》第一集和第二集。陈文玾对汉喃书籍分为历史、地理、技术、语言文字、文学艺术、哲学、宗教和综合书籍 8 大类。第一集对前三类进行考究；第二集对后五类进行考察。陈氏对 300 多位越南汉喃作家，以及他们所著述的 470 余部汉喃著作进行了详细的考证。

总体而言，以陈文玾为代表的越南学界在喃文古籍考究中，取得了诸多重要的学术成果。除了越南学界之外，中国和日本学界也在喃文古籍考究领域有所建树。喃文古籍考究涉及的范围宽广且内容繁杂，本文拟从古典名著、启蒙读物、字学辞书、学界考究和村规民约几个领域，略做窥豹。

（一）越南学界对《金云翘传》的考究

越南学界对喃文古籍的研究与考证，经历了一个连续性的发展过程。从越南学界对本民族古典文学巅峰之作——阮攸的《金云翘传》的相关考究，可管窥一斑。1875 年，张永记（Trương Vĩnh Ký）首次将《金云翘传》译介成国语文时，在序言中已经对其中的故事情节和人物情况进行了相应的研究和考证。此外，张氏还在国语字译文中，以脚注的形式对《金云翘传》的相关典故、成语和用字等，进行了相应的注疏和考究。张氏的这种风格形成了较大的影响，成为了后世越南学界考究喃文古籍内容的基本范式。上文提及《金云翘传》的几个版本的译介与整理，均带有张氏所创下这种考究范式。由于《金云翘传》不同版本陆续被发现，越南学界围绕阮攸创作喃文《金云翘传》的年代，不同版本的流布与异同等诸多问题，也展开了非常系统性的考究，达成了诸多共识，但对某些问题也仍聚讼纷纭，未有权威定论。

20 世纪以来，不少越南学者对《金云翘传》译介为国语文，诸多译本不断出现，不同学者对其中不少诗句的喃文用字、典故的注疏与译介各有所本，看法较为迥异。伞陀是 19 世纪末 20 世纪初越南的著名诗人和儒学家。他去世后留有国语文《王翠翘》遗稿。伞陀的国语文《王翠翘》包括序、阮攸先生生平考、凡例和正文《王翠翘注解新传》。1941 年，伞陀家人将其书稿交由民智出版社出版；1952 年，香山出版社再版该书。与其他学者一样，伞陀在其译介作品中对不少诗句进行了校订和注疏。伞陀还在译介过程中就阮攸的诗文和词语的运用等方面进行了针对性的考论。这也是他的译本与其他学者的译本的明显不同之处。除此之外，伞陀在译介过程中，还就前贤时彦的各种译本对某些诗句译介和注疏的讹误之处，或进行批驳，或提出商榷意见。总而言之，伞陀的译本及其相关考究，对越南读者加深理解阮攸及其《金云翘传》的文学价值是有裨益的。

此外，黄春翰（Hoàng Xuân Hãn）的《〈翘传〉探源》（1943）；黎文槐（Lê Văn Hòe）的《〈翘传〉注解》（1952）和《〈翘传〉词义》（1952）、裴杞（Bùi Kỷ）和陈重金（Trần Trọng Kim）的《翠翘传校考》（1925）、裴杞的《〈翘传〉略考略注》（1960）、陶维英（Đào Duy Anh）的《〈翘传〉考论》（1974）、《〈翘传〉辞典》（1974）和《〈翘传〉校考与注解》（1984）、阮才瑾（Nguyễn Tài Cẩn）的三册套《〈翘传〉研究资料》（2002、2004、2008）等，均是这一时期越南阮攸《金云翘传》研究的大家之作。值得一提的是，近年赴华留学的阮氏雪撰写了题为《〈翘传〉汉字注释研究——基于英国藏版和越南乔莹懋版》的博士学位论文，专门就两个版本的汉字注释进行了系统的研究。越南其他学者及他们关于阮攸《金云翘传》考究相关著述或学术论文，可谓数不胜数，让人难以一一枚举。

阮攸及其《金云翘传》的影响力远远超出了越南民族语言和文学价值的范畴，上升为民族文化、民族心理和民族情感的高度。阮攸喃文《金云翘传》基于中国明末清初青心才人同名章回小说而进行二次创作与创新的事实，可能刺痛了越南某些学者的心理。或许正因如此，有越南学者认为，阮攸喃文版《金云翘传》的创作，先于明末清初中国青心才人的章回小说《金云翘传》，意即后者是受到前者的影响而产生的。这一观点颠倒本末，要么无知，要么别有用心，究其本质实乃狭隘民族主义和历史虚无主义作祟的体现，不值一驳。

这一时期，除了阮攸的《金云翘传》之外，越南学界还对阮嘉韶的《宫怨吟曲》；邓陈琨的《征妇吟》及其被段氏点演喃的《征妇吟曲》；阮辉似的《花笺传》；阮屿的《传奇漫录》；阮廷炤的《蓼云仙传》；[①]阮鹰的《国音诗集》；胡春香的《春香诗集》；无名氏的《指南玉音解义》；嗣德的《圣制字学解义歌》等喃文名著、名家诗集或辞书进行了较为系统的考究。

（二）越南学界对儒学启蒙读物的考究

19 世纪末，即便越南逐步沦为法国的殖民地，传统儒学在西方"坚船利炮"和"西学东渐"等多重冲击之下，已失去昔日经世治国的光环，但具有道德和修身功能的儒学传统启蒙教材《三字经》，仍受到越南传统业儒者的重视。同庆三年（1888 年），观文堂版《三字经解音演歌》中，编撰者无名氏在该书前面部分，就欧适子本和王伯厚本《三字经》的异同之处，进行了考证和注疏；后面部分则是对《三字经》汉文语句的喃文注疏和六八体演歌。[②]由此观之，《三字经解音演歌》集考究、注疏和译介于一体。无独有偶，成泰十七年（1905 年），柳文堂刊刻了由冬青氏编撰的《三字经六八演音》。该书的编撰体例、结构与《三字经解音演歌》相类似，正文包括冬青氏写就的几行简短的六八体喃文"引"语，其后是对《三字经》的"本经演音"（即六八体喃文演音），最后是对欧适子本和王伯厚本《三字经》异同之处的考证和注疏。[③]从结构、布局和内容来看，《三字经解音演歌》和《三字经六八演音》有承袭关系，最大的不同之处有两点。第一，《三字经解音演歌》把考证和注疏置于前文，而《三字经六八演音》则将其置于文末。第二，《三字经六八演音》并未像《三字经解音演歌》那样，对每句话都用喃文进行解释。这说明，冬青氏在编撰时，既吸收了前人的成果，又在此基础上进行了一定程度的简化和取舍。

进入 20 世纪以后，随着国语字的使用和普及越来越广泛，不少越南学

---

① 笔者按：该著作在越南还被称作《云仙古迹新传》《云仙传》。

② 参见〔越〕无名氏：《三字经解音演歌》，观文堂刻板，同庆三年（1888 年）新镌。

③ 参见〔越〕冬青氏：《三字经六八演音》，柳文堂刻板，成泰十七年（1905 年）。

者用国语文译介和考证越南历史名人的喃文著述，不仅日益普遍，而且版本众多。1986 年，越南实行"革新"政策。自此之后，不但越南的社会经济得到了快速发展，而且其国内包括汉喃领域的学术研究也步入了迅速发展的轨迹。其中，涉及越南喃文古籍的相关研究成果不断涌现，大量被发表在汉喃研究院的《汉喃杂志》《汉喃研究》《汉喃文化丛书》和年度《汉喃学通讯》等专业性期刊或丛书上。

（三）越南学界对汉喃辞书的考究

汉喃辞书不仅是汉越文化交流的产物，更是学界了解和研究古代越南语的活化石，向来为越南学界所重视。例如：陈春玉兰（Trần Xuân Ngọc Lan）博士论文《〈指南玉音解义〉初探》（1982）；越南社会科学院《指南玉音解义》（1985）；王禄（Vương Lộc）《〈安南译语〉译注》（1995）；张廷信（Trương Đình Tín）、黎贵牛（Lê Quý Ngưu）等《嗣德圣制字学解义歌》（2005）；吕明姮（Lã Minh Hằng）《汉越双语辞典〈大南国语〉考究》（2013）；黄氏午（Hoàng Thị Ngọ）《汉越双语辞典〈指南玉音解义〉》（2016）；陈仲洋（Trần Trọng Dương）《汉越双语辞典〈日用常谈〉考究》等。上述学者在将所考究的喃辞书译介成越南国语文的同时，均对辞书中相关词语用字、义理、典故和释读等，进行梳理和考究，甚至订正原作讹误之处。此外，这些考究之作多在文末附上原文影印，便于学界和读者对照阅读。上述几部喃文古籍均是越南历史上重要的汉喃辞书；其中，《指南玉音解义》是越南留存下来最早的汉喃辞书。越南学界对该辞书有诸多译介、注疏和考究版本。这也从侧面反映了考究汉喃辞书的复杂性。除了这些研究专著之外，越南学界关于汉喃辞书研究的各类学术论文数不胜数。限于篇幅结构，不便一一枚举。

越南学界除了用越南国语文撰写汉喃辞书相关考据学术论文之外，也还用汉文发表了若干该领域的学术论文。2017 年 5 月 19 日至 21 日，由浙江财经大学、郑州大学和越南社会科学翰林院下属汉喃研究院共同发起的"东亚汉籍与越南汉喃古辞书国际学术研讨会"在中国杭州浙江财经大学召开。

越南学者提交了多篇与汉喃辞书相关的参会论文。①例如：陈仲洋在《中世纪越南汉字词典的类型与特点》中，就中世纪越南汉字字典的类型、汉越（即汉喃）双语词典的特点等进行考究。丁克顺在《〈嗣德圣制字学解义歌〉版本及文字等问题研究》中，对《嗣德圣制字学解义歌》的作者、版本、内容、字汇和价值等基本情况进行脉络性梳理。吕明姮在《从词典论看越南中代辞书——以〈大南国语〉〈日用常谈〉〈南方名物备考〉为中心》中，从中国词典论视角，对越南汉喃古辞书的类别，汉喃双语词典的结构框架进行剖析，并指出其相较于中国辞书的显著特征。杜氏碧选在《以字典为编写方式的越南中代汉字教科书研究——以〈三千字解音〉和〈嗣德圣制字学解义歌〉为例》中，分别对两本汉喃辞书的编写方法、押韵方式和教学功能进行讨论。陈氏降花在《19 世纪末 20 世纪初汉喃双语辞典——〈南方名物备考〉案例研究》中，考察了《备考》的作者及版本信息、编撰结构，并分析其在当时越南社会教学的功用与影响。阮氏黎蓉在《越南〈千字文〉字书两种汉字字形考》中，介绍了《千字文解音》和《千字文译国语》的成书背景，并对部分汉字异体字从形体和结构进行考察。

此外，近年赴华留学的越南青年学者也用汉字撰写了若干篇涉及越南汉喃辞书的学位论文。例如，黎廷山在其硕士学位论文《越南〈嗣德圣制字学解义歌〉汉字注音研究》（厦门大学，2018）中，对《嗣德圣制字学解义歌》蕴含的第一手语料，当时越南人编撰时如何给汉字注音，汉语与越南汉字音的语音对应关系及转变，《嗣德圣制字学解义歌》音系的性质及对汉语史研究的价值等方面进行考究。陈德裕在其硕士学位论文《〈嗣德圣制字学解义歌〉喃字研究》（中央民族大学，2019）中，对《嗣德圣制字学解义歌》的 2251 个喃字进行穷尽性收集整理，并对它们的字形、字义、字音做了系统科学的分类与研究，得到了与前修时贤不同的喃字分类体系。武英诗在其硕士学位论文《〈大南国史演歌〉异体字研究》（中央民族大学，2022）中，利用统计分析法、比较分析法和定性分析法，从汉字和喃字异体字的角度探讨喃字的演变史，分析喃字的形体结构、《大南国史演歌》异体字及其构造类型，最后通过对比分析《大南国史演歌》与《嗣德圣制字学解义歌》

---

① 参见何华珍、〔越〕阮俊强主编：《东亚汉籍与越南汉喃古辞书研究》，北京：中国社会科学出版社，2017 年，第 14—116 页。

的异体字，得到新的认知。

（四）各国学界对喃文古籍的考究

越南之外的其他各国学者，要从事越南喃文古籍的相关研究，必须先掌握汉字、喃字和越南语；再者，由于喃字庞杂又欠规范性，喃文古籍也多为手写或抄本，给越南国外学界对喃字字体辨认，喃文本释读及相关学术研究造成了巨大的挑战。这可能也是越南之外其他国家的学者较少涉足这方面研究的重要原因。但即便如此，中国、日本、法国和美国等国家的学者在喃文古籍的研究领域仍有所建树。

在中国学界中，陈荆和先生不但在越南历史和中越关系问题等领域，为学界贡献了诸多精湛的研究成果，而且他还在越南汉喃古辞书相关问题的研究中取得了令人叹服的成就。《安南译语》可视为中越历史上第一部简易的汉喃双语古词典。1953 年 12 月，陈荆和的《安南译语考释：华夷译语中越语部分之研究（上）》在我国台湾《文史哲学报》第 5 期发表。翌年 12 月，陈氏的《安南译语考释：华夷译语中越语部分之研究（下）》又在《文史哲学报》第 6 期发表。在这两篇长文中，陈氏以阿波国本《安南译语》为底本，主要对其中的 17 大门类，716 个喃文词汇，逐一进行音韵和义理层面的深入考究。从某种程度上，构拟了 15 世纪越南语的音韵系统。在此过程中，陈氏还对其他版本《安南译语》中的差异进行了考辨或订正，展现了他博大精深的学识。在此基础上，1966 年他在日本庆应义塾大学用日文撰写了《安南訳語の研究》，获该校授予博士学位。有学者认为："陈荆和用日文呈现的《安南译语之研究》是其最能体现学术功力的作品。……该著中体现出来的对法文、英文、中文、日文、越南语的掌握以及在语言学、版本学、历史学、民族学等领域的理论和掌握，殊为骇人，恐后来者难追。"[①]除了中国学界之外，诸如英国学者杰瑞米·H. C. S. 戴维森（Jeremy H. C. S. Davidson）和日本学者清水正明（Shimizu Masaaki）等学者，也对《安南译语》有不同程度的考究。

1971 年，陈荆和的《嗣德圣制字学解义歌译注》在我国香港出版。全

---

① 王明兵：《陈荆和〈安南译语之研究〉的贡献》，载《知越》微信公众号，第 13 期（越南历史研究总第 90 期），https://mp.weixin.qq.com/s/saNqkKUKz5ha8gvs27kxqg。

书包括《嗣德圣制字学解义歌》解说、《嗣德圣制字学解义歌》原文、《嗣德圣制字学解义歌》国语字（罗马字）译音和音注校勘记四部分。在"解说"部分，陈氏对嗣德帝重视撰修国史和文教的基本情况进行了脉络性梳理，就嗣德帝编撰《嗣德圣制字学解义歌》的缘起与过程，及其与越南历代字学辞书的相互关联等问题进行考究。此外，陈氏还对该书所使用的越南传统六八韵文体的编撰体裁，及其押韵与韵脚变异等问题进行了考证和阐述。陈氏认为，该书有两点引起了他的兴趣："第一是此部解义歌既然冠着'嗣德圣制'之四个字，可认为阮朝晚期官撰之一部标准汉越字典。其所注之音应属当时越南学界之标准音。……第二是此部解义歌所用之字喃可认为 19 世纪越南上流社会所通用的标准俗字。"①

由上可见，嗣德帝之所以编撰这部字学解义书，旨在通过文字作为切入点，以妇孺童叟皆喜闻乐见的六八韵文体表达方式，来推广治国根基之儒学。但在法国坚船利炮的淫威和西学东渐的大背景之下，这一初衷注定是要落空的。在"国语字（罗马字）音译"部分，陈荆和逐字将汉字和喃字音译为越南国语字。"音注校勘记"部分则是陈氏在译音过程中，就原文的用字、汉喃注音和汉字反切中出现的讹误进行考究和订正。可以说，这是陈荆和在越南汉喃字学、音韵学和越南语言学领域研究的又一力作。"原文"部分是《嗣德圣制字学解义歌》的原文影印，兹不赘述。这是迄今为止中国学界整理越南古汉喃辞书的唯一著述。

近年来中国学界也涉足了越南古汉喃辞书相关问题的研究。2014 年，笔者在郑州大学博士学位论文《越南文字发展史研究》论述喃字和喃文著述的章节中，对《指南玉音解义》《三千字解音》《嗣德圣制字学解义歌》《大南国语》等几部重要的越南汉喃辞书的成书背景、体例、内容进行初步考究，认为以字喃解汉字音义，而且不少辞书是以越南传统的腰脚韵进行编排，是古代越南汉喃辞书的重要特点。2015 年，郑阿财《从敦煌文献看日用字书在东亚汉字文化圈的容受——以越南〈指南玉音解义〉为中心》发表于《中国俗文化研究》第 1 期，对中越辞书关系进行了论述。温敏《越南汉喃双语辞书研究价值初探——以〈指南玉音解义〉为中心》，将《指南玉音

---

① 陈荆和：《〈嗣德圣制字学解义歌〉译注》，香港：香港中文大学出版社，1971年，第 17 页。

解义》与《大南国语》进行对比考究，指出此类汉喃辞书是研究汉字与喃字差异、汉越语、汉越文化交融的优质语料。[①]

除了上述汉喃古辞书领域之外，中国学界还在越南喃文古籍名著研究方面取得了若干值得关注的成果。

1959 年，黄轶球译介阮攸的《金云翘传》由人民文学出版社出版。全书包括"序言""金云翘上篇""金云翘下篇""注释"和"译后记"五部分。在上下篇译文中，黄轶球将阮攸 3254 句喃文六八体长诗稍作整合，译介为 3252 句汉文诗，按叙述情节演进，划分为上下两篇，每篇 6 卷，凡 12 卷。黄氏在"注释"部分也分别对 12 卷中每句或有涉及的历史人物、成语典故、缀文用字、修辞手法等，一一注释厘清，用功不可谓不深。黄氏在注释中提及："……译者在进行翻译时，粗略地订出了下面的体例：首先，是将'字喃体'原有的汉文词句，尽量作到保持原样（例如原诗'梅骨骼，雪精神'、'霜印面，雪披身'等句）。"[②]此外，黄氏在《越南诗人阮攸和他的杰作〈金云翘传〉》中，分析越南传统六八诗体之韵律时，所引例句又为国语拉丁文。这说明，黄轶球对喃字和国语拉丁字均有较深厚的功底，他或许是以两种文字版本的《金云翘传》作为底本，将其译介为汉文诗歌的。在"译后记"中，黄氏对阮攸及其作品的相关情况进行了综合性考究。[③]

黄氏译作的"序言"乃由时任越中友好协会会长裴杞所作。裴氏出身于越南旧社会科榜世家，从小受到良好的儒学熏陶，及长又曾游学法国，精通汉文、喃文、国语拉丁文和法文。裴氏对阮攸《金云翘转》的关注与研究是长期性的。他不但撰有独著《〈翘传〉略考略注》和合著《〈翠翘传〉校考》，而且曾分别于 1927 年在《南风》杂志第 120 期和第 121 期，发表了

---

① 参见何华珍、〔越〕阮俊强主编：《东亚汉籍与越南汉喃古辞书研究》，北京：中国社会科学出版社，2017 年，第 117—124 页。

②〔越〕阮攸著、黄轶球译：《金云翘传·译后记》，北京：人民文学出版社，1959年，第 161 页。

③ 笔者按：译作中的"译后记"比较简短，未能完全体现译者的意图。其实，在译作出版之际，黄轶球还曾撰文《越南诗人阮攸和他的杰作〈金云翘传〉》，就"阮攸的生平、时代和著作"《金云翘传》写作经过和渊源"《金云翘传》的结构"作品的进步意义和艺术成就"四个方面进行了综合而详细阐述和剖析。这或可视为黄氏译作完整版的"译后记"。参见黄轶球：《越南诗人阮攸和他的杰作〈金云翘传〉》，载《华南师范学院学报（社会科学）》，1958 年第 2 期。

《追悼仙田公》和《悼翠翘文》两篇文章。据传，他还曾尝试将阮攸的喃文《金云翘传》译介为汉文。由此可见，裴杞完全可以称得上是译介和研究阮攸《金云翘传》的资深专家学者。他认为："阮攸《翘传》取材于中国小说，黄先生作品，从越文译出，中而越，越而中，正如人体之动静脉，循环不息，一气沟通，感得两民族文字有密切大因缘，而两国友谊，正有俞入俞深俞结俞牢大意义。"①裴杞对中越文学关系，尤其是黄轶球译作的积极与正面评价，是实事求是和恰如其分的。

黄轶球及其所译介阮攸的《金云翘传》，引起国内外学界的关注，但这也仅是人们了解他研究越南文学相关问题的一个侧面而已。其实黄氏对越南文学的研究并非仅止于此。他还译介和注释了越南后黎朝著名诗人阮嘉诏②的诗歌《宫怨吟曲》。该译作并未附有能反映翻译底本的"译后语"或"后记"，但从注释所引用的例句"Dúng tay thùnh chàm""Giết nhau bằng Cái lưu - cầu""Ngọn tâm hỏa đốt râu nét liễu"和"Muốn kêu một tiếng…"等来看③，黄氏译介《宫怨吟曲》的底本很可能并非喃文版，而是已经被越南学者译介为国语拉丁字版本。如果这属实，那么黄轶球对越南喃字和国语拉丁字的精通程度，令人叹为观止。黄氏不仅译介了阮嘉韶的《宫怨吟曲》，而且还著有《越南古典名著〈宫怨吟曲〉的研究》《〈宫怨吟曲〉及其作者阮嘉诏》两篇文章。其中，前者对《宫怨吟曲》的作者与时代、社会意义与艺术成就进行了深入考究；后者则是对阮嘉韶及其作品的简约介绍。

黄轶球还著有《越南爱国诗人阮廷炤的贡献及其影响》，对作者生平及其时代、思想、文学创作（上/下），进行了颇为详尽的考究，并在此基础上进行评价。熟知越南文学者都知道，阮廷炤是越南阮朝末年著名诗人，以喃文诗歌《蓼云仙传》留名越南文坛。详细考究越南著名诗人及其作品，是黄氏从事译介和研究的显著风格。以此观之，黄氏或已译介过该作品，之所以寂寂无闻，有可能是"由于各种各样的原因，特别是'文革'的浩劫，黄先

---

① 〔越〕阮攸著、黄轶球译：《金云翘传·序言》，北京：人民文学出版社，1959年，第 1 页。

② 笔者按：黄轶球著述中用的是"阮嘉诏"，但据汉喃研究院书库查询信息，则应是"阮嘉韶"。基于尊重作者和原文，笔者对黄氏所用"诏"字不作订正，一仍其旧。

③ 徐亮、王一洲、王李英编注：《黄轶球著译选集》，广州：暨南大学出版社，2004 年，第 400 页。

生的著作、译作、诗作散佚很多"①的缘故吧！此外，黄氏还著有《越南古典名著成书渊源》《越南汉诗的渊源、发展与成就》《越南汉诗的卓越成就》《越南文学发展概述》《越南汉诗略》《越南赋联选辑》等有关越南文学或中越文学关系领域的著述。2004 年，《黄轶球著译选集》的出版，为学界深入了解他对译介越南喃文名著及相关考究，以及对中越文学关系研究领域的成就，提供了较全面的视角。

除了黄轶球之外，21 世纪以来，罗长山、祁广谋和赵玉兰也分别于2006 年、2013 年和 2015 年用汉文译介出版了阮攸的《金云翘传》。除了译文和原文之外，他们都对阮攸及其作品进行了相应的考究，并在此基础上就中越两国文学和语言文化等方面的关系进行了不同程度的阐发。2010 年，刘志强编著的《越南古典文学：四大名著》由世界图书出版公司出版。该著作包括"'四大名著'论"和"'四大名著'录"两大部分。第一部分包括《论〈金云翘传〉》《论〈宫怨吟曲〉》《论〈征妇吟〉》和《论〈花笺传〉》。第二部分是上述四本越南古典诗文的附录。上述学者的相关研究，倾注了大量的心血，在中越学界也引起了一定的反响。但稍显遗憾的是，从著述的附录来看，他们或从越南国语拉丁文版而非喃文版的作品进行译介和考究。2018 年，刘志强《越南古典文学名著研究》由商务印书馆出版，对阮辉似的《花笺传》、阮嘉韶的《宫怨吟》、邓成琨的《征妇吟》、阮廷炤的《蓼云仙》和阮攸的《金云翘传》五部越南古典文学名著进行研究。该著作对越南古典文学名著产生的历史背景、产生、发展与繁荣、顶峰与衰落进行综合考论，并从民族认可和民族文化认同、共性与差异、世界文学和比较文学等视角，论述相关议题。

此外，诸如美国、法国、日本、俄罗斯、韩国、匈牙利和蒙古等国家的学者，或旅居这些国家的越裔学者，也译介了阮攸的《金云翘传》。由于资料比较缺乏，语言能力有限，且力有不逮，不能进行梳理和述评。

（五）汉喃乡约的考究

越南汉喃乡约的相关情况，前文第四章"喃文献的类型"之"喃文乡

---

① 饶芃子：《序》，载徐亮、王一洲、王李英编注《黄轶球著译选集》，广州：暨南大学出版社，2004 年，第 1 页。

约"部分已有阐述，不再赘述。但需要指出的是，不管是按传统的角度或现代学术视角来看，越南的汉文乡约和喃文乡约都是以一个整体的面貌出现在人们的视野中的。因此，我们也按照总体性的原则，对越南国内外学界的相关考究进行梳理和论述。

从 20 世纪 90 年代以来，有些越南学者对地域性的汉喃乡约进行了初步的整理和译介为越南国语拉丁文，并进行不同程度的考究。阮佐尼（Nguyễn Tá Nhí）是其中比较具有代表性的学者。他陆续独自或合作整理、译介和考究了《河西古乡约》《兴安古乡约》《慕泽社旧券》《升龙-河内文献资料：乡约俗例选集》等。此外，还有武光重（Võ Quang Trọng）和范琼芳（Phạm Quỳnh Phương）的《河静乡约》，宁曰交（Ninh Viết Giao）的《乂安乡约》，越南民间文化研究院的《清化乡约》，阮清（Nguyễn Thanh）的《太平乡约》和张士雄（Trương Sĩ Hùng）的《河内乡约》（2 册）等等。

越南学界对汉喃乡约的研究成果丰硕。比较有代表性的越南学者及研究成果有：裴春酊（Bùi Xuân Đính）较早对汉喃乡约进行了研究。1985 年，他在《乡例国法》中就汉喃乡例的来源、内容、形成过程及其法理价值等进行了梳理和阐述，指出封建时期乡例与王法之间的关系与异同，及其社会影响，进而探究乡例与现代越南法律系统之间的相互联系。[1]1998 年，裴氏又在《乡约与村社治理》中，对越南北部若干村社乡约内容及其村社治理情况进行再探讨，指出乡约在村社管理中的重要作用，分析村社与国家，乡约与法律之间的关系与异同。[2]2006 年，丁克顺（Đinh Khắc Thuân）在《越南村社古传俗例》中，对越南北部 18 个省市的俗例、券约、簿例、券例等 83 份汉喃乡约文本进行了较系统的研究与分析，指出越南人村社传统乡约的内容、版本与价值。[3]2010 年，武维绵（Vũ Duy Miền）在《北部平原村社古乡约》中，就越南乡约的相关术语、版本形式、渊源、出现的条件，以及越南北部平原村社古乡约的内容进行了综合梳理；在此基础上，探讨儒家思想

---

① Bùi Xuân Đính, *Lệ làng phép nước*, Hà Nội: Nhà xuất bản Pháp lý, 1985.

② Bùi Xuân Đính, *Lệ làng phép nước*, Hà Nội: Nhà xuất bản Pháp lý, 1985.

③ Đinh Khắc Thuân, *Tục lệ Cổ truyền Làng xã Việt Nam*, Hà Nội: Nhà xuất bản Khoa học xã hội, 2006.

在乡约中的教化作用，及其对村社民众生活的影响。①2016 年，丁氏垂轩（Đinh Thị Thùy Hiên）在《1945 年之前的河内-升龙乡约》中，对河内/升龙的传统汉喃乡约，法国殖民者倡导的改良乡政、乡约等进行研究，以窥探各时期的社会生活情况，以及这些乡约的史料价值。②可见，他们主要对越南北部诸地域的汉喃乡约进行针对性的梳理，强调它在越南文化的特殊价值和对现代村社治理的借鉴意义。

由于接触汉喃乡约有一定难度，加之释读文本，需同时通晓喃字与越南语。这使得除越南学界之外的各国学者鲜有这方面的研究成果。中国学者或以中文在中国学术期刊发表的研究成果可谓凤毛麟角。2002 年，王小盾在《越南汉喃文献目录提要》的序言中，就越南汉喃文献进行了高屋建瓴的述评；其中，有部分内容简要论及汉喃乡约的分类与性质。③2007 年，朱鸿林在《20 世纪初越南北宁省的村社俗例》中，对北宁省内圆总 8 个村社的汉喃乡约、俗例的起源和制定意义、内容、职役名称和人数、村社管理差异、民俗、道德和治安等相关问题进行研究，以窥探越南北部特定区域的民俗和社会状况。④2014 年，梁茂华郑州大学博士学位论文《越南文字发展史研究》在论述"字喃与越南乡约"中，进行了若干梳理和考究，认为封建史上越南订立汉喃乡约是非常普遍的，对维系乡社活动秩序、规范道德行为和风俗习惯等方面发挥着至关重要的作用。⑤2015 年，越南学者武维绵、阮友心在中国发表《十九世纪末二十世纪初越南北部三角洲村社组织管理中的乡约》，梳理和介绍了越南学界关于乡约的研究史、乡约形成的基础和相关术语，以及乡约对村社管理的作用与价值等方面的情况。⑥此外，还有些中国

---

① Vũ Duy Mền, *Hương ước Cổ Làng xã Đồng bằng Bắc bộ*, Hà Nội: Nhà xuất bản Chính trị Quốc gia, 2010.

② Đinh Thị Thùy Hiên, *Hương ước Thăng Long - Hà Nội trước năm 1945*, Hà Nội: Nhà xuất bản đại học Quốc gia Hà Nội, 2016.

③ 刘春银、王小盾、陈义主编：《越南汉喃文献目录提要·王序》，台北："中央研究院"中国文哲研究所编印，2002 年，第 xvi—xvii 页。

④ 朱鸿林：《20 世纪初越南北宁省的村社俗例》，载《广西民族大学学报（哲学社会科学版）》，2007 年第 5 期。

⑤ 参见梁茂华：《越南文字发展史研究》，郑州大学博士学位论文，2014 年，第 203—206 页。

⑥〔越〕武维绵、阮友心：《十九世纪末二十世纪初越南北部三角洲村社组织管理中的乡约》，载《地方文化研究》，2016 年第 3 期。

学者和越南在华留学生的研究成果偶有涉及越南乡约的某些问题，但并非是对汉喃乡约的专门研究。

除了中越两国学界之外，日本学界也对越南汉喃乡约进行了一些研究。1992 年，嶋尾稔在庆应义塾大学语言文化研究所的会议纪要中登载《植民地期北部ベトナム村落における秩序再編について--郷約再編の一事例の検討》，讨论了法国殖民当局利用和改良越南传统汉喃乡约，加强对越南北部地区村社进行统治和管理的相关问题。[①]2000 年，嶋尾稔又在庆应义塾大学语言文化研究所的会议纪要中登载《黎朝期北部ベトナムの郷約再編に関する一史料》，进一步探讨了越南对后黎朝时期汉喃乡约相关史料和再编的相关问题。[②]其他诸如重久（岩井）美佐纪、宫沢千寻、比留间洋一等，也在该领域有不同程度的研究，但侧重点在于越南的改良乡约，只有部分内容涉及汉喃乡约问题。

上述研究成果表明，学界的研究主要集中于以下几个方面：第一，汉喃乡约文本的整理与研究。第二，汉喃乡约的形成史及其文化价值与作用。第三，传统汉喃乡约对越南现代法制、乡村治理的借鉴与启示。越南学者在这方面的研究成果丰硕，但多针对特定地域的汉喃乡约进行考究，未能完全体现汉喃乡约的全貌与特点，更缺乏从中越历史文化关系，尤其是思想史和文化史的角度进行研究。汉喃乡约是儒家思想浸润古代越南村社，并深度在地化的必然结果与生动体现。村社文化与士大夫上层文化的结合，构成越南封建时期民族文化的主体。汉喃乡约具有特殊的史料价值和学术价值。对其进行深入挖掘和研究，非常有助于人们加深理解越南民族文化特征，民族性格和群体价值意识，以及中越两国思想文化关系史，尤其是儒家思想学说在越南传播、发展和在地化的情况。

---

① 〔日〕嶋尾稔:《植民地期北部ベトナム村落における秩序再編について--郷約再編の一事例の検討》, 载《庆应义塾大学语言文化研究所纪要（第 24 号）》, 1992 年。

② 〔日〕嶋尾稔:《黎朝期北部ベトナムの郷約再編に関する一史料》, 载《庆应义塾大学语言文化研究所纪要（第 32 号）》, 2000 年。

第八章　喃字和喃文献传承的困境与机遇

　　喃字和喃文献是越南历史文化的重要组成部分，是越南民族的精神智慧结晶，具有比较独特的民族文化价值。它们的传承不仅关乎越南的民族文脉和文明，而且还对越南民族的历史、文化、文学和传统等诸多方面有非常重要的影响。

　　喃字和喃文献有其自身独特的社会功能。从时间与空间的双重维度来看，它们是历史上越南语的书写文字和本民族文化叙述的重要载体。越南越族在其生活的诸多领域中，曾经使用的喃字及流传下来的喃文献，具有其显著的社会功能。喃字和喃文献既是越族过往的重要交流工具，也是越族思想和思维特点的重要体现形式。由于历史的演变，不同民族的发展程度及其他内外因素的影响，文字和文献的社会功能也随之扩大或缩小。就这点而言，越南越族喃字和喃文献的社会功能概莫能外。可以说，喃字和喃文献的传承，是越南民族传统文化与文明赓续发展的重要议题。除了文字和文献层面的针对性工作之外，需要发挥它们的社会功能和价值功能，才能更好地达到传承的初衷，取得更好的成效。

　　从前文诸章节的论述可知，越南学界对喃字相关问题的研究，对喃文献的收集、分类、管理、保护、整理和考究等，不但是专门的基础性工作或研究，而且也是传承的重要举措和体现。但这也仅仅是万里长征的第一步而已。因为众所周知，任何一种文字及其所承载的文献，如果能够传承下去，除了其本身所具备的文化价值和基本条件之外，向社会民众普及，并使之生根发芽，才是行之有效的根本之道。总体而言，越南为了传承喃字与喃文献，付出了诸多不懈的努力，取得了有目共睹的成效。就目前和今后可以预见的时间而言，越南喃字及喃文献的传承，面临的困境与机遇并存。

一、喃字的使用及文化价值

喃字自从创制出来之后，较快走向成熟，并在越南历史长河中被越南人长期使用于社会生活的诸多领域。

（一）喃字的主要使用领域

我们在第二章论述"喃字的概念"时，指出喃字是记录越南越族口头语言的文字，表音或标记越南语口头语言的读音，是其最基本的文字属性。这种属性与创制初衷，决定了喃字的使用必须与越南语紧密交融。这也就决定了喃字主要更多地使用于越南儒学、民间文化、宗教信仰、文学艺术等领域。

在儒学领域，喃字得到一定程度的使用。后黎朝末年，《诗经》被译成喃文，并在永盛十年（1714 年）刊印，名曰《诗经解音》。阮朝明命十七年（1836 年）多闻堂刻印了裴辉璧（1744—1818 年）编撰的喃文《五经节要演义》，其中包括《诗经大全节要演义》《书经大全节要演义》《易经大全节要》等等。此外，《论语释义歌》《中庸演歌》等也是阮朝时期喃文翻译的儒家经典。

越南民间文化是喃字使用比较广泛的领域。诸如家谱、族谱、村俗、乡约、功德铭文、遗书、祭文、符咒、神符、庙会活动和演唱文本等，虽然大多用汉字写成，但也有不少文本是用喃字书写的。戏曲演唱是一种民间文化生活的重要组成部分，起初以口口相传为主。喃字盛行之后，越南文墨之士在口口相传的戏曲或歌谣的基础上，用喃字进行再加工或创作。当唱词从口头文学变成书面文学时，这种演唱艺术传播的纵深维度得到了巨大的拓展。比如《𧵑军新传》《月花问答》《国风诗集合採》《南风解嘲》和《里巷歌谣》等即属于此等类型。它们在越南历代民间的表演、刻印和传抄中，保留至今，成为越南民间文化的生动体现之一。在汉文文书中，也偶有杂糅喃字或喃文句子的情况；尤其是在人名、地名、方物等领域，喃字的使用更为频繁。此外，民间还有全文采用喃文书写的习惯。比如越南传统的村规民约，使用喃文书写的情况就比较普遍。关于这一点，前文已有论及，不再赘述。

风水占相也是越南民间文化的重要组成部分。与此相关的典籍也常用喃文来撰写。例如：《左泑真传遗书》以七言喃文写成，主要谈及房屋建造、朝向、房基和房梁等风水之术。左泑先生是越南历史上的风水大师，与其相关的风水喃文或汉文喃文混合使用的典籍还有《本国左泑先生地理立成歌》《左泑真传地理》《地理左泑遗书真传正法》《地理左泑家传》等。《乂安省开册》收录 41 篇喃文文章，内容主要涉及田地、风雨、星月、鸟禽相关法术及风俗习惯和民间传说等等。它是乂安当地村社的职敕人员[①]对一百个关于民间文化信仰的问题进行调查的结果。《占相法国语歌》是"阴阳五行"占相著作，全书以汉文为主，但也有喃文杂糅其间。

喃字在宗教领域的使用，令人印象深刻。不管是传教士积极主动履行宗教传播的所谓神圣使命，还是统治阶层和精英分子传播某种宗教、信仰或理念以训化民众，加强和巩固统治的需要，抑或是普通民众出于精神寄托而主动追求宗教信仰，都必须以通俗易懂的本土语言作为交流工具，才能最快和最大限度地传播宗教教义、教理或某种心灵信仰，从而达到皈依信众的目的。

在越南的宗教领域里，喃字与佛教的关系最为悠久。越南佛教最早作品《佛说大报父母恩重经》是汉文佛经，但越南僧人在经卷中用喃文对其进行注音，可视为汉喃二元一体的作品。据越南学者考证认为，《佛说大报父母恩重经》"很有可能在唐宋之前流传至越南和中国周边其他国家"[②]。这表明，历史上越南僧侣既通过阅读原汉文佛典参悟佛法，又在此过程中通过喃文来标注当时的越南语，使之符合越南人的思维表述习惯。这种汉越融合方式，既利于佛教在越南的在地化，也有利于喃字获得更多的纵深发展空间。其最终目的在于传播佛教和皈依信众。喃字在传播信仰和诵读经卷方面起到了独特的作用。比如：惠静编撰的《课虚录解义》、惠灯和尚的《陈朝禅宗指南传心国语行》(又称《禅宗本行》)、福田和尚编撰的《课虚录解音》等均是喃文佛典。诸如《古珠法云佛本行语录》《护法论》《李相公剖事明司》《出家沙弥国音十戒》和《西方公据节要演音》等，则是由越南禅师从汉文翻译为喃文的佛典。

---

① 笔者按：职敕人员是越南旧农村受封人员之称。

② Nguyễn Quang Hồng, *Khái luận văn tự học chữ Nôm*, Hồ Chí Minh: Nhà xuất bản Giáo dục, 2008, tr.128.

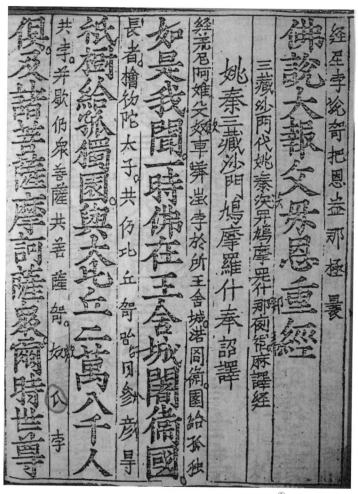

图 8-1 《佛说大报父母恩重经》书影①

　　道教传入越南后，也有不少典籍是用喃文来书写的。《阴骘文解音》由杜玙用喃文采用双七六八诗体写成，深刻体现了道教在越南深度在地化的情况。《太上感应篇解音》和《太上感应篇诵式》也是用喃文写就，而刻于保大六年（1931 年）的《关帝明圣真经演义附音国语》则是汉字、喃字及国语拉丁字三元一体的道教典籍，体现了 20 世纪 30 年代越南复杂的文字使用和交融情况。

　　道教还有"降笔"等仪式。所谓降笔，即降箕，乃旧时民众求神问卜的一种巫术；施术者扶乩在碎米、沙盘或纸上画写成文字，以示神灵降旨。宋

朝储泳《祛疑说》曰："降笔之法甚多，封书降笔者最异，其封愈多而牢，其拆愈易而疾，惑而信者多矣。"①

降笔的含义后来有了新的发展，用以专指道教神灵/圣人对世人的旨意。元末明初陶宗仪所撰《辍耕录》有云："江南初内附，民间盛传武当山真武降笔，书长短句曰《西江月》者，锓刻於梓。"②清朝东轩主人在《述异记·笔录不虔之报》则曰："忽一日降笔云：子仙骨已成，某月某日，视楼际红云至，即可飞升矣。"可见，民众希望通过道教诸位神灵"降笔"文字的形式，得到庇护和心灵的抚慰。

越南的"降笔"文主要由喃文写成，有时汉喃混合并用，有时则纯用喃文，越是晚近的"降笔"，喃文使用的比例越大。越南道教神灵包括中国神灵和越南本土神灵，甚至圣母也位列这种体系之中。据越南学者阮春面（Nguyễn Xuân Diện）考察，"汉字的降笔文多供奉中国神灵，或是儒学之士，或是以守义闻名者。而反之喃字降笔，多供奉越南神灵，或为圣母，或为广大平民阶层特别是妇女……，喃文降笔文的长度总是长于汉文。"③

在诸如祭祀祖先或亲尊、赞颂城隍、吊丧、祷告或招魂等领域，喃字的使用不仅比较广泛，而且形式丰富多样。据越南学者考证，越南民间供奉1242位神灵。其中仅有142为神灵的称谓用喃字写成，但不少情况下，这些称谓是以二元一体的形式存在的——它们既有喃字固定称谓，又有汉字称谓。如在北宁省裴江流域供奉的Lừng，Lẫy二位神祇的汉字称谓是"麦"和"礼"，喃字称谓则是"唛唎"或"𣈖礼"。④

16世纪以降，西方传教士到越南传播天主教。他们逐步以拉丁字母创制了越南国语字，但在此过程中，他们也非常重视喃字。1646年，意大利传教士梅乌移歌用喃文撰写了篇幅长达几千页的《各圣传》和《天主圣教启蒙》等著作。即便到20世纪中期，越南天主教教徒在使用国语字的同时，也还继续使用喃字。根据陈庆浩与蓝莉（Isabelle Landry-Deron）编辑的

---

① 〔宋〕储泳：《祛疑说》，载《钦定四库全书·子部》。

② 〔元〕陶宗仪：《辍耕录》卷二十六《武当山降笔》，载《钦定四库全书·子部》。

③ Nguyễn Xuân Diện, "Văn thơ Nôm giáng bút với việc kêu gọi lòng yêu nước và chấn hưng văn hóa dân tộc cuối thế kỷ XIX đầu thế kỷ XX", *Nghiên cứu chữ Nôm*, Hà Nội: Nhà xuất bản Khoa học Xã hội, 2006, tr.228.

④ Nguyễn Thị Trang, *Bước đầu tìm hiểu hệ thống chữ Nôm ghi tên hiệu các vị thần thành hoàng làng*, Hà Nội: Nhà xuất bản Khoa học Xã hội, 2006, tr.238.

《巴黎乘差会所藏汉喃书籍目录》[①]显示，在法国亚洲乘差会书库（Fonds à la Bibliothèque asiatique des Missions Étrangères）可以找到诸如《真道要理》《会同四教》《冊引塘仔道》《冊吪役几講沛濫魎渃亞南》《冊講事傷庫德主支秋》《冊縿吏仍傳讖傳龝》和《冊察命恒㗂》等 108 份汉喃材料，其中至少有 70 份是用喃文写成的材料；另还有几十份材料由喃字、汉字、法文和国语字杂糅其中写成。有趣的是，这些喃文宗教书籍，有些是在香港、澳门和上海等中国内地相关出版社或印书馆出版的。这也体现了，那个历史阶段中，西方宗教在越南传播时与中国内地保持着非常密切的互动联系。

此外，在医药、历史、辞书、村规民约、教育、文学、艺术、政治与国家行政等诸多领域中，也有不同程度的使用。例如：《治痘症国语歌》《伤寒国语歌》《家传治病用药歌》和《食物本草》等医书是用喃文撰写的。莫朝的《越史演音》，后黎朝的《天南明鉴》《天南语录外纪》和阮朝的《大南国史演歌》，则是演绎越南历史的喃文史书。在教育领域，《字学解义歌》《千字文解音》《南方名物备考》属于字学辞书；《教子赋》《家训歌》《训子女歌》《训俗国音歌》《训子国音歌》《劝孝演音歌》和《训女演歌》等等，则属于伦理启蒙喃文典籍。

在政治与国家行政领域中，由于汉字高居正统之位，喃字和喃文的使用无法与之争锋。但即便如此，在某些历史阶段和场域中，喃字和喃文也得到了一定程度的使用。早在陈朝陈艺宗时代，权臣胡季犛（1337—1407 年）不但用喃文释译《尚书·无逸篇》教官家和皇帝学习，而且还作《国语诗义》，让后妃和宫人学习。他极力推行喃字，将多部儒家典籍翻译成字喃，还撰写了若干喃文给王室成员学习。据传，后黎朝开国之君黎利登基之后，曾以喃文草拟了两篇共誓文——《与黎来共誓文》和《与将士共誓文》。前者要世代铭记黎来献身救主的功德；后者呼吁诸功臣将士要"朱固和睦朱喈号令朱嚴扴法和夕役天下底功名闉芃食禄千鍾"（意为：和睦，听令，严法，做天下事，留千古名，食禄千钟）。[②]后黎朝后期，爆发了"西山起

---

① 陈庆浩、伊莎贝尔·兰德里·德隆：《巴黎乘差会所藏汉喃书籍目录》，巴黎：亚洲教会，2004 年。

② 转引自〔越〕Nguyễn Quang Hồng, *Khái luận văn tự học chữ Nôm*, Hồ Chí Minh: Nhà xuất bản giáo dục, 2008, tr.418.

义"。阮惠在给罗山夫子阮浃询问回乂安择地立都之事的信函，就是用喃文写成的；该信落款日期为泰德十一年六月初一（1788 年 7 月 4 日）。[1]

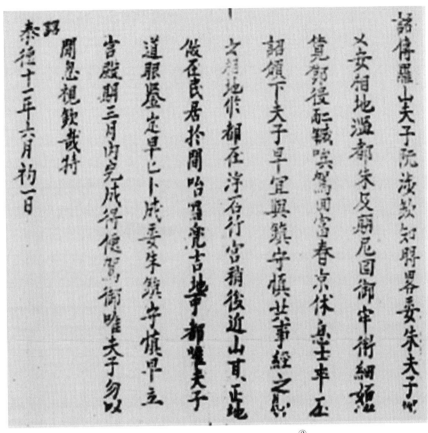

图 8-2　阮惠寄阮浃书信书影[2]

吴颖将阮朝《皇越律例》中的 398 条律例翻译成了双七六八体喃文，并冠名曰《皇越律例撮要演歌》。法属时期，北圻法院颁行的《民律》和《刑律》分别被喃译成《北圻民律新刊》和《皇越增刊新律》。法律条文不仅要表述准确，而且还要使民众容易了解和领会。这或许就是法国殖民当局将两部法律译成喃文公布于世的重要动机之一。可见，即便在法国殖民者强力推

① 转引自〔越〕Nguyễn Quang Hồng, *Khái luận văn tự học chữ Nôm*, Hồ Chí Minh: Nhà xuất bản Giáo dục, 2008, tr.418.

② 转引自〔越〕Nguyễn Quang Hồng, *Khái luận văn tự học chữ Nôm*, Hồ Chí Minh: Nhà xuất bản Giáo dục, 2008, tr.420.

行国语字和企图逐步过渡到法文的阶段，喃字和喃文在当时越南的社会生活中仍发挥着它们独特的作用。此外，法属时期，殖民当局的某些行政管理文书也是国语字和喃字兼而用之。例如，1938 年越南北宁的"縀開生"- Giấy khai sinh（出生证）的相关信息栏中，既用国语拉丁字书写，也在其下用喃文书写。这看似与法国在越南推行国语拉丁字，并逐步过渡到法文的相关政策有矛盾，但实际上是因为喃字仍有较广泛的社会基础，在某种程度上使用喃字，更加有利于当局加强殖民统治。也正因如此，法属时期，殖民当局在越南实行文字多元并存的基础上，通过行政、文教系统，逐步排斥汉字和喃字。其终极目的是将法语和法文变成越南的官方通用语言和文字。

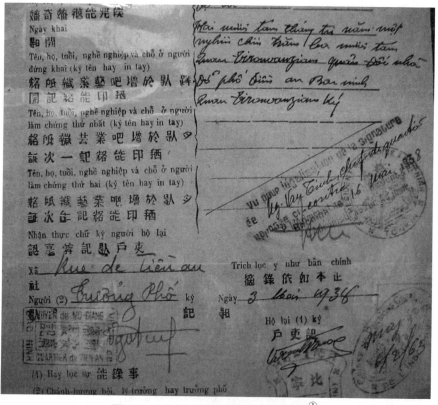

图 8-3　1938 年越南北宁省出生证[①]

越南文字鼎革之后的几十年时间里，喃字在越南的使用出现了断崖式的衰减。21 世纪以来，科学技术迅猛发展，各种计算机应用软件如雨后春笋

---

① 图片来源：https://wikimedioc.com/album/Documents%20of%20French%20Hanoi.

般出现，为传统文化的新生与复兴提供了新的契机。目前，越南学界与国内外科研机构已在喃文字库、汉喃文字输入法的开发与应用方面取得了积极的进展。汉喃学专家和爱好者可以在电脑或手机上，通过这些软件输出喃字或撰写汉喃文章。这为新时期延续喃字的使用奠定了坚实的技术基础和可供选项。但应该客观看到，国语拉丁字是目前越南语最科学、最便利和最有效的书写文字，在现阶段或可预见的将来，越南并不存在大范围恢复使用汉喃文字的社会需求、社会心理和大众认可基础。

综上可见，喃字在越南古代和近代的不少领域中，得到了不同程度的使用，为越南留下了诸多宝贵的历史文化遗产。可以说喃字的使用和喃文书的留存，不但为后世的人们了解和研究越南相关历史时期的问题提供了宝贵的资料，而且也是人们探究它们在越南文化体系中所蕴含的价值提供了独特的视角和直接的依据。

（二）喃字的文化价值

文字的重要价值是对空间的延展和对时间的跨越。文字和文献，不但能解决个人的今昔之隔和社会的世代之隔，而且还能解决空间的束缚，使得语言文化、历史记忆被更好地延续和传承。喃字是一千多年越南本土语言文化与中国语言文化接触和交融的产物，是越南民族集体智慧的结晶。喃字及其作为书写载体的喃文献，在越南历史文化体系和中越文化关系史上具有双重独特的文化价值。这主要体现在以下几个方面。

喃字是越南千年郡县时代汉字和汉语在交趾地区传播，并与本土语言文化深度水乳交融的产物。从文字学的角度来看，喃字是类汉字的"孳乳仿造"文字。它以单体汉字、合体汉字、汉字构字部件及若干辅助符号，结合越南语的具体读音而创制，旨在书写和表达本土越人的语言。喃字是方块形文字，故它们的形体结构，主要分为独体字、部件、笔画和辅助字符/符号四个层次。根据喃字中部件的多少，喃字大致可分为独体字和合体字两大类。其中，独体字只有一个部件；合体字则有多个部件。根据部件之间的方位关系，独体字结构又称为单一结构。合体字结构主要包括但不限于左右结构、上下结构、左中右结构、上中下结构、半包围结构、全包围结构和镶嵌结构等。这既体现了喃字字形结构的特性，又反映了与汉字字形结构的共性。不少喃字是两个汉字组成的合体字，因此总体上喃字比汉字更复杂，笔画也更多。如上下结构的"𡗶（trời）"由"天"和"上"合体组成会意字，字义指的是"天"；上下结构的"𣩂（chết）"由"折"和"死"组成合体形声字。其中，"折"为音符，"死"为意符，字义指的是"死"。文字是一个民族认知习惯和思维范式的重要体现。因此，可以说喃字蕴含着越南民族认知习惯和思维范式的重要文化价值。

从文字功能角度来说，喃字的创制克服了越南语交际在时间和空间上的局限性，延续和扩大了越南语交际的范围。这使得相隔千山万水和不同世代的越南人也可以通过喃字写成的文献/文书相互交际。喃字以书面语的形式更好地记录了越南民族的文化，促进了越南语的发展。喃字创制出来之后，越南人可以把自己的语言记录下来，使越南语有了书面语的存在形式。喃字能促进越南越族人民思维的发展，使得他们不仅通过一发即逝的声音表象思维，而且可以通过喃字进行思维活动。喃字使越南越族的思维有了形体表象，可以在时空中留住，并能够被反复多次地琢磨、加工和锤炼，进而又反哺和推动越南语的发展，使之越来越精密细致。以阮攸喃文《金云翘传》为代表的著作，之所以成为越南古典文学的经典作品，即是喃字与越南语相互交织发展，相互反哺推动，使得两者越来越精密，表达越南民族思维和情感更加细腻和真切的生动写照。喃字的创制还使越南越族文化和文明获得了除汉字之外的又一传承工具与载体。喃字的功能主要包括传递越南民族的信息、实现思维表达和社会交流。越南民族可以通过喃字传递信息、记录知识、表达思想情感，与他人进行交流和沟通。喃字在越南民族文学创作、文化传承、艺术表现形式和历史记载等方面扮演了独特的角色，成为越南越族文化传统的重要标识。

从文字使用的角度来看，喃字曾经是历史上越南语的书写用字。一代又一代越南人的书写与使用，创造了诸多喃文作品，留存了不少喃文献。前文已提及喃字在诸如儒学、民间文化、宗教、医药、历史、辞书、村规民约、教育、文学、艺术、政治与国家行政等领域中，均有不同程度的使用。其中，喃字在越南文学史上取得了瞩目的成就，留下了不朽的丰碑，是越南文化上升的重要体现。越南文坛上诸如《国音诗集》《洪德国音诗集》《金云翘传》《征妇吟曲》《宫怨吟曲》《花笺传》和《春香诗集》等，具有重要影响的文学作品，都是用喃文写就的。除了文学艺术价值之外，这些经典喃文作品还比较典型地体现了越南的民族情感、民族精神、民族思维、民族自信、民族语言特色和民族觉醒等诸多方面的丰富内涵，是世人了解和研究越南相关问题的重要材料和素材。喃字的使用不仅在一定程度上满足了当时越南社会的需要，而且喃文献与汉文献被统称为越南汉喃文献，成为越南民族文化的宝贵遗产，是中越文化水乳交融和深厚联系的生动写照。从中可以清楚体现中国文化在越南广泛传播和深度在地化的若干特征和基本脉络。

从语言学的角度来看，口语交流是人们最重要的交际方式。口语交流是随机发生的，一经说出口，就会消失。因此，在留声机被发明之前，人们无法知道前人口头语言的具体情况。文字在语言的基础上产生。文字有形、音、义三个部分，"形"通过"音"来表达"义"。喃字是越南语的书写用字。它们的字形蕴含的"音"能让人了解越南语的共时和历时情况。某种程度上体现了 10 世纪中叶至 20 世纪中叶越南语的若干特点。例如"𡦂"（ba）是形声喃字，"巴"（ba）为声符，"三"为意符。通过检索喃文书可知，该字读音不管在共时语境还是在历时语境，均相当稳定。"𤾓"（trăm）也是形声字，"百"为意符，"林"（lâm）为声符。这表明，现代越南语"trăm"的读音与古代越南语有较大区别。它的声母是从[tl]转变为[tʂ]的。又如《佛说大报父母恩重经》由汉语写成，但每行汉字旁边均有对应的喃字注音。据越南学者阮光红的研究，其中带"阿"的喃字一般表示*[ʔŋ-]、*[ʔl-]、*[ʔr-]和*[ʔph]等喃字中的喉塞音*[ʔ-]或喉擦音[h-]；"巴"字表示*[bl-]、*[bj-]和*[bd]中的*[b-]音；"个（亇）、古、巨、車"字用以表示*[kj]、*[kl]（甚至是*[ks-]和*[sl]）、*[kb]中的*[k-]音；"多"字表示*[dm-]/*[db-]中的*[d-]音；"麻"字（简写为"亠"）表示*[ml-]中的*[m-]音；"司"字表示*[ps-]中的*[s-]音。上述情况并非个例，而是比较普遍存在的现象。这表明古代越南语是有复辅音和前缀音的。对此，法国语言学家 A. G. 奥德尼古尔在《越语声调的起源》一文中有系统而精当的论述。

从跨文化的视域来看，喃字是几千年越-汉文化交流的历史产物。具体而言，它是汉字/汉语与越南语接触与交融的结晶。喃字是汉字类型的方块字，它的形体结构、构字部件和造字法几乎与汉字如出一辙，但也有其自身的若干特征。喃字的根本属性是表音文字，但也有表意的功能。借用现成汉字记录越南语的读音最为常见。越南语中的汉语借词或汉字音语素占比约为70%，它们比较完整地保留了中古汉语的语音体系，甚至有些越南语词语还保留了古汉语的读音。至于本土越南语或越南语对周边民族语言的借词，它们读音与汉语差异悬殊，汉字读音无法与之匹配，必须创制新字来与之对应。中外学界一般将这些新创制出来的文字称为自造喃字。喃文书的书写系统包括汉字和自造喃字两部分。由此可见，离开汉字，喃文书就无法书写成文。这充分表明，喃字在中越文化交流史上具有重要的文化价值和学术价值。学界既可以通过深入研究喃字、喃文书和越南语之间的内在关系来窥探越南民族文化的特点，又可以探究中越文化交流的相关问题。总而言之，在国语拉丁字成为越南官方通用文字之前，喃字是越南传统文化的重要载体之一，在越南传统文化体系中具有其独特的价值，是中越文化深厚内在联系的生动体现。

综上，喃字及以其作为文字载体的喃文献，蕴含着诸多层面的历史文化价值，有待国内外学者深入研究和挖掘。它们的价值不会因为越南文字的鼎革而消失或增减，但有被冰封之忧患。越南政府看到了它们的重要性。20世纪80年代，尤其是进入21世纪以来，越南在"革新"事业上不断取得举世瞩目的经济成就，综合国力大幅提升。挖掘、保护和传承民族优秀传统文化，是越南社会主义文化建设和精神文明的重要议题。1998年，越共八大五中全会提出，要挖掘和弘扬传统文化价值，建设先进而富有民族特色的越南文化。自2011年越共十一大以来，越南党和政府对内加强文化建设，对外积极主动塑造和展示越南国家良好形象。越南传统文化蕴含的丰富养分和内涵，更加得到重视。这种理念和政策，将有助于新时代越南喃字和喃文献的传承与发展。

二、喃字与喃文献传承的机遇

1945年以来，越南党和国家历届高级领导人如胡志明、阮文灵和范文同等，均在不同的场合公开发表了要重视越南传统文字和文献的重要讲话或指示。越南历届政府也出台了相关的指导性文件和政策，及其实施细则。文化和科研机构等职能部门，则根据这些精神，开展保护传统文化的具体工作。从目前来看，喃字与喃文献的传承，面临着历史性的机遇。

（一）越南高校汉喃专业与学科的开设

如前所述，1945 年胡志明领导的"八月革命"取得胜利之后，建立了越南民主共和国。同年 9 月，越南民主政府通过《平民学务》敕令，正式宣布越南语国语拉丁文字为全国通用文字。越南民族文化新书写载体的鼎革，并不意味着他们完全抛弃了汉字和喃字。20 世纪 40 年代，越共高级领导人长征便在党报发表的《当前越南新文化运动的若干原则》一文中强调了汉喃文化遗产的重要性。

1965 年，越南开设了传统"汉喃"教育体系，称为"汉学大学班"。1970 年，越南民主共和国社会科学委员会成立了"汉喃工作小组"。当时越南汉喃专家们除了处理汉喃文献资料的相关工作之外，还培训了两届汉喃专修人才。这些都为后来越南汉喃专业与学科的设立与发展打下了初步的基础。1972 年，越南在河内综合大学语文系（今河内国家大学下属社会与人文科学大学文学系），在原来"汉学大学班"的基础上，整合各方师资力量，设置汉喃专业。高春辉（Cao Xuân Huy）、丁家庆（Đinh Gia Khánh）、黄春珥（Hoàng Xuân Nhị）、阮才瑾（Nguyễn Tài Cẩn）、陈庭友（Trần Đình Hượu）、裴维新（Bùi Duy Tân）、阮庭倘（Nguyễn Đình Thảng）、黎文贯（Lê Văn Quán）、丁仲清（Đinh Trọng Thanh）等人成为越南汉喃专业与学科的奠基人。他们大多出生于阮朝末年，受过儒学熏陶，精通汉字和汉文，汉学根基比较深厚。这为汉喃学科专业的发展起到了非常重要的作用。

据不完全统计，目前越南高校中，河内国家大学下属人文与社会科学大学、胡志明市国家大学下属人文与社会科学大学、河内师范大学和顺化大学等，都开设有汉喃专业。其中，河内国家大学下属人文与社会科学大学开设汉喃专业的历史最为悠久，建立了完整的本硕博的培养体系，培养了数量较多的专业人才。该校与汉喃研究院建立了比较密切的合作模式，聘任汉喃研究院的资深学者/研究员做任课老师，乃至硕博导师。

可以说，汉喃专业与学科的开设，为越南喃字与喃文献传承源源不断地培养了急需的人才队伍，是薪火相传之举。此外，越南部分大学和中学也开设了汉语专业。报考汉语专业的学生，必须学习汉字。虽然汉字与喃字，汉语与越南语有诸多区别，但也有很强的关联性。它们是学习和掌握喃字和喃文献的重要前提条件。因为喃文是按照越南语的表述习惯进行释读的，而越南语中约 70% 的词语源于汉语和汉字。掌握了汉语和汉字，就能在汉喃研究中起到事半功倍的效果。

据统计，近些年以来，每年赴华留学生约有 3 万人。除了传统的语言学习之外，他们不少人的学习和研究方向，已扩展到历史、文学、文化、医药和农业等诸多领域。只要条件允许，具有扎实汉字和汉语基础的学生跨界去学习和研究汉喃问题，是有可能的。从公开资料可知，不少赴华的越南留学生，就是以汉喃相关问题作为硕博毕业论文选题的。由此可见，中越两国在教育层面的合作，也为越南汉喃专业与学科的发展提供了新的可能和动力。

（二）越南国内喃字问题研究方兴未艾

越南虽然经历了文字鼎革，但喃字始终是其国内的学术热点问题，研究时间跨越绵长，人才储备雄厚，成果丰硕。兹简要梳理比较有代表性的学者及其相关研究情况。

阮朝嗣德帝堪称越南历史上第一位对喃字进行系统研究的帝王，他编撰的《嗣德圣制字学解义歌》是越南历史上的首部喃字辞书，体现了以他为代表的越南上层人士对喃字规范化的努力。关于这方面的情况，前文已有论及，兹不再赘述。

有阮一代，传统儒士对喃字有各种不同的关注与认知。早在阮朝初年，为阮福映建立阮朝立下汗马功劳的明乡人郑怀德，就有关于喃字的相关认知。他认为越南"原无本国别样文字"，进入郡县时期之后，"国人皆学中国经籍，间有国音乡语，亦取书中文字声音相近者，随类而旁加之。如金类则旁加金，木则加木，语言则加口之类，仿六书法，或假借、会意、谐声，以相认识。"[①]这表明他能从文献学、语言学和文字学的角度，去观察喃字的相关问题。阮朝末年，王维桢用喃字撰写了《清化观风》，大致包括清化省的婚庆习俗、喜迎新年、庆祝丰收、农家杂谈、节气时令、夫妻向善、情歌对唱等诸多领域的内容。王氏著述中并未涉及喃字问题，但在序言中认为：越南自古有自己的蝌蚪形文字，进入郡县时代后，汉字传入交趾，士燮用汉字教授"国人"，导致越南文字被废弃殆尽，但在清化省边远山区的人们仍一

---

① 〔越〕郑怀德撰：《嘉定城通志》，载戴可来、杨保筠校注《岭南摭怪等史料三种》，郑州：中州古籍出版社，1991 年，第 121 页。

直在使用这种古文字。[①]

越南法属时期，范辉琥（Phạm Huy Hồ）就曾于 1917 年在《南风》杂志第 5 期发表题为《我们越南从何时认识汉字的？》的文章，认为喃字在雄王时期就可能已经出现。[②]1932 年，楚狂（Sở Cuồng）在《南风》杂志第 30 期发表的《国音诗文丛谈》上，认为喃字源于士燮统治交州时期。[③]

1945 年至 1975 年期间，即从越南民主共和国成立至越南南北统一阶段，北越地区的学者逐渐掀起了喃字问题研究的热潮。1955 年，阮董之（Nguyễn Đông Chi）在《越南文学史中的文字问题》中，对越南民族各历史阶段的文字使用问题及其在越南文学史中的地位进行考论。其中，用较大篇幅论述了越南喃字的起源和被创制的条件，以及各历史阶段的使用情况。1969 年，陈文玾（Trần Văn Giáp）在《喃字渊源考略》中，集中就喃字的渊源进行考究，认为喃字源于士燮统治交州时期。1971 年和 1972 年，阮才瑾（Nguyễn Tài Cẩn）分别发表《历史语音资料与喃字出现时期问题》和《增补若干有关喃字出现时期的历史语音资料》。在这两篇文章中，作者从历史语音材料切入，分析喃字的起源。1975 年，越南社会科学出版社出版了陶维英（Đào Duy Anh）《喃字：起源、构造和演变》。陶氏根据越南汉喃文献和碑文考证了喃字的起源，运用中国传统六书造字法分析喃字的构形，论述喃字在越南各历史时期的演变过程。

值得一提的是，此一阶段，越南南方也有学者从事喃字问题研究和汉喃人才的培养。1975 年，西贡文化大学[④]出版了宝琴（Bửu Cầm）[⑤]的《喃字研究入门》，就喃字的来源、结构以及优缺点等问题进行了比较简单的梳理。该书是宝琴多年从事汉喃研究与教学的结晶。

1976 年之后，越南学界将喃字问题研究推进到了更加纵深和宽广的维

---

① 参见〔越〕王维桢：《清化观风》，越南汉喃研究院抄本，成泰甲辰年（1904 年）海阳柳文堂新镌，藏书编号 VHv.1370。

② Phạm Huy Hồ, "Việt Nam Ta Biết Chữ Hán Từ Đời Nào", *Nam Phong Tạp Chí*, Số.29, 1919, tr.446.

③ Sở Cuồng, "Quốc âm thi văn tùng thoại", *Nam Phong Tạp Chí tập*, Số.173, 1932, tr.495.

④ 笔者按：西贡文化大学即今日的越南西贡国家大学下属人文与社会科学大学。

⑤ 笔者按："宝琴"的越文全名是"Nguyễn Phúc Bửu Cầm"，汉译应为"阮福宝琴"。他是越南阮氏王朝贵胄绥理王阮福绵寔之后裔。

度。1976 年，阮才瑾与苏联学者 N. V. 斯坦科维奇（N. V. Xtankevcich）合作完成《有关喃字构造的几点意见》系列研究成果，连续刊登于越南《语言》杂志第 2 和第 3 期，从喃字的形态窥探其构字规律。1985 年，越南中学与大学专业出版社出版了阮才瑾《关于喃字的若干问题》一书。阮氏从语音、音韵作为切入点，分析喃字的起源、构字法以及喃字的演变问题。1981 年，越南河内社会科学出版社出版了黎文贯的《喃字研究》，黎氏主要以越南语语音为基础，对喃字进行了研究分析。他们的研究成果和方法均对越南学界产生较大影响。1984 年，黎智远（Lê Trí Viễn）在《汉喃语文教程》中，从喃字的结构与音韵的角度探究汉喃语文的教研问题。1988 年，综合出版社出版了阮圭（Nguyễn Khuê）的《喃字的若干基本问题》。他对前贤时彦的研究成果做了评述，并就喃字的起源、构造与演变等基本问题进行了新的论述，提出了若干新的观点。2003 年，国家大学出版社出版了黎英俊（Lê Anh Tuấn）的《喃字实践》。该著作实为面向汉喃专业学生的教科书，旨在让具备汉文和汉字基础知识的学生学习和了解喃字，进而能读懂喃文古籍。

尤其值得重点关注的是，2008 年（胡志明市）教育出版社出版了阮光红（Nguyễn Quang Hồng）的《喃字文字学概论》。该论著第一章对文字学相关概念及越南传统书写文字系统进行综合梳理；第二章考究喃字的起源及其形成；第三章探讨喃字与汉字的关系；第四章从结构与功能的角度，对喃字造字方式和造字部件，部首功能，喃字的转用与形体特点等进行深入的分析和论证；第五章先从单个文字的微观视角和文字系统的宏观视角考究喃字的内在演变，再论述喃字系统的发展进程；第六章考察了越南历史上社会生活中喃字的使用情况，以及文字改革后现代越南人对喃字的保护传承与使用情怀；第七章是附录，介绍和分析了阮朝末年阮长祚、南城阮居士和阮克瓒等人关于喃字和国语字之外的越南文字方案设想。它是迄今为止，越南学界首部专门从文字学的角度，深度结合语言学和文献学理论，系统研究和考论喃字及相关问题的集大成之作。该著作立论鲜明，逻辑缜密，视野开阔，内容丰富，史料翔实，规模宏大，对喃字相关问题研究的纵深维度，为前贤时彦所难企及。阮光红的成果，不仅在喃字问题研究方面取得了新的理论性突破，而且在国内外学界同行产生了较大的影响。

2016 年，阮氏又在《越南"喃字"研究几大问题的概述》中，对"喃字的起源及成为文字系统的历史时期"，"喃字的内部结构及演变"和"越南语文分期及喃字之社会功能"等进行更为深入的阐述。此外，为了实现喃字的数字化输入，他与团队前后耗时 12 载，孜孜不倦地完成了喃字统一码（Unicode）的编码工作，使得喃字可以像汉字一样能通过电脑进行输入。虽然输入的效果和标准仍有待完善之处，但成果是突破性的。可以说，阮光红在喃字问题研究领域做出了突出的贡献。2017 年，阮光红的代表性研究成果——《喃字文字学概论》，荣获第五届越南"国家科学与技术奖"。时任越南国家主席陈大光（Trần Đại Quang）亲自为获奖者颁奖。

图 8-4　阮光红获"国家科学与技术奖"　　　图 8-5　《喃字文字学概论》封面

继阮光红提出从功能与结构双重角度考究喃字论说之后，其得意门生阮俊强（Nguyễn Tuấn Cường）在这方面展开了进一步的研究。2012 年，河内国家大学出版社出版了阮俊强的《越南喃字结构沿革研究》。阮俊强以越南后黎朝永盛十年（1714 年）刻板《诗经解音》，西山朝中兴五年（1792 年）刻板《诗经解音》，阮朝明命十七年（1836 年）阮堂藏板《五经节要演义》之《诗经大全节要演义》，以及明命十八年（1937 年）多堂藏板《五经节要演义》之《诗经大全节要演义》为研究材料，从喃字文字系统和若干喃字在不同版本之中所体现的结构异同，以及它们的发展沿革，进行了详细考究。此外，该著作后面有 6 个附录。其中，附录 3 对永盛十年（1714 年）刻板《诗经解音》的喃字进行表格化分类并分析它们结构；附录 4 对明命十七年

（1836 年）阮堂藏板《五经节要演义》之《诗经大全节要演义》的喃字进行表格化分类并分析它们的结构；附录 5 则从四个版本《诗经》的 25 篇解音进行列表对比。这对学界加深认知喃字结构的发展变化颇有裨益。

由上可见，越南学界对喃字的研究主要聚焦于喃字的渊源、创制时间、历史演变、字形结构、造字法、文字类型，以及喃字与越南语的历史关联，喃字与越南民族文化关系等层面。

此外，从 1970 年以来，越南学界诸如阮光士（Nguyễn Quang Xỹ）、武文敬（Vũ Văn Kính）、张庭信（Trương Đình Tín）、陈文俭（Trần Văn Kiệm）、黎贵牛（Lê Quý Nguru）、阮光红（Nguyễn Quang Hồng）、王禄（Vương Lộc）等学者和某些文化机构，已编撰了多部/套喃字辞书。其中，阮光红编撰的 2 卷套《喃字字典引解》于 2014 年由越南社会科学出版社出版。它代表了迄今为止喃字字典编撰的最高成就，为保护和弘扬越南传统文化做出了突出的贡献。2022 年 11 月 23 日，阮光红及其所撰的字典荣获越南国家最高奖项之一——"胡志明奖"。

图 8-6 《喃字字典引解》封面

图 8-7　阮光红荣获"胡志明奖"①

除了上述提及的名家及其著述之外，越南社会科学翰林院下属汉喃研究院和史学院，以及河内国家大学下属人文与社会科学大学，胡志明市国家大学下属人文与社会科学大学，河内师范大学和顺化大学汉喃专业的教研团队等，均是越南喃字问题研究的人才集中高地。此外，越南民间也有一定数量的喃字和汉喃问题研究的爱好者或团体组织。

（三）喃字问题研究获越南域外学者关注

喃字不仅是越南学界的热点问题，而且也被世界各国学者所关注和研究。据越南学者陈文理考究，依谢翁（A. Chéon）可能是最早研究喃字的法国学者。他曾编写《字喃讲义》②教法国人学习越南语和喃字。

中国学界对喃字问题的研究呈现出系统研究和零散探究两大特点。其中，对喃字进行系统研究的中国学者当首推韦树关。他几十年如一日，对中

---

① 图片资料引自："Vinh danh 29 công trình giải Hồ Chí Minh và Nhà nước về khoa học công nghệ"，越南快讯官网，2022-11-23, accessed 2022-11-24, https://vnexpress.net/vinh-danh-29-cong-trinh-giai-ho-chi-minh-va-nha-nuoc-ve-khoa-hoc-cong-nghe-4538761.html.

② 〔越〕Đào Duy Anh, *Chữ Nôm - nguồn gốc, cấu tạo, diễn biến*, Hà Nội: Nhà xuất bản Khoa học Xã hội, 1975, tr.9；又见王力：《汉越语研究》，载《岭南学报》，1948 年第 9 卷第 1 期。

国境内广西东兴三岛（沥尾、山心和巫头）京族人的京语（越南语）和喃字进行系统性研究，取得了诸多重要的成果。众所周知，东兴三岛京族人与越南越族（也称"京族"）同宗同源。他们的语言和文字虽然在各自发展历史阶段和实践应用上略有差别，但整体上并无二致。故韦氏对广西东兴三岛京族人京语和喃字的系列研究，基本上可视为是对越南越族语言和喃字的专门研究。

2004 年和 2009 年，广西民族出版社分别出版了韦树关的《汉越语关系词声母系统研究》和《京语研究》。前者是韦氏从历史比较语言学的理论和方法结合中国传统音韵学，就汉语、越南语一万余个关系词的声母系统进行了全面的比较研究，按借入的年代对汉越关系词做历史层次分析；利用汉语历史音韵学研究的新成果，特别是郑张尚芳-潘悟云汉语上古音体系，对汉越关系词中的上古层次做音韵学上的解释；在华南及南亚地区的视域下探讨汉越语关系词声母的来源和演变，并在这个基础上对古代越南语音系做初步的探索。①此外，韦氏在比较越南语与上古汉语时，已略有涉及了诸如疋、羆、隴、僂、龘、桯、聊、罷、粼、輪、爇、皴等越南越族喃字声符读音问题。②《汉越语关系词声母系统研究》为韦氏在其后续的喃字问题研究奠定了坚实的基础。

《京语研究》的研究对象是中国京族的语言——京语。韦氏在其著作的第五章"京族的文字"部分，就喃字的造字法和用字法，喃字的形音义，喃字的性质，中国喃字与越南喃字之比较，中国喃字的使用现状及喃字文献的抢救等问题进行深入考究。③著作附录二"中国京族喃字汇释"由凡例、部首检字表、正文组成。其中，部首检字表和正文喃字释义与词条，一尊《新华字典》体例范式。从文字学的角度看，"中国京族喃字汇释"可视为不折不扣的"喃字字典"。④

2014 年，世界图书出版公司出版了韦树关与颜海云、陈增瑜合作编著

---

① 参见韦树关：《汉越语关系词声母系统研究·中文提要》，南宁：广西民族出版社，2004 年，第 1 页。

② 参见韦树关：《汉越语关系词声母系统研究》，南宁：广西民族出版社，2004 年，第 39、55 页。

③ 韦树关：《京语研究》，南宁：广西民族出版社，2009 年，第 198—284 页。

④ 韦树关：《京语研究》，南宁：广西民族出版社，2009 年，第 465—593 页。

的《中国京语词典》(《詞典唭京中國》)。该词典的内容包括凡例、音节索引、笔画索引、词典正文、参考书目和沥尾京语语音系统六大板块，收录中国京语词目近20000条，主要是京语日常生活用词，也收入了流传在京族民间的喃字手抄本中的一些词语及若干新词术语。他们研究发现："由于中国京语脱离越南语母体已有将近500年的时间，两者之间在语音、词汇、语法、文字等方面都出现了一定程度的差异性。"①难能可贵的是，在研究的过程中，该课题组进行了多年深入细致的田野调查，给每个京语的字/词都标注了国际音标注音。这些读音是他们分别邀请沥尾京族人龚振兴和苏维芳朗读沥尾京语，山心京族人刘振添和阮成豪朗读山心京语，巫头京族人刘国新朗读巫头京语的实际音值。这就最大限度地准确记录和保留了中国京族的语音系统，为今后学界对这种语言的共时和历时相关情况的研究提供了丰富的语料依据。

2023年，广西民族出版社出版了韦树关和苏维芳联合编撰的中国第一部喃字字典——《中国京族喃字字典》。此字典规模宏大，主要包括凡例、音节索引、部首检字表、字典正文、参考文献、附录1沥尾京语音系、附录2资料来源和附录3未见于手抄本的喃字等主要内容。它共收录喃字单字约8000个，每个字均列出字形、国际音标注音、释义、例证、结构、笔画数、部首和类型。值得关注的是，字典中的每个字的例证来源均出自中国京族喃文献的相关篇章。例如："碻"的例证："'祇猷時沛蹺猷，猷挀～蛇～蝰拱挀'（嫁夫随夫应本分，夫入蛇龙穴也跟），语出自《喝者恩》。"②此字典是中国学界关于中国京族喃字研究领域中的里程碑式成果，对今后进一步深入研究中国京族喃字及相关问题，乃至对中国京族喃字与越南越族喃字相关问题的比较研究，具有不言而喻的重要意义。

---

① 韦树关等：《中国京语词典·前言》，广州：世界图书出版广东有限公司，2014年。

② 苏维芳、韦树关：《中国京族喃字字典》，南宁：广西民族出版社，2023年，第473页。

图 8-8 《中国京族喃字字典》封面

图 8-9 《中国京语词典》封面

此外，韦树关还陆续发表了《京族喃字的使用现状及喃字文献的抢救》《中国喃字与越南喃字之比较》《中国喃字与越南喃字的差异》和《喃字对古壮字的影响》等系列文章。其中，后三篇文章已对中国京族喃字与越南越族喃字的相关问题进行了比较研究。他研究得出的初步结论是："古壮字中有一定数量的字在字形、字音、字义及造字符号方面受到越南喃字的影响，这些影响是通过越南古岱字、古侬字作为中介来实现的。"①如果这一论断确凿无误，那么可以说明越南岱族和侬族在越南越族与中国壮族的文化交流中，扮演了桥梁纽带的作用。

值得一提的是，为了保护中国京族濒危语言和古籍文献，广西壮族自治区非物质文化遗产保护中心依托国家相关政策支持和发挥自己的职能角色，在对中国京族喃字及喃文献的收集、保护、整理和出版等方面，取得了一系列的成果。从 2002 年起，该中心组织国内相关专家学者，对中国京族存世的 300 余部喃字古籍抄本进行了收集、翻译和出版，旨在保护和传承中国京族宝贵的文化遗产。相关成果主要体现在以下学者的著述中：

2007 年，陈增瑜主编的《京族喃字史歌集》由民族出版社出版，该书包括"京族史歌""京族哈节唱词""京族传统叙事歌"三部分，均由京族

---

① 韦树关：《喃字对古壮字的影响》，载《民族语文》，2011 年第 1 期。

"喃字"书写记载。2020 年，广西民族出版社出版了陈氏主编的《京族喃字民歌集》。此歌集共 59 首反映京族同胞生产、生活的民歌。

2020 年，广西民族出版社出版了苏维芳与苏凯主编的《京族传统叙事歌集（上下）》。该歌集共收集了《刘平扬礼》《二度梅》《宋珍歌》《金云翘传》《范功菊花》《花笺传》《梁山伯与祝英台》《水晶公主》《柳杏公主》《唐僧西天取经》《石生传》和《贞鼠传》等 26 篇中国京族喃文叙事歌。

2023 年，苏维芳编著的《京族史歌/京族喃字歌集》由广西民族出版社出版，书中包括《沥尾京族简史》《巫头史歌》《山心史歌》等 8 篇史歌。通过这部史歌，世人大致能了解中国京族社会历史文化的演变脉络。

2022 年，广西壮族自治区非物质文化遗产保护中心主编的《京族传统民歌译注》（上中下），由学苑出版社出版。据介绍，从 2002 年起，"他们开始对京族传统民歌进行调查、挖掘、整理和翻译，先后编写了《京族史歌集》、《京族叙事歌》（1—6 集）、《京族古籍总目提要》、《京族古歌》（1—4 集）、

图 8-10 《京族传统民歌译注》（上中下）封面

《京族哈节唱词》等书，共计 150 多万字。"①该民歌译注就是在此基础上进行选取汇编整理，并进一步收集与补充，以结集出版的。其中，上册收录劳动歌 2 首和礼俗歌 7 首；中册收录情歌 5 首；下册收录劝世歌、儿童歌谣、其他类型民歌，以及附录一采访的京族歌手名单和附录二收集的京族传统民歌乐谱。

上述系列学术成果的出版，对中国京族语言文字和传统文献的保护、传承与发展起到了积极的推动作用，为人们了解该民族的传统文化提供了丰富的素材，也为学界今后的相关研究创造了便利的条件。

2023 年，上海交通大学出版社出版了邓应烈和何华珍主编的《越喃汉英四文对照新词典》，可谓是中国学界在越南语言文字研究领域的又一系统性科研成果。该词典是中国第一部"越喃汉英"词典。据词典副主编何华珍介绍，"全书有近 212 万字，收录 6 万多词条"，规模可谓宏大。②该词典内

---

① 广西壮族自治区非物质文化遗产保护中心：《京族传统民歌译注·前言》，北京：学院出版社，2022 年，第 1 页。

② 参见汉字文明传承传播与教育研究中心：《〈越喃汉英四文对照新辞典〉新书发布会圆满举行》，2023 年 9 月 2 日，http://www5.zzu.edu.cn/hzwm/info/1162/3792.htm，访问日期：2023 年 9 月 3 日。

容包括凡例、拼音汉喃字检字索引、词典正文和附录四个部分。[①]其中，凡例说明了词典的排序方法、内容指引、词条安排和用法实例，让读者和使用者能一目了然地了解相关情况和使用方法。拼音汉喃字检字索引则列出词典收录的所有汉字/借用喃字/喃字以及所在页码。条目按拼音或喃字汉语推荐发音排序和查询。实际上，它是汉喃字汇表，"按拼音或喃字汉语推荐发音"虽是一种巧妙的排序方式，但它们的读音或可视为相关喃字读音的译语。由于现代汉语已经没有入声调，故但凡读入声调的喃字，"拼音"或"推荐发音"非但不能反映它们的实际读音/音值，而且还相差甚远。词典正文部分是编撰者从海量资源中精选出 6 万多个词条的越喃汉英四文简明对照释义。从语言学的角度来看，它实现了越汉英三文一体对照；从文字学的视域来看，它涉及汉字、喃字、日文用字、方言用字等，体现出跨语际和跨文化的显著特点。此外，词典中的三个附录：中越百家姓、中越成语举隅和越南语发音拼读介绍，对了解中越文化关系和学习越南语也大有裨益。越南汉喃研究院院长阮俊强（Nguyễn Tuấn Cường）认为，该词典"具有填补空白的价值。同时也为进一步开发越南汉喃资源、拓展世界文字研究奠定了坚实基础，也为中越汉喃文化的普及和跨文化国际传播作出了贡献"[②]。

　　除了上述比较系统的研究之外，中国学界还有不少学者就越南越族喃字相关问题进行了相对零散的研究。中国较早对喃字进行研究的当首推闻宥。1933 年，闻宥在《论字喃之组织及其与汉字之关涉》中，对喃字产生的时期、喃字的构型及其与汉字的关系进行了探讨。1948 年，王力在《汉越语研究》一文中，主要从中国传统音韵学的角度，对越南语汉越词的声母、韵母、声调、古汉越语及汉语越化和仿照汉字造成的越字等问题进行了系统的研究。[③]其中，"仿照汉字造成的越字"即越南越族喃字。王氏指出，假借、会意和形声是喃字采用的三种造字法。他之所以对喃字进行研究，主要目的有两个方面。其一，"越字往往透露出汉字的古音，这是研究古汉越的旁

---

　　① 笔者按：该词典共有三个附录，分别是：中越百家姓、中越成语举隅和越南语发音拼读介绍。

　　② 参见汉字文明传承传播与教育研究中心：《〈越喃汉英四文对照新辞典〉新书发布会圆满举行》，2023 年 9 月 2 日，http://www5.zzu.edu.cn/hzwm/info/1162/3792.htm，访问日期：2023 年 9 月 3 日。

　　③ 参见王力：《汉越语研究》，载《岭南学报》，1948 年第 9 卷第 1 期。

证"。其二，"越字既是仿照汉字造成的，就是受了汉越语的直接影响，不能不连带谈及"。[①]可见，他研究喃字，主要目的还是为了更加深入地研究汉越语和汉语古音服务的。

1949 年，陈荆和在《"字喃"之形态及产生年代》里，综合运用历史文献资料，在分析前人研究的基础上指出，越南有李一代是喃字产生的历史时期。文章的另一个重点是分析和探究喃字的结构形态及其所反映越南语音韵变化的规律。陈氏的研究在越南国内外学界引发了关注。

1980 年，李乐毅的《关于越南的"喃字"》一文对"chữ nôm"译为"喃字"或"字喃"进行考究。李氏还根据越南多种字典将"nôm"解释为"土音"或"土著音"，认为我国辞书将"chữ nôm"解释为"南国的文字"欠妥。李氏还分析指出了"喃字"的构字形式及其缺陷。此外，作者大致认为，广西方块古壮字可能对越南喃字的创制有某种启示性的影响。[②]1986年，李氏还在《"喃字"还是"字喃"？》中，进一步论述为何将越南语的"chữ Nôm"称为"喃字"而非"字喃"的原因。

1990 年，李亚舒的《越南喃字及其翻译问题》就字喃的含义、构成及翻译等问题提出了自己的观点。1991 年，施维国的《字喃与越南佛教》，以越南喃字佛经为切入点，对喃字产生和使用情况等方面进行研究。1993年，施氏又在《从越南古代医著看字喃的特点》中，以越南医著为视角，指出喃字构形、越南语音变等方面的特点。20 世纪 90 年代初，罗长山和林明华就喃字的产生年代、构字演变规律及其消亡的社会原因等方面的问题展开讨论和商榷。[③]1998 年，中国著名语言学家周有光在《中国社会科学》发表《汉字型文字的综合观察》，从宏观的视角考察了汉字在中国周边地区和国家的传播轨迹，指出与其他汉字型文字一样，喃字也是汉字影响下"孳乳仿造"的文字。1998 年，马克承的《越南的喃字》，对喃字的起源、字形结

---

① 王力：《汉越语研究》，载《岭南学报》，1948 年第 9 卷第 1 期，第 77—78 页。

② 参见李乐毅：《关于越南的"喃字"》，载高等院校文字改革会筹备组编《语文现代化（第 4 辑）》，北京：知识出版社，1980 年。

③ 罗长山：《试论字喃的演变规律及其消亡的社会原因》，载《东南亚纵横》，1990 年第 3 期；林明华：《喃字演变规律及"消亡"原因管见——兼与罗长山同志商榷》，载《东南亚研究》，1991 年第 1 期；罗长山：《关于字喃研究中几个问题的思辨——答林明华同志的〈商榷〉》，载《东南亚纵横》，1991 年第 3 期；林明华：《关于喃字问题的反辩——与罗长山同志再商榷》，载《东南亚纵横》，1992 年第 1 期。

构、发展和演变进行论述。聂槟是研究喃字问题成果较多的中国学者。2003年至 2013 年，她陆续在国内外发表了《试析喃字的民族性》《喃字研究状况》《自造喃字与借汉喃字的分定初考》《〈传奇漫录解音〉一书中的主从会音喃字》《〈传奇漫录〉喃译本中的自造喃字研究》《〈新编传奇漫录〉中的双声符喃字》《越南喃字的分类》等文章和著述，就相关问题进行研究。2000年，夏露的《字喃：越南人无法抛弃的遗产》，就字喃的历史作用、现状和前景进行了探讨。

　　20 世纪 90 年代以来，还有不少中越硕博研究生的学位论文以字喃作为研究对象。郑州大学 1990 届的施维国撰写了硕士学位论文《字喃与越南文化》，就字喃的起源、结构和性质，及其在历史上的地位和作用进行分析研究。2005 年，南京师范大学越南留学生花玉山撰写博士学位论文《汉越音与字喃研究》，其中第六章对喃字的相关问题展开研究。2005 年，广西师范大学越南留学生陈春清心撰写了硕士学位论文《汉字与字喃造字法之比较》，重点探讨了汉字与喃字构字法的异同和特点。2009 年，台湾政治大学的姜运喜撰写了硕士学位论文《喃字会意字造字法研究》，研究喃字会意字的造字法。2009 年，台湾屏东教育大学的阮进立撰写了硕士学位论文《汉字与喃字形体结构比较之研究》，就汉字与喃字的形态结构进行专题研究。2010 年，台湾政治大学的释明正撰写了题为《越南阮代〈法华国语经〉汉喃字研究》的学位论文，以喃文《法华国语经》为切入点，对字喃和汉越音展开研究。2011 年，华东师范大学越南留学生阮秋香撰写了硕士学位论文《喃字演变发展初探》也对喃字的产生、演变和发展进行了探讨。2014 年，郑州大学梁茂华撰写了博士学位论文《越南文字发展史研究》，其中第四章论述了越南喃字的起源、结构及其性质，第五章论述了喃字在越南历史上的使用及其历史地位。

　　日本学界在喃字问题研究领域也颇有建树。1979 年，富田健次发表《越南字喃研究》。1988 年，竹内与之助编撰并出版了《字喃字典》。2007年，清水政明发表了《字喃の創出からローマ字の選択へ》。1974 年至 1994年期间，川本邦卫陆续发表《〈伝奇漫録増補解音集〉にみえる〔ジ〕喃について-1-》《〈伝奇漫録〉研究ノート-2-》《〈伝奇漫録〉研究ノート-3-》《〈伝奇漫録〉研究ノート-4-》《〈伝奇漫録〉研究ノート-5-》《〈伝奇漫録〉研究ノート-6-》和《覆刻本〈新編伝奇漫録〉俗語訳の性格》等学术文章。此

外，美国和法国的越裔学者也有与喃字相关的研究成果。

总体而言，喃字问题研究在越南国内外方兴未艾，有利于人们加深对喃字的认知与理解，进而能让学界去接触和释读以喃字和汉字为载体的越南传统汉喃文献。这不但是越南加强保护和传承喃字不可或缺的途径，更是进一步整理、译介和挖掘喃文献的迫切需要。这对保护、传承、发展和赓续越南文化的意义不言而喻。如果一种文字已退出国家通用文字的历史舞台，现实中又无人研究和使用的话，那这种文字可能会逐渐走向完全衰亡，就像北美的玛雅文一样，淹没于历史长河中，成为死文字。

（四）喃字字库和应用软件的创制

现代科学技术为各行各业的升级和跨越式发展带来了前所未有的便利条件。文字图像处理技术，尤其是人工智能技术的发展，对喃字和喃文献的传承已经并将继续产生重大影响。越南国内外学界携手相关科技企业，陆续开发了便捷高效处理喃字和喃文献的软件技术。

首先需要解决的是汉喃字库和汉喃文字输入法问题。众所周知，越南汉喃文献的文字载体是汉字和喃字，以及一些辅助的特殊符号。汉字输入法版本众多，且技术成熟，越南学界和科技界可直接运用。喃字输入法是解决越南喃文献数字化文字载体主要面临的主要问题之一。

20 世纪 90 年代以来，越南国内外汉喃学界和世界其他国家开设有汉喃研究的机构，为此进行了不断的探索和开发。越南借助国际相关科研机构或科技组织来实现喃字在计算机领域的应用。1992 年 12 月，美籍越裔学者吴清闲（Ngô Thanh Nhàn）和杜伯福（Đỗ Bá Phước）参加了在美国夏威夷举办的中日韩联合研究组（CJK-JRG）①第 5 次会议，并向大会介绍了越南的喃字。此外，他们还向该组织发出下次会议在河内举办的邀请，获得工作组的接受。1994 年 2 月，表意文字工作组（IRG）第二次会议在越南河内召开，接纳了越南成为该组织的新成员，同意今后将越南喃字纳入统一表意文字（URO）字库系统。

---

① 笔者按：1993 年 10 月，"中日韩联合研究组"（英文 Chinese-Japanese-Korean Joint Research Group，简写 CJK-JRG）更名为"表意文字工作组"（英文 Ideographic Rapporteur Group，简写 IRG）。

　　1993 年，越南申请加入了统一码联盟（Unicode）。同年，基于 1971 年武文敬（Vũ Văn Kính）出版的《喃字字典》，越南推出了 TCVN 5773∶1993 标准喃字字符集；1995 年，在武文敬《喃字字典》和 1976 年越南社会科学委员会出版《喃字查询表》的基础上，越南又推出了 TCVN 6056∶1995 标准喃字字符集。经越南争取，1994 年表意文字小组同意将喃字符收录作为统一码联盟（Unicode）的一部分。在此过程中，越南先后向表意文字小组提交了 V0、V1、V2、V3、V4、V5、V6 汉喃字符集。2001 年，统一码联盟（Unicode）定义了越南 9299 个汉喃字形，其中约一半为越南特有。[①]这些研究过程及其成果集中体现在越南汉喃研究院阮光红和美国纽约大学越裔学者吴清闲主编的《库字汉喃码化》（Kho chữ Hán Nôm mã hoa）中。但稍微遗憾的是，他们并未统计自造类喃字和汉字的具体数量及其比例。可见，越南汉喃研究界与其国内外信息通信技术界协同合作，实现了喃字数字化，建设汉喃字库取得了确实有效的成果。

　　越南国内外汉喃学界孜孜不倦地建设汉喃字库。据"会保存遗产喃"公布，目前已有 18000 多个汉喃字符被数字化，并收入统一码联盟（Unicode8.0）数据库中，尚有待进一步数字化的汉喃字符约 5000 个。[②]字库的创制牵扯到字体问题。不同的研发团队所创制出来的字体也有所差别。据越南民间组织"委班復生漢喃越南"[③]（越文 Ủy ban phục sinh Hán Nôm Việt Nam，英文 Han-Nom Revival Committee of Vietnam）网站介绍，目前汉喃字库的字体有"空蹟明蘭（không chân minh lan）""漢喃明 A/B（宋体）""漢喃楷（chữ khải thể）""喃那宋（nôm na tống Light）""MingLiU + MingLiU-ExtB（宋体）""FZKaiT-Extended + FZKaiT-Extended(SIP)（宋体）""HanaMinA + HanaMinB（宋体）"和"Han Nom A + Han Nom B（宋体）"共 8 种。[④]

　　2022 年，越南河内民间组织"委班復生漢喃越南"，发布了标准化的喃

---

　　① 参见：Nguyễn Quang Hồng, Ngô Thanh Nhàn chủ biên, Kho chữ Hán Nôm mã hóa, Hà Nội: Nhà xuất bản Khoa học Xã hội, 2008, tr.ix-xvi.

　　② 参见"会保存遗产喃"官方网站：http://nomfoundation.org/About-the-Foundation/Misions?uiLang=vn。

　　③ 笔者按："委班復生漢喃越南"是喃文的表述方式，译成汉语则是"越南汉喃复兴委员会"。

　　④ 参见"委班復生漢喃越南"网站，http://www.hannom-rcv.org/font.html。

字表《榜苧漢喃準常用》^①（越文 bảng chữ hán nôm chuẩn thường dùng）。这或许是迄今为止，汉喃民间公布的最为系统和完整的汉喃常用字表。字表中的汉字和喃字均可通过专门的输入法查询或打出来。

汉喃文字输入法的创制，也是越南喃文献数字化的重要辅助工具。自2013 年以来，美国"会保存遗产喃"、日本的文字镜会、我国台湾的 Dynalab 公司、道菀组（Đạo Uyển）、越南社会科学翰林院下属信息技术研究院与汉喃研究院等多部门通力合作，开发了若干中汉喃文字输入法。目前，能够使用的汉喃文字输入法有潘英勇（Phan Anh Dũng）开发的 Việt-Hán Nôm 喃字输入法、宋福凯（Tống Phước Khải）的 Hanokey 输入法、WinVNKey 输入法等。这些输入法均以现代越南国语字输入法来打出相应的字符。

值得一提的是，中国学者弓辰（号佛振）开发的中州韵/Rime 输入法引擎，不仅仅是一款输入法，也是一个输入法算法框架。该套算法支持拼音、双拼、注音、五笔、仓颉等所有音码和形码输入法。弓辰针对 Windows、Linux、Mac 三大平台，分别提供了 Windows 版"小狼毫"，Mac 版"鼠须管"，Linux 版"中州韵"三个发行版。中州韵/Rime 输入法引擎还支持了诸如吴语和粤语等许多种方言拼音，甚至也能很好地输出越南越族喃字。

就目前的使用情况来看，上述所提输入法基本能满足汉喃文字输入的要求，被世界各国汉喃研究界所普遍使用，但范围相对比较小，几乎仅限于汉喃研究学界的使用。

此外，日本学界开发出一款名为"字形维基（GlyphWiki）"的汉字编辑管理软件，旨在对明体（宋体）的汉字字形进行登记与管理。字形维基（GlyphWiki）是一款自由的所有人都可以共享的软件，现有超过100 万个字形（别名同字形分别计数）。这些字形来源包括《和制汉字の辞典》《角川大字源》《国字の字典》《日本人の作った漢字》《新潮日本语汉字辞典》《新撰字镜》《高山寺本篆隶万象名义》《法华三大部难字记》《中华字海》《中国京语词典》《古壮字字典》《布依方块古文字》《字喃字典》《大字典字喃》《字典字喃摘引》和《女真文词典》等日、中、越三国汉字字形辞书。基于强大

---

① 笔者按：《榜苧漢喃準常用》是喃文的表述方式，译成汉语则是《常用标准汉喃字表》。

的编辑功能和庞大的字形数字库，所有使用者能够选取任何宋体汉字的结构部件，几乎能够逐个管理汉字或类汉字字形，编辑出自己想要的方块文字，特别是生僻字或异体字。正因如此，这款软件是编辑和创制喃字的有力工具。但美中不足的是，由于该软件不是文字输入法，因此它所编辑和创制出来的字形都是图片文字，复制粘贴到 Word 文档之后，需要手动调整图片文字规格尺寸，稍微影响视觉效果。

　　总体而言，当今科技的发展虽一日千里，各类文字的输入法和造字法虽取得了长足的进步，但具体就喃字而言，由于它们的结构复杂，异体字较多，且不同输入法和字库之间还存在兼容性问题，容易导致有些喃字无法输入或显示乱码等问题。截至目前，国内外学界并未发明或开发出标准且非常成熟的喃字输入法。但愿随着科技的不断飞速发展，此类问题能在不久的将来逐步得到解决。

　　2023 年，越南胡志明市国家大学下属社会与人文科学大学丁田（Đinh Điền）副教授团队，整合了工业信息、汉喃和文学等部门，成功研发了基于人工智能深度学习的喃字自动转译为国语文的软件系统，并在该校官方网站（tools.clc.hcmus.edu.vn）对外开放转译服务。使用者可将汉喃文字（包括单字或 500 字以内的喃文段落）和喃文本电子扫描件/图片，放入软件的转译栏，系统将自动把它们转译为国语拉丁文。据报道，该系统自动转译历史、文学和社会领域喃文本的准确率为 90%；转译民族医学和带有专业性材料的准确率为 70%；转译《翘传》的准确率则高达 99%[①]。该项目获得了越南知识产权局颁发的专利证书。

---

　　① 参见〔越〕Hà An, "Nhà khoa học Việt dùng AI dịch chữ Nôm sang chữ Quốc ngữ", 2023-07-24, accessed 2023-09-03, https://vnexpress.net/nha-khoa-hoc-viet-dung-ai-dich-chu-nom-sang-chu-quoc-ngu-4621512.html.

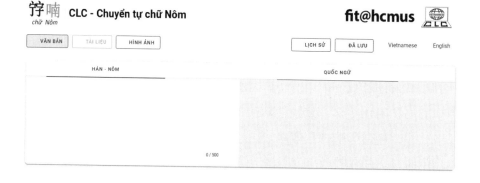

图 8-11　喃字自动转译国语字软件首页

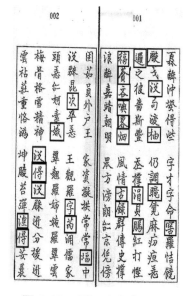

图 8-12　原汉喃文本　　　　图 8-13　识别效果　　　　图 8-14　国语字译文

　　为了体验该软件自动转译的真实效果，笔者将嗣德甲戌年（1874 年）曾有应抄本《断肠新声》（即《金云翘传》）前两页上传该系统进行转译，以考察其功能。结果发现，在两页共计 140 个汉喃字的转译中，系统出现识别错误的字数多达 26 个，比率超过 18.5%。这些被识别错误的字，笔者在图 8-14 原文本图片中用方框标出。由于系统识别错误，转译为国语字，当然也就出现相应的错误了。上述检测的字数较少，可能不具备代表性，但这也从侧面反映了该软件自动识别和转译喃文材料的准确率可能没有其所宣传的那么高。

无论如何，丁田（Đinh Điền）副教授团队的这项研究和创新举措，还是非常值得肯定和令人鼓舞的。总体而言，喃字的欠规范性和复杂性，且越南的汉喃文献大多为抄本，字迹工整度差，对越南喃文献的数字化及相关整理工作造成巨大的阻碍。这对于各类自动识别和转译喃字/喃文软件的研发与应用，具有很大的困难和挑战性。

21 世纪以来，世界科技发展一日千里，电子化、数字化和人工智能化等颠覆性技术不断涌现，被广泛使用于社会的各领域和层面，产生了前所未有的重大影响。世界各国的古籍文献，在保持其原有物理属性不被损坏的前提下，大多被制作成电子版本。电子版本被制作出来之后，将为图书保管与保存，乃至普通读者的阅读和学界的相关研究带来诸多便利。数字化与人工智能技术使得古籍文献保护与传承，跨越了传统纸质文本的诸多局限性。以前不少古文字和复杂的字符无法在电脑操作系统中显示或容易出现乱码，但科技的发展和进步，逐步克服或改善了这种难题。比如，目前微软视窗（Windows）操作系统便自带数量不少的喃字。[①]

总而言之，越南越族喃字和喃文古籍的数字化，赶上了科技尤其是人工智能大发展的时代列车。基于它们的赋能，以前诸多可望而不可即的事情，很有可能逐渐变成现实。

（五）越南的汉喃情怀

国语拉丁字成为越南的国家通用文字之后，汉字和喃字并未被完全抛弃。越南官方和民间仍偶有绍汉字与喃字之余绪。

1945 年 9 月 2 日，胡志明在河内八亭广场庄严宣读《独立宣言》，标志着越南民主共和国的诞生。据黄铮考究，胡志明宣读《独立宣言》的当天，还在河内发表了《胡志明致华侨兄弟书》。[②]1948 年 3 月，麦浪编撰的《战斗

---

① 邓应烈、何华珍主编：《越喃汉英四文对照新词典·自序》，上海：上海交通大学出版社，2023 年。

② 黄国安、萧德浩、杨立冰编：《近代中越关系史资料选编（下）》，南宁：广西人

中的新越南》由新越南出版社出版，大千印刷公司印刷，生活书店总经售。该书最早将《胡志明致华侨兄弟书》收录于"附录"中。据笔者考察，《胡志明致华侨兄弟书》文末有"越南民主共和国临时政府主席胡志明"的署名，但并没有具体落款时间。新中国成立后，《战斗中的新越南》没有再版重印过。其中的附录《胡志明致华侨兄弟书》，除了在一些内部印刷品之外，也从未单独辑出，以任何方式在国内的出版物公开刊载过。目前，国内的某些旧书交易平台，如孔夫子网等，尚有少量《战斗中的新越南》原本售卖。一直以来，只有一些研究越南问题和华侨问题的专家学者知道这个告华侨书，也有为数不多的文章或援引或提及该告华侨书。但总的说来，即便到了现在，国内学界了解胡志明这份告华侨书的人并不算多。

1946 年 12 月 29 日，胡志明又发表了一份"告侨胞书"。它被收录于一本名为《越南在烽火中》的铅印小册子中。广东省立中山图书馆文明路总馆收藏有两本《越南在烽火中》，索书号分别是 I27486 和 D/K333.51/Y95，标注的编撰者为黄荣。此外，暨南大学图书馆本部六楼世界华侨华人文献馆和华东师范大学图书馆闵行古籍部，也收藏有该书，索书号分别是 D733.321/711 和 341.31/485V。据笔者考察，该书封面与封底均未标明出版者、出版时间以及印刷、经售单位。书末有"编后感言"，署名为"越南国民联协（合）会代表黄荣"。中山图书馆据此在书目卡片上注明系黄荣所编。据黄铮多方调查了解，黄荣为越南人士，原名阮智诚。大革命时期，胡志明在广州组织越南青年革命同志会并举办特别政治训练班时，阮智诚等八名年仅十几岁的越南抗法志士后代，由越南革命老同志带到广州胡志明身边。后经胡志明与中共广东区委联系，广东革命政府曾准许阮智诚等越南少年在广州免费入学。此后，阮智诚等人就同越南革命者一起，在广州进行革命活动。广州起义时，阮智诚和其他一些越南少年曾参加宣传工作。后来，他还与其他一些越南革命者赴香港等地进行革命活动。在中国期间，阮智诚曾先后用过李智聪、黄智诚、黄荣、黄南这些化名。1945 年越南八月革命后，阮智诚曾返回越南，很快又被派来中国。1949 年，中国解放，阮智诚遂定居广州，娶中国姑娘为妻，用黄南这个名字参加工作，在广州市第 26

民出版社，1988 年，第 1017—1025 页。

中学任教。[①]

图 8-15　《战斗中的新越南》封面及《胡志明致华侨兄弟书》

（图中文字）

戰鬥中的新越南　家漢著

胡志明致華僑兄弟書

親愛的華僑弟兄們：

我們中越兩民族，數千年來，血統相通，文化共同。近百年來，帝國主義者侵略遠東，暴法強佔我國土，並以此作根據地而侵略中國。我東方兩兄弟民族，便同受最慘痛與災難。

現在幸中華民族之偉大抗戰，經過八年苦鬥，今天已獲最後勝利，而我越南人民得與盟邦並肩作戰，亦開始創立了越南民主共和國及人民政府了。

越南人民臨時政府，乃代表人民利益之政府，對於僑居我地之數十萬華僑兄弟，尤感關懷。因過去華僑兄弟與越南人民，和平共處，婚姻互通，貿易往來，情如手足。在暴法及日本之統治時期，更同受其壓迫剝削之苦痛。故越南人民臨時政府建立之時，立即宣佈廢除了過去法國所加諸於華僑身上之各種苛法惡律，確定保護華僑生命財產之安全與自由營基本政策，歡迎華僑與越南人民共同建設新越南。

因此，我謹代表越南人民臨時政府及全越人民，對僑居我國的華僑兄弟們伸出熱烈歡迎的手，希望我兩國兄弟，親密團結起來，凡事要以五敬互讓的態度，在合法合理的原則下去解決，不可因個人的小事的爭執，而造成兩民族間之不幸與隔膜；過去倘有誤解或不和的地方，亦希望今後能各捐放棄成見，真誠地做到親善合作。

中越原是一家人，讓我們更加親密地攜起手來，共同歡呼：

中華民族解放萬歲！

越南民族獨立萬歲！

中越兩民族團結起來！

越南民主共和國臨時政府主席　胡志明

—89—　—90—

从当时的历史语境来看，越共用中文编撰《战斗中的新越南》和《越南在烽火中》，主要目的在于对中国宣传刚建立的越南民主共和国的相关情况，揭露法国殖民者对越南人民的残暴统治，争取中国对越南新政权的承认与支持，并积极寻求中国支援新政权，抗击卷土重来的法国殖民势力。在越华侨不但具有重要影响力，而且也是中越关系的敏感问题。由此就不难看出，胡志明发表这两份告华侨书的首要目的在于争取、团结越南华侨支持"八月革命"建立的越南民主共和国新政权，同时也是祝贺中国抗战取得胜利，展示越华亲善态度之举。除了这些政治寓意之外，这两份"告华侨书"，不管从内容、结构、行文、用词等角度来看，都充分体现了胡志明对在越华侨十分深厚的关怀与爱护之情。

有鉴于它们是极其珍贵的历史文献资料，对当下中越两国民心相通，尤其是构建具有战略意义的中越命运共同体，仍有重要历史借鉴和启示意义。

---

① 黄国安、萧德浩、杨立冰编：《近代中越关系史资料选编（下）》，南宁：广西人民出版社，1988 年，第 1017—1025 页。

兹录其文如下：

胡志明致华侨兄弟书

亲爱的华侨兄弟们：

我们中越两民族，数千年来，血统相通，文化共同，在历史上素称兄弟之邦，且国土接壤，地区毗连，更属唇齿相依，互为屏障的。近百年来，帝国主义者侵略远东，暴法强占我国土，并以此作根据地而侵略中国。我东方两兄弟民族便同受被压迫与侵略之苦难。

现在欣幸中华民族之伟大抗战，经过八年苦斗，今天已获最后胜利，而我越南人民得与盟邦并肩作战，亦开始创立了越南民主共和国及人民临时政府了。

越南人民临时政府，乃代表人民利益之政府，对于侨居我地之数十万华侨兄弟，尤感关怀。因过去华侨兄弟与越南人民，和平共处。婚姻互通，贸易往来，情如手足。在暴法及日本之统治时期，更同受其压迫剥削之苦痛，故越南人民临时政府建立之时，立即宣布解除了过去法国所加诸于华侨身上之各种苛法恶律，确定保护华侨生命财产之安全与自由为基本政策，欢迎华侨与越南人民共同建设新越南！

因此，我谨代表越南人民临时政府及全越人民，对侨居我国的华侨兄弟们伸出热情欢迎的手，希望我两国兄弟，亲密团结起来，凡事要以互敬互让的态度，在合法合理的原则下去解决，不可因个人的小事的争执，而造成两民族间之不幸及隔膜，过去倘有误解或不和的地方，亦希望今后能各自放弃成见，真诚地做到亲善合作。

中越原是一家人，让我们更加亲密地携起手来，共同欢呼：

中华民族解放万岁！

越南民族独立万岁！

中越两民族团结万岁！

越南民主共和国临时政府主席　胡志明[①]

---

①〔越〕胡志明：《胡志明致华侨兄弟书》，载麦浪编撰《战斗中的新越南》，河内：新越南出版社，1948年，第89—90页。

图8-16　《越南在烽火中》封面及《胡主席告侨胞》

胡志明告侨胞[①]

越南亡国八十余年，被法帝国主义殖民政策剥削和压迫，华侨兄弟同胞惨遭同样境遇，如入口纸，人头税，以及行动买卖不自由。我们同受殖民黑暗统治，惨痛之情，罄竹难伸。

今天，法国殖民者用武力侵略越南，侨胞被法军残杀，并纵恿土匪烧杀抢掠，惨无人道。但他们还假装"保护华侨"，正如杀人者反呼救命。

中华民族有四万万五千万人口，在越南有五十万侨胞，还需法殖民反动者"保护"吗？中国国民革命和英勇抗战精神，博得世界敬仰和信赖，余相信"仁爱忠恕"、"扶弱抑强"的中国政府，决不会要求侵略者保护侨胞，而必秉公理正义解决战祸！

华越民族乃同文同种，和睦亲善，历二千余年。侨胞在越营商，兴家立业，历代悠久，亲爱如兄弟。因此，当越南被侵略、被迫抗战中，对于侨胞灾难境遇，余心实感不安！越南政府已颁严令，对于华侨生命及财产，必须尽力保卫。

在越南全国各地已成立疏散委员会协助侨胞疏散至安全地区。

在各战区之侨胞组织救护队，帮助越南军队救伤工作；此种密切友爱精神，余不特心中感激，且感动实深。

当越南遭惨不堪言之侵略战争中，患难中，华越同胞，亲爱益深，团结更固。

祝吾国抗战成功，独立自由之日，华越两民族同享和平幸福。

河内一九四六年十二月廿九日[②]

胡志明是一位涵养精湛的汉学家。虽然在八月革命胜利后，他签署了以国语字作为越南通用文字的相关敕令，但并不完全排斥使用汉字。众所周知，新中国成立后，胡志明多次到中国访问或休养；中国也派出军事顾问团

---

① 笔者按：黄铮将胡志明这份告华侨书冠名为《告华侨同胞书》。笔者考察《越南在烽火中》原文发现，这份黄铮所谓"告华侨书"的真实篇名为《胡主席告侨胞》。国内学界之所以把它们统称为两份"告华侨书"，可能是因为两者的性质和内容高度相似，以及中文表述习惯所致。

② 〔越〕胡志明：《胡主席告侨胞》，载黄荣编纂《越南在烽火中》，暨南大学图书馆本部六楼世界华侨华人文献馆藏本，索书号 D733.321/711，第 9—10 页。

援越抗法、抗美。在与中国的相关交往中，他曾多次用汉字题词。其中，很著名的是他于 1968 年春所题的"中越友谊，万古长青"，反映了他发展中越友好关系的诚挚愿望。他还以"运筹帷幄之中，决胜千里之外"来高度评价和肯定中国援越军事顾问团团长陈赓将军对越南抗战的贡献与功绩。

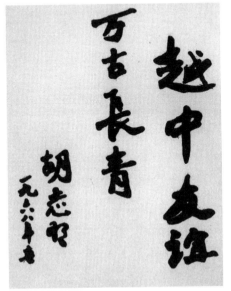

图 8-17　胡志明书法　　　　　　　图 8-18　胡志明书法①

　　1945 年，越南民主共和国成立之后，越南某些地方仍然有使用汉字的情况。1954 年 7 月 15 日，越南南定省义兴县百禄社乡，组织了传统的乡饮活动。参加乡饮活动者的名录与位次手册就是用汉字书写。这说明，即便国语拉丁字已正式成为国家通用文字十年之后，部分地区民众在民间社会活动中仍使用汉字。可见他们对汉字是有深厚情怀的。

　　除了汉字之外，喃字也还在越南民间得到一定程度的使用。越南民主共和国成立之后的一段时间里，政府还延续了法属时期的文字使用范式——在相关的证书或文书里既有喃字也有国语拉丁字。例如，1946 年越南北部的"綟開嫁娶"- Giấy khai giá-thú（结婚证）就是国语拉丁字和喃字并用的结婚证。

---

　　① 图 8-17 和图 8-18 的图片来源：《越南原国家领导人胡志明中文书法：语言天赋很高，字迹清晰有力度》，搜狐网，2018 年 2 月 22 日，https://www.sohu.com/a/223444958_424918，访问日期：2020 年 9 月 15 日。

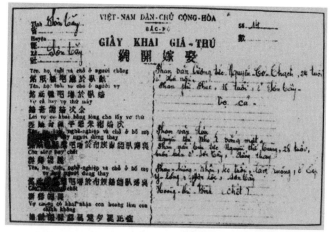

图 8-19　1946 年阮基石与潘氏福夫妇的结婚证①

图 8-20　《乡饮社义兴百禄》首页②

---

　　① 图片来源转引自：〔越〕Nguyễn Quang Hồng, *Khái luận văn tự học chữ Nôm*, Hồ Chí Minh: Nhà xuất bản Giáo dục, 2008, tr.445. 笔者按：据越南记者阮军（Nguyễn Quân）发表在《月末世界安宁》2004 年第 36 期上的文章《黄妙姑娘——外交家阮基石的情思》考证，该结婚证为越南前外交部长阮基石（Nguyễn Cơ Thạch，又名范文刚，24 岁）于 1946 年底和潘氏福（Phan Thị Phúc，18 岁）夫妻俩的结婚证。他们婚礼在山西省举办，证婚人为越南前国家主席孙德胜（Tôn Đức Thắng）。

　　② 图片来源：〔越〕佚名：《乡饮社百禄义兴》，越南国家图书馆藏本，藏书编号 R.1755. 笔者按：该书是 1954 年 7 月 15 日越南南定省义兴县百禄社乡饮名录手册，以越南语语法规则写就，转述到汉文的书名是《义兴（县）百禄社乡饮》。

越南汉喃研究院阮光红教授团队在考察地方文化遗迹的过程中，在河东市安慕坊灵长寺（喃字名为"廚慕牢"，国语音译 chùa Mỗ Lao）中发现了一块刻于 1976 年正月二十六日的喃文碑铭。铭文由慧剑（Tuệ Kiếm）居士撰写，抄录者为武国凭（Vũ Quốc Bằng）。全文共计 534 个喃字，内容除了慕牢寺历史沿革之外，还歌颂了彼时住持昙福（Đàm Phúc）禅师在越南抗法抗美两场战争中的功劳。

进入 21 世纪，越南在革新开放的道路上不断取得令人瞩目的成就。社会经济的发展，引发了人们对传统文化的情怀。不少地方的人们在修缮或重建亭庙、寺院、宗族祠堂时，常常迎请谙熟汉喃文字之人补修碑文、对联，使之显得庄严深奥。当然也有一些寺庙、祠堂直接使用国语字以便于后代识读，但仍把它们写成圆形或方块字的样式，使其看起来像汉字楹联。有趣的是，对于很多越南人而言，不管是否认识汉字或喃字，祭祀供奉神、佛、祖先的牌位，一般都用汉字而非国语拉丁字。寺庙的一些法师在做法事的仪式上也多使用汉字或喃字，即使不少场合由于知识储备不足而写错字，也仍然不愿意使用国语字。

越南的一些民间组织也对汉字和喃字怀有深情。"委班復生漢喃越南"以复兴越南汉字和喃字为己任，倡导恢复或使用汉字和喃字。他们还尝试用喃文翻译越南的重要文件或新闻报道，公布在自己的官网上。名为"前卫"（Tiền Vệ）的河内年轻书法家团体，致力于融通传统与现代。"前卫"的团长黎国越（Lê Quốc Việt）认为："民族特色有两种表现：第一是文字，第二是文章。我们认为体现越南特色的是喃字，这是唯一由越南人创造记录自己母语的文字。从地区来看，喃字可以同壮人的方块字，韩国的谚文，中国台湾的'俗字'，以及日本的平假名、片假名相媲美……"[1]

---

① 〔越〕Nguyễn Quang Hồng, *Khái luận văn tự học chữ Nôm*, Hồ Chí Minh: Nhà xuất bản Giáo dục, 2008, tr.454.

图 8-21 黎国越的喃字书法作品（2007）[①]

最值得关注的是，近年来越南国家高级领导人在某些对内和对外的重要活动中，都以汉字作为展示越南国家文化与形象的重要媒介。2019 年 2 月 11 日，越南常务副总理张和平（Trương Hòa Bình）在越南河南省参加"籍田庙会"，活动的五块背板就分别写着汉字"神农""非智不进""非商不富""非农不稳"和"非工不成"。这些对中国人而言是何其耳熟能详。后四者其实是中国谚语"无农不稳，无工不富，无商不活"的化用，但多出了"非智不进"，且由于语言理解的区别，中国几句谚语中的"无"字，越南使用的是"非"。2022 年 5 月，日本首相岸田文雄访越期间，越南政府总理范明正向其赠送了一幅汉字书法作品。作品仅有"诚情信"三个汉字及其越南语译文和落款。据越南官媒报道，"诚情信"也正是越日两国关系的定位。同年 11 月，德国总理朔尔茨也对越展开访问。其间，越南政府总理范明正邀请他参观河内充满汉喃文化气息的玉山祠，并赠送了一幅写有"和平友谊发展"的汉字书法作品。这些都表明，汉字及其所蕴含的越南民族传统文化元素，是当今越南官方展示文化外交和文化软实力的媒介。

---

① 图片来源转引自〔越〕Nguyễn Quang Hồng, *Khái luận văn tự học chữ Nôm*, Hồ Chí Minh: Nhà xuất bản Giáo dục, 2008, tr.449.

图 8-22　张和平在籍田庙会上的讲话[①]

图 8-23　范明正送岸田文雄书法作品[②]

---

① 图片来源："Phó Thủ tướng xuống đồng, cày ruộng đầu năm tại lễ hội Tịch điền", 越通社, 2019-02-11, accessed 2020-10-26, https://www.vietnamplus.vn/pho-thu-tuong-xuong-dong-cay-ruong-dau-nam-tai-le-hoi-tich-dien-post552181.vnp.

② 图片来源："Thủ tướng Phạm Minh Chính tặng bức thư pháp cho Thủ tướng Nhật Bản Kishida", 青年报, 2022-05-01, accessed 2022-05-02, https://thanhnien.vn/thu-tuong-pham-minh-chinh-tang-buc-thu-phap-cho-thu-tuong-nhat-ban-kishida-1851454272.htm.

图 8-24 范明正送朔尔茨书法作品①

由上可看出，即便汉字在当今越南社会生活中的使用已经很少，但越南官方和民间仍对汉字和喃字怀有浓郁的情怀。尤其是在中越日趋紧密的经贸关系和人文交往中，汉字在越南的使用比以前有了更多的平台。比如越南的汉文报纸《西贡解放日报》是越南国内唯一的中文报刊。它持续几十年的发行，保留了越南本土汉文报纸的根脉。越南的各大官方传媒网站，如《越共电子报》《共产主义杂志》《越南政府门户网站》《人民报》《人民军队报》，以及越通社、越南之声和越南国家电视台等都有专门的汉文网页。与中国接壤的广宁省官方网站，也设置有专门的汉文网页。当然，这些官方汉文网页的主要目的是向汉语国家和地区宣传越南的相关政策和信息，旨在提高自己的国际形象和话语权。此外，越南除了一些大学和中小学开设汉语课程之外，社会上的不少培训机构也在线上和线下开设有速成汉语学习班，以满足中越经贸关系和人文交流日趋紧密的客观需求。

综上，越南官方和民间的汉喃情怀，是越南传统文化在越南现代社会生活中的镜像，也是现代越南人对其传统文化的认知与展示。从文化与文字关系的角度来看，汉字和喃字是越南传统文化的载体，是越南民族非常宝贵的

---

① 图片来源："Thủ tướng Đức Olaf Scholz và Thủ tướng Phạm Minh Chính đi dạo đêm hồ Gươm"，青年报，2022-11-14，accessed 2022-11-26，https://thanhnien.vn/thu-tuong-duc-olaf-scholz-va-thu-tuong-pham-minh-chinh-di-dao-dem-ho-guom-1851521120.htm.

文化遗产。进入新时代，越南若要充分挖掘自身传统文化价值，服务社会经济发展，尤其是在此过程中重塑民族文化自信和国家文化形象，汉字、喃字及其相关问题是难以绕开的议题。解决这一议题的关键枢纽环节在于汉字。

三、喃字与喃文献传承的挑战

如前所述，目前越南在传承喃字和喃文献方面，已取得不少重要进展和诸多的切实成效，但想要更好地传承喃字和喃文献，仍面临着诸多巨大的挑战与阻碍。

（一）民族文化多元书写载体认知的困境

如果把文化看作是人类活动所产生的物质和精神财富总和的话，那么越南的民族文化指的就是越南越族/京族在长期共同生产生活实践中产生和创造出来的，能够体现越南民族特点的物质与精神财富总和。它形象生动地反映越族/京族历史发展的水平。在文化的范畴内，饮食、衣着、住宅、生产工具和劳动产品等属于物质文化的内容；语言、文字、文学、科学、艺术、哲学、宗教、风俗、节日、传统和思维方式等属于精神文化的内容。文字与精神文化息息相关。它既是精神文化的载体，又是精神文化的生动体现形式，可谓形与神的辩证统一体。现代学界之所以将中国、日本、朝鲜/韩国和越南等国家统称为汉字文化圈，就是因为这些国家在历史上都使用汉字和以儒家学说为正统思想。

就越南而言，喃字与喃文献是越南自主封建时代几百年重要的文化载体之一。它们与以汉字为主要载体的汉文化水乳交融，形成了别具越南民族特色的文化体系。从文字学与语言学的层面来看，国语拉丁字与汉字和喃字，存在本质性的区别。前者是以拉丁字母拼写和书写越南的语言，属表音文字性质，能非常准确地书写和反映越南语的读音，规范性也臻于完善。后者是方块形文字，汉字属于象形文字，喃字则在汉字的基础上，结合越南语诸历史阶段的读音和越南民族的思维方式，创制出来的孳乳表音类汉字；汉字与喃字被混合用于书写和记录越南语超过八百年。因此，在越南整个自主封建社会中，汉字和汉文献、喃字和喃文献均是越南民族传统文化的载体，也反映中越两国传统文化的密切联系。在封建时代，越南文化曾在封建国家发展各阶段中有过辉煌的成就。但一个国家文化发展的轨迹，除了遵循其内在规律之外，往往也受到外部因素的冲击和影响。

从世界发展史的角度看，工业革命是资本主义发展史上的一个重要阶段。率先完成工业革命的西方列强，陆续走上以暴力血腥手段占领、扩张和争夺世界其他国家和地区作为殖民地的道路。与此同时，它在客观上又传播了先进的资本主义生产技术和生产方式，极大地冲击和涤荡了殖民地的旧制度与旧思想。在此大背景下，与西方资本主义制度相匹配的文化，如各种思想、理论和学说体系，源源不断地传播到世界各地。在亚洲，此即学界所谓"西学东渐"。

武力征服和文化训化，是西方列强野蛮争夺和统治世界各地殖民地屡试不爽的策略。19 世纪中后期，在法国坚船利炮的连续冲击下，越南逐步沦为法国的殖民地。法国在越南确立殖民统治的过程，也是文化训化越南的过程。法国殖民当局需要系统性且润物细无声地培育、改造和塑造越南民族精英阶层，进而通过他们的示范效应，拉拢和影响广大普通民众，旨在巩固和加强殖民统治。法国殖民当局的主要操作路径与手段是，在逐步废除越南以儒学科举考试为基础传统教育的同时，系统地改造和重塑越南的殖民教育体系。废除汉字，以西方传教士创制的国语拉丁字作为过渡，进而逐步在越南推行法文作为通用文字，成为实现这种目标的绝佳选项。但这一进程到1945 年"八月革命"时，戛然而止。越南主动拥抱国语拉丁字，废除汉字；殖民当局推行法文的图谋胎死腹中。汉字退出越南历史的舞台，注定了喃字衰亡的命运。

"西学东渐"的浪潮中，源于西方的民族主义相关概念及其思想内涵，对越南产生非常炽烈而深远的影响。民族主义相关概念传入越南的途径是多样化的。法国殖民当局通过其所控制的教育系统，将民族主义和民族国家观念，不断地灌输给新生代的越南人。这为后来民族主义在越南的传播、发展与在地化奠定了民众基础。驻于越南河内的法国远东学院则是系统孕育越南民族主义的思想摇篮。越南学者阮文庆（Nguyễn Văn Khánh）在提及法国远东学院对越南人文社科的作用时指出，法国远东学院"促进了 20 世纪第一代越南现代社会科学家的培养……由于与 EFEO 在各个领域的合作与协作，越南的黄金一代研究人员成长了起来……EFEO 的学术氛围直接促成了越南现代化和欧洲化教育的形成……从而有助于培养 20 世纪下半叶越南社会科学的典型知识分子。"①

民族主义是一把锋利的双刃剑，稍有不慎就容易出现事与愿违，甚至认知混乱的情况。1940 年之后，越南学界有诸多关于民族语言、文字和文学方面的讨论。1954 年至 1959 年，越南《文史地研究》杂志连续刊载的系列文章，反映了这方面的情况。其中的一个焦点是，越南历史上的汉文作品/著作是否属于越南文学史的范畴。这种现象看似啼笑皆非，究其根源，实乃狭隘民族主义的炽烈影响下，面对以汉文和喃文作为传统文化载体赓续到以国语拉丁文作为新时代民族文化载体，产生了认知和评价的混乱。此外，还开展了所谓的"纯洁越南语运动"，总体原则和指导精神是，提倡最大限度使用"纯越南语"，减少或排斥使用越南语发展历史过程中自然形成的"汉越词语"；人为拔高喃字和喃文作品/著作地位的同时，有意或在潜意识里贬低汉字和汉文作品/著作。更有甚者，将越南的汉字和汉文作品视为"北方侵略"的结果。上述争论和问题，虽然已经过去，但产生的影响是深刻的。

1986 年"革新开放"至今，越南社会经济的发展取得了举世瞩目的成就，地区乃至国际地位不断提升。在新时代里，越南更加注重对民族优秀传统文化的保护与弘扬，挖掘和汲取其中的有益因素，服务于社会经济发展和展示自己的国际形象。喃字与喃文献的传承与挖掘，在这方面起到比较独到的作用。越南的汉文献与喃文献均是越南的宝贵历史文化遗产。汉字和喃字分别是它们的载体，具有高度辩证统一关系，而非二元对立。如何更科学和准确认知、厘清和定位它们在越南历史文化中的地位、作用与价值，是关乎越南传统文化传承的重要议题。

（二）喃文献释读难题

前文已谈及越南陈朝绍宝四年（1282 年），陈仁宗命阮诠用喃文创作《祭鳄鱼文》是喃字走向成熟的标志。这也是越南喃文书产生的历史源头。由于历史灾殃和自然环境的影响，陈朝存留下来的喃文诗文或典籍为数不

---

① Nguyễn Văn Khánh, "Học viện Viễn Đông Bác Cổ Pháp với Khoa học Xã hội - Nhân văn Việt Nam", 2014-12-05, accessed 2023-11-24, https://ussh.vnu.edu.vn/vi/news/nhan-vat-su-kien/hoc-vien-vien-dong-bac-co-phap-voi-khoa-hoc-xa-hoi-nhan-van-viet-nam-11234.html.

多。存留至今的越南喃文作品大多是后黎朝至阮朝时期创作的。越南的汉喃古籍主要有刊刻与抄写两大种类。抄写本在越南汉喃古籍中占据了相当大的比重，喃文古籍尤为突出。

刘玉珺曾对《越南汉喃文献目录提要》进行统计和量化分析。结果显示，"在五十类六十目典籍中，除了子部的佛教、道教与俗信、基督教等类典籍明显以印本为主要形式流传外，其余的典籍绝大多数是以抄写为主要传播方式。"[①]她得出的结论是："在越南印刷术通行的时代里，抄写依然是交流社会生活、传播文化知识的最主要方式。"[②]喃字和喃文书更多的是用来书写越南本土诗文和与社会底层民众文化生活密切相关的民间文书的载体。越南的喃文六八体诗歌、歌谣、陶娘歌和传记小说等，虽然有些作品有刻本，但更多的是民间抄本。喃文书中诸如乡约、丁田簿、风土和谱牒等，刻本的比例很少，有些甚至是清一色的民间抄本。之所以出现喃字喃文多用于民间文化生活的情况，或许可以从越南明乡人、阮廷重臣郑怀德的著述管窥一班。他在《嘉定城通志》有云：（喃字）书法和字体也是"真草篆隶，依四字法，随宜书之"。在平时书写习惯方面，"亦或有人左手执纸，右手援笔，迅速誊写，腕不离席。而草式又有与中国点画撇捺，转折变化之不同，盖取其顺便而已。犹中国百家草法各相反异，不相蹈袭之意，故草书公事多不用。"[③]由此可见，越南人在书写喃字时，大致与汉字相同，但又存在"点画撇捺，转折变化之不同"和比较随意书写的特点，导致规范性较差。

正是由于喃字结构复杂，规范性差，另有不少简体或简笔字，难以统一，因此往往同一概念或同一越南语词语，容易出现人写人殊的用字情况。即便是在同一作品中，也经常会出现同一概念或同一越南语词语的书写用字前后不一致的现象。这种用字情况，在喃文书民间抄本中尤为突出。抄本还意味着字体与字形风格的多样化，或工整美观，或笔走龙蛇，或潦草不堪。

中国著名学者费孝通在论述文字问题时，曾指出："文字的发生是在人

---

① 刘玉珺：《越南汉喃古籍的文献学研究》，北京：中华书局，2007 年，第 147 页。

② 刘玉珺：《越南汉喃古籍的文献学研究》，北京：中华书局，2007 年，第 148 页。

③〔越〕郑怀德撰：《嘉定城通志》，载戴可来、杨保筠校注《岭南摭怪等史料三种》，郑州：中州古籍出版社，1991 年，第 178 页。

和人传情达意的过程中受到了空间和时间的阻隔的情景里。"[①]这也反过来说明，时间和空间对语言文字也会产生重要影响。明末学者陈第曾提出了"盖时有古今，地有南北，字有更革，音有转移，亦势所必至"[②]的古音学研究学说，对后世影响炽烈。他们都精辟地指出了时空变化对语言文字的重要影响。这就产生一个重要的问题，即个人的今夕之隔和社会的世代之隔，对人们释读文字的音义造成了阻碍和困难。文字释读困难，又将不可避免地增加理解文意的难度；见仁见智、以讹传讹的情况并非少见。

1945 年，越南实现文字鼎革后，随着世代的推移，除了少数受过系统学习和训练的汉喃学专家之外，能释读汉字和喃字的大众群体已屈指可数。此外，由于时移世易不少原版文献材料物理状况令人担忧，有的字迹模糊难辨，有的纸张残破，导致本来就要面对难以释读的困境，又平添了新的难题。准确释读文献，是传承的重要基础，否则容易产生讹误、变异或混乱。

（三）普及汉语/汉字教育举棋不定

不管是从历史与现实，还是从理论与实践的多重视角来看，一种文字及其所承载的语言，使用的人数越多范围越广，那么这种文字和语言背后所代表的文化，就会越繁荣和越有利于传承。这对于民族文化，尤其是某些特定少数民族的传统文化尤为如此。

国语拉丁字出现之前，汉字和喃字是越南语的书写用字。虽有不少缺陷，但它们是越南民族文化的主要载体。因此要保护和传承越南民族文化，学习汉语/汉字是无法绕开的议题。喃字是汉字的孳乳文字。这使得学习和掌握喃字，必须先学习汉语和汉字，成为了不二法门。

由于诸多因素的影响，汉语教育在越南几经波折。1954 年抗法战争胜利后，越南汉语教育对象涵盖初中、高中和大学三个层次，但由于美国介入越南战争，使得受到教育或培训的学员数量比较有限，效果也不尽如人意。1979 年，中国对越进行"自卫反击"。此后十年间，两国处于对峙时期。受此影响，越南的汉语教育跌至冰点，几乎所有的越南学校都不再教授汉语课

---

① 费孝通：《再论文字下乡》，载《乡土中国》，上海：华东师范大学出版社，2018 年，第 15 页。

② 陈第：《毛诗古音考·自序》，载《钦定四库全书》经部总目卷一。

程，汉语教师也被迫从事其他工作。1991 年，中越关系正常化之后，越南的汉语教育得到了一定程度的恢复和发展。

进入 21 世纪后，越南社会各界甚至是国会代表，对是否在中小学阶段开设汉语课程的议题，展开了持续不断的激烈争论。有学者认为，国语拉丁字比方块字先进，代表文字发展的历史方向，越南不必恢复汉语教育。也有学者在充分肯定越南国语拉丁字的同时，明确指出它在很大程度上割断了越南传统与现实的联系纽带，形成了巨大的文化断层，以致现在绝大多数越南国民根本看不懂自己祖宗留下的汉喃文献典籍，进入名胜古迹和楼台庙宇满眼不识祖宗字。为此，他们呼吁恢复汉语和汉字教育。

越南国语字的出现和使用至今已 300 余年，作为国家正式通用文字仅 70 余年，但不少越南人对源于汉语的成语和历史人物的认识已出现令人啼笑皆非的错误。例如，越南作协的一位会员诗人因将成语"ý tại ngôn ngoại"（言外之意）解释为"ý ở trong lời ở ngoài"（意思在里面，语言在外面）而贻笑大方。[①]2012 年，越南海阳省举行越南民族英雄、世界文化名人阮廌忌日 570 周年（1442—2012）追思会。2012 年 10 月 1 日，越南《人民报》网中文版刊发了题为《海阳省隆重举行越南民族英雄阮廌忌日 570 周年追思会》一文，进行简短报道。在全文约 300 字的报道中，多处出现错别字和历史文化常识错误。最令人遗憾的是，阮廌画像下竟然注明"越南民族英雄阮斋"，[②]提及阮氏诗文时，竟称其作品中"最典型的是用喃文写的《平吴大诰》，[③]后来被翻译成越南语"[④]。部分在华越南留学生撰写硕博学位论文涉及

①〔越〕丁晋榕：《序言》，载阮德集《二千字》，河内：文化信息出版社，2008 年，第 6 页。

② 阮廌（越南语 Nguyễn Trãi，1380—1442 年），号抑斋，蓝山起义胜利后受后黎皇室赐姓，故又名"黎廌"。按传统姓名和字号的表述方式，可称为阮廌、阮抑斋或抑斋等，而越南《人民报》网中文版报道中以"阮斋"指称"阮廌"，应系汉字"斋"的汉越音"Trai"与"廌"字汉越音"Trãi"误读所致。

③ 明宣德二年（1427 年），黎利领军击败明军，取得反明胜利。为宣示大越国脱离明朝统治、建立后黎朝，黎利命开国功臣兼文豪阮廌作《平吴大诰》。诰文以汉语文言文写成，全文贯穿着民族情感及去暴安民的思想，既有重要的政治含义，又有较高的文学成就。详见〔越〕吴士连等编撰、陈荆和编校：《大越史记全书·本纪》卷十《黎纪》，东京：东京大学东洋文化研究所，1984 年，第 546—548 页。

④《海阳省隆重举行越南民族英雄阮廌忌日 570 周年追思会》，越南《人民报》网中文版，2012 年 10 月 1 日，http://cn.nhandan.org.vn/index.php/society/item/178801-海阳

其本国历史人名、地名时，讹误百出。这种情况即便在当今越南某些著名汉喃学者的著述中也时有发生。可见，随着汉字的废除和新生代缺乏学习汉语的机会和条件，越南大多数民众对其民族语言、民族传统和历史文化等方面的认识和解读日趋模糊化。

在教育体系和日常生活中，不少越南人也因缺乏汉字、汉语和汉文化的基本修养，导致对越南语某些具有汉语语素或词语的理解出现让人遗憾的情况。越南学者阮景权教授发现，有些越南老师由于缺乏传统汉喃文化底蕴，无法向学生解释清楚越南语"nhân dân（人民）""nhân đạo（人道）"和"nhân nghĩa（仁义）""nhân ái（仁爱）"中两个"nhân"的区别。[①]2007 年 8 月，河内电视台的《看图猜字》节目中，一位参加节目的年轻工程师说：每到春节，人们常常去求字，很多人喜欢"禄（lộc）"字、"福（phúc）"字等等，但是他每次都去求"thành"字，因为他喜欢"诚意（thành ý）"诚实（thành thực）""诚心（thành tâm）"，而且还能是"成达（thành đạt）""成功（thành công）"。[②]更有甚者，就连编撰辞书的学者也把"trữ tình（抒情）"一词解释为"chất chứa tình cảm"（富含情感）。可见编者对越南语借汉词"trữ"所对应的汉字/汉语"抒、储、贮、纻、苎、纾"等之间的区别已没有认知了。对越南语中的借汉词或汉越关系语素错误认知的现象，在越南现代生活中不胜枚举。

正因如此，近年来越南教育职能部门和相关学者，或出台恢复汉字教育的相关政策，或发出恢复汉字教育的呼吁。2006 年，越南《公报》第 49/50 期公布越南教育与培训部发布的《关于在中学普及汉语教育课程的第 16/2006/QĐ-BGDĐT 号决定》。该决定的主要内容包括"汉语地位、目标、设立和发展汉语课程的观点、教学内容、解释、引导教学方法和掌握汉语标准常识"[③]。2012 年 3 月 12 日，越南教育部颁发了《关于在小学和初中开展

省隆重举行越南民族英雄阮斋忌日 570 周年追思会，引用日期：2013 年 9 月 24 日。

① 参见〔越〕Nguyễn Cảnh Toàn, "Chữ Nho với văn hoá Việt Nam", *Tạp chí Hán Nôm*, No.4, 2003.

② 参见〔越〕Nguyễn Quang Hồng, *Khái luận văn tự học chữ Nôm*, Hồ Chí Minh: Nhà xuất bản Giáo dục, 2008, tr.454.

③ "Quyết định 16/2006/QĐ-BGDĐT ban hành chương trình giáo dục phổ thông do Bộ trưởng Bộ Giáo dục và Đào tạo ban hành", 2006-05-05, accessed 2023-09-24, http://thuvien phapluat.vn/van-ban/Giao-duc/Quyet-dinh-16-2006-QD-BGDĐT-chuong-trinh-giao-duc-pho-

汉语教育的草案通知》及其实施细则——《小学和初中汉语教学计划》。通知说明接受汉语教育的对象仅为在越华族，且非强制性。2013 年，笔者在越南河内研学期间，曾就这一政策的实施情况对时任河内国家大学所属外语大学中国语言与文化系主任阮黄英博士进行了访谈。据她介绍，就越南教育部公布的数据而言，当时越南有 11 个省市的中学开设汉语课程，但她只能确定河内、胡志明、海阳、太原、河江、老街、和平、广宁 8 省市的部分中学开设了汉语课程。汉语学习者最多的越南中学主要分布在广宁、河江、老街等越中边界省市，以及华侨华人聚居的南方地区。总体而言，范围仍比较有限。

2016 年 8 月 27 日，"汉喃学在当代文化中的地位"研讨会在越南汉喃研究院召开。越南汉喃学者段黎江（Đoàn Lê Giang）在会上提出了"必须展开汉字教育以保持越南语纯洁性"的观点。8 月 29 日，段氏的观点经越南 vietnamnet 网站报道后，迅速在越南全国大众传媒掀起了激烈的大论战。论战中不乏理性的分析与言论，但总体而言，反对和攻击段氏观点的声音不绝于耳。

据越南《先锋报》2016 年 9 月 19 日报道，继英语、法语和日语之后，汉语和俄语已被列为第一外语阵营，越南教育与培训部将于 2017 年开始在有条件的省市试点推行小学至高中（3 年级至 12 年级）十年汉语和俄语教育。[①]消息一出，引起了越南社会舆论的巨大关注。较之于俄语，舆论更聚焦于中小学展开汉语教育问题。基于对当前越南社会具体情况、教育任务和外语教育目标的认识，越南社会各界反对推行汉语教育的呼声更高。越南社会科学院中国研究院前院长阮辉贵（Nguyễn Huy Quý）教授在接受媒体采访时也认为："中国将对未来产生影响，越南需要汉语，但将其列入第一外语阵营展开教学为时尚早，尤其不应在小学就展开汉语教育。……越南社会的实际需求是，必须从小学就开始对儿童进行英语教育，循序渐进，以期及

---

thong-55984.aspx. 另见中国驻越南使馆经商处：《越南设立普及中学汉语课程》，2006 年 9 月 8 日，http://vn.mofcom.gov.cn/aarticle/ztdy/200609/20060903098799.html，访问日期：2013 年 3 月 10 日。

　①〔越〕Đỗ Hợp, "Dạy thí điểm môn Tiếng Nga, Nhật, Trung Quốc như ngôn ngữ thứ nhất", 2016-09-19, accessed 2019-11-08, http://www.tienphong.vn/giao-duc/day-thi-diem-mon-tieng-nga-nhat-trung-quoc-nhu-ngon-ngu-thu-nhat-1052068.tpo.

时融入国际社会。"①

　　2023 年 12 月 1 日，越南教育部阮金山（Nguyễn Kim Sơn）部长签发了《关于批准小学 5 年级教科书和教学活动及 3—4 年级汉语教科书的决定》（批准号：4119/QĐ-BGDĐT）。该决定涉及书目 44 份/套，包括数学、道德、历史与地理、信息学、技术、体育、音乐、美术、研学、英语和汉语诸多方面的内容。其中英语教科书 10 份/套，汉语教科书 3 份/套。该决定刚颁布就在越南各种大众传媒上引起激烈的争论。有人对此进行歪曲和抹黑，甚至映射越南的体制问题，以致越南教育与培训部不得不出来澄清各种谣言。

　　如前所述，将汉语课程纳入普通教育，在越南是聚讼纷纭且颇为敏感的话题。为了应对新时期的发展需求，越南对教育系统进行了相应的改革和调整。2014 年 11 月 18 日越南国会颁布了《关于普通教育教学与教科书改革的决议》，为越南普通教育改革，尤其是教科书改革指明了方向。2017 年 12 月 22 日，越南教育与培训部出台的第 33/2017/TT/-BGDĐT 号通知（简称第 33 号通知），作为决议的实施细则。2020 年 8 月 6 日和 2022 年 3 月 19 日，越南教育与培训部又分别出台第 23/2020/TT/-BGDĐT 号和第 05/2022/TT/-BGDĐT 号通知，对第 33 号通知进行修改和补充。纵观这些相关的文件和政策，可知该决定的出台可谓水到渠成。

　　总而言之，关于是否在普通教育阶段开设汉语/汉字课程，越南社会各界已展开为时较长的争论。纵观各种观点，大致可以分为正反两大类。持肯定和积极态度的一方大多认为，绝大多数国民不会汉字和喃字，面对祖宗存留下来的诸如汉喃家/族谱、古籍、碑刻和历史人文遗址时，满脸茫然，民族文化断层的事实不言而喻，且有不断加大的趋势。在普通教育阶段开设汉语/汉字教育课程，是传承、发展和弘扬越南民族语言文化的内在要求。持反对和批判意见的另一方则大体认为，国语字符合世界文字拼音化发展的总体规律，比方块型汉字和喃字更先进，是书写和记录越南语的最佳选择。不论何种观点，都是从维护越南自身民族文化利益和发展前途出发的，但它们的背后大多隐隐约约飘忽着高涨的，甚至是偏激的民族主义情绪。

---

① "Tiếng Trung thành ngoại ngữ thứ nhất: Đừng quá tham vọng...", 2016-09-27, accessed 2018-11-15, http://baodatviet.vn/chinh-tri-xa-hoi/giao-duc/tieng-trung-thanh-ngoai-ngu-thu-nhat-dung-qua-tham-vong-3319537/.

越南对普及汉语/汉字教育之所以举棋不定，原因是多方面的。实际上，越南所要做的是将汉语纳入普通教育的外语选修课程而已，因为除了汉语之外，日语、俄语和韩语等也一并被纳入普通教育外语学习的对象。但只有汉语课程在网络或民间掀起舆论风波，并不断地发酵。这种看似偶发的现象之下，蕴藏着必然的价值取向和文化心态。中越两国关系史非常复杂，可谓是充满了恩恩怨怨，却又长相依伴。越南在构建民族文化体系的过程中非常注重阐述本民族文化特征和优点，但同时也有意无意地贬低、忽视或排斥其中的中国文化渊源。长期以来，越南学界和教育系统一以贯之地向国民灌输所谓"北方威胁/侵略"的民族主义史观，使得国民对中国国家和文化形象的认知总体趋于负面。此外，南海问题悬而未决，也助长了越南人对中国的负面情绪和认知。

是否能恢复汉语/汉字教育，是越南自身的问题，旁人无权说三道四和指手画脚。但总体而言，让民众能掌握一定程度的汉语/汉字，对越南民族传统文化，尤其是传承汉喃文化遗产，是百利而无一害的。据笔者观察，这些年来越南社会有自动接纳汉字、汉语和喃字的倾向。这点在越南大众传媒使用借汉词或源于汉语的新词语方面，表现得尤为明显。

第九章　结语

　　喃字和喃文献是越南自主封建以来，除了汉字和汉文献之外的重要文化载体，在越南历史文化中具有重要而特殊的价值和意义。它们是千百年来汉越文化交流的结晶，既体现了越南本土文化的浓郁色彩，又展现了汉文化在越南的炽烈影响。正因如此，在越南历史上曾经使用的汉字和喃字被总称为传统汉喃文字；越南历史上存留下来的喃文献与汉文献，也相应地被统称为汉喃文献。喃字和喃文不但是越南典籍文献的重要书写用字和承载体，更是千百年来越南民族历史、文化、语言和精神的具体展示与生动体现。

　　从文字和语言学的角度来看，起初喃字是为记录越南民族日常口头语言而创制的文字。13 世纪以降，喃字不断地发展和完善，开始不断地被用于文学艺术创作，书写乡规民约，记录民歌民谣和宗教活动等，还在科学教育、政治行政等领域中得到一定程度的使用。18 世纪中叶至 19 世纪末上半页，喃字在越南发展至繁盛阶段，喃字应用的纵深维度都有很大程度的提升。也正是这一时期，喃字在越南文学艺术领域取得了空前的成就。尤其是19 世纪中期，阮攸根据中国明末清初青心才人编次的章回体小说《金云翘传》，演喃为同名叙事诗《金云翘传》，被誉为越南古典文学的巅峰之作。这些都体现了历代越南人民，尤其是文墨之士对汉字、汉语、汉文献和越南语四者有机联系的综合认知与理解，以及在创制和使用喃字的过程中，体现了他们的民族思维、感情、文化价值取向和艺术审美等诸多特征。

　　越南喃字与受汉字影响而创制的壮字（古壮字）、瑶字、苗字、布依字、侗字、白文、哈尼字和粤语字等，有"同曲异工"之处，各自的民族与地域特色显著。喃字自身存在无法规范化，字体字形繁杂混乱，思维-语言-文字三者未能形成有机统一体系；喃字背后蕴含的文化养分较为贫瘠，而且缺乏纵深维度。这通过越南语词汇结构可以管窥一斑。在越南语词汇系统中，汉语语素借词约占 70%，越南本土语言词汇及其他方向借词仅占约 30%。其中，汉语语素借词绝大多数均可以用汉字书写，而其他成分语言词汇则需要创制喃字来记录。这就基本决定了喃字必须镶嵌在汉字文化叙述体系之中，才能生存、发展和壮大。失去汉字这一有机母体，喃字便会成为无源之水、无本之木，衰落自然也就在所难免了。1945 年，越南进行了文字鼎革，国语拉丁字正式成为越南民族自主选择的通用文字，汉字被废除之后，喃字也随之极速衰落，即证明了这一点。

就文献学而言，喃文献是封建时代越南文墨之士创作的喃文典籍的总集成。按中国古代典籍分类法，中越学界将越南喃文献分为经、史、子、集四部。笔者力有不逮，按具体使用的领域，及其在越南文化中的重要影响，仅就喃文献的律体诗、骈体赋、韵文小说、六八体和双七六八体诗歌、乡约和辞书七大类型/领域进行了探讨、考究和梳理。从中可清晰地发现，喃文献与中国相关文献典籍关系非常密切，不少作品甚至是具体汉文古典文学作品的喃文译本或喃文再创作本，体现了中越历史上典籍交流的轨迹与流变。喃文献的体裁形式是丰富多样的，但韵文体，尤其是六八体诗歌，是最大和最突出的体裁特征和艺术表现形式。喃文献韵文体是越南本土语言风格、歌谣体式和汉文律诗水乳交融的产物，既体现了浓郁的越南本土文化特色和语言艺术特征，又从侧面反映了汉越文化交辉相映的镜像。

1945 年"八月革命"胜利之后，越南国语拉丁文字登上越南民族正式通用文字的历史舞台中央。自此而后，随着时代的推移，新生代的越南人对自己祖宗遗留下来的喃字和喃文献逐渐日趋陌生，只能感叹"有缘面对不相识"，甚至出现"数祖忘典"的窘境。20 世纪初，极力推广国语拉丁字的阮文永（Nguyễn Văn Vĩnh）就曾说："国语字是国家之魂"，"我们国家未来的好坏均系于国语字"。国语字易学易用，能准确地记录越南语，自由地表达和抒发越南人的思想情感。这表明越南国语拉丁字有其进步性、优越性和科学性的一面。但若要发挥和延续这种优点，必须有一个重要的前提，即使用它的人必须有足够的传统文化素养，否则越南国语拉丁文的语文性质将不可避免地退化。因为越南传统文化虽多彩多样，但汉喃文化是其中的主体与内核。19 世纪末 20 世纪初成长起来的越南精英，绝大部分都系统地接受过儒学教育，有深厚的汉喃文化根基，有的还接受过法式现代教育，文化素养很高。因此，他们在使用国语字书写文章时，一般不会碰到文化问题的困惑。

但后世新生代的越南人就很少具备这样的综合素养。目前越南文化传承与赓续中遇到的诸多问题与困境，也印证了这一点。故阮文永的话"我们国家未来的好坏均系于国语字"之感慨，绝大多数越南人只做了正面，即往"好"的层面去理解和阐述。但阮氏话语中所提及的"坏"，即国语字弱文化承载和传承能力，一直以来被越南民族集体性地忽略了。虽然偶有越南学者提出了重视汉喃教育的主张，但受限于主客观诸多方面的因素，这种意见并未形成主流民意或共识。

喃字和喃文献不仅是越南宝贵的历史文化遗产，也是人类社会的宝贵精神财富。文化传承的途径、路线和方式，应该是多种多样的，但基于文字和文献的传承是最扎实和最有效的。越南向来重视包括汉喃文化遗产在内的本民族的传统文化，陆续出台了诸多保护、收集、管理、整理和挖掘汉喃文化遗产的相关政策与措施，取得了令人印象深刻的成效。客观而言，在对越南古籍的整理、研究和挖掘中，汉字和汉文献有更多的越南国内外受众和关注群体，国际合作也颇为活跃而频繁，所取得的成效比较显著。反之，由于越南国内外受众和关注群体趋于小众，熟练掌握喃字非一朝一夕之功所能，不少喃文献是手写本或抄本，准确释读重重困难，加之缺乏顶层设计等诸多方面的原因，越南喃字和喃文献的整理、研究和挖掘工作，取得的成效相对逊色。

对任何一个国家而言，民族文化是战略级别的生存与发展要素。它孕育和涵养了一个民族的性格特征、思维方式和价值取向等诸多内核因子，决定和体现一个民族的精神面貌。喃字和喃文献是越南民族文化的重要组成部分和历史文化遗产。越南社会各界，尤其是汉喃研究界对它们的相关整理和研究，是新时代保护、传承和弘扬越南民族文化，服务越南社会发展的重要举措之一。他们在这方面取得的成效值得我们关注、学习和借鉴。从更广阔的视域来看，喃字和喃文献的传承，不仅需要越南学界，尤其是汉喃研究界持之以恒地努力付出和职能部门高瞻远瞩的谋划，而且更需要广大民众的积极参与。虽然越南在这方面已经取得了成效，但是就目前的情况和可以预见的未来而言，由于种种因素的叠加影响，越南喃字和喃文献的保护与传承仍任重道远。

参考文献

一、中文文献

[1]《古今图书集成·明伦汇编·交谊典》第 28 卷，中华书局影印本。

[2]〔法〕L. 鄂卢梭：《秦代初评南越考》，冯承钧译，上海：商务印书馆，1934 年。

[3] 陈第：《毛诗古音考》，载《钦定四库全书》经部总目卷一。

[4] 陈荆和：《〈嗣德圣制字学解义歌〉译注》，香港：香港中文大学出版社，1971 年。

[5] 陈荆和：《安南译语考释：华夷译语中越语部分之研究（上）》，载（中国台湾）《文史哲学报》第 5 期，1953 年。

[6] 陈荆和：《安南译语考释：华夷译语中越语部分之研究（下）》，载（中国台湾）《文史哲学报》第 6 期，1954 年。

[7] 陈庆浩、伊莎贝尔·兰德里·德隆：《巴黎乘差会所藏汉喃书籍目录》，巴黎，2004 年。

[8]〔越〕陈文玾：《越南典籍考》，黄轶球译，载《文风学报》，1949 年 7 月第 4/5 期合刊。

[9] 陈益源：《越南〈金云翘传〉的汉文译本》，载《清明小说研究》，1999 年第 2 期。

[10] 陈增瑜主编：《京族喃字史歌集》，北京：民族出版社，2007 年。

[11]〔越〕陈重金著、戴可来译：《越南通史·译者的话》，北京：商务印书馆，1992 年。

[12]〔宋〕储泳：《祛疑说》，载《钦定四库全书·子部》。

[13] 戴可来、杨保筠校注：《岭南摭怪等史料三种》，郑州：中州古籍出版社，1991 年。

［14］戴可来、于向东：《越南历史与现状研究》，香港：香港社会科学出版社有限公司，2006 年。

［15］戴可来、于向东主编：《越南》，南宁：广西民族出版社，1998 年。

［16］邓应烈、何华珍主编：《越喃汉英四文对照新词典》，上海：上海交通大学出版社，2023 年。

［17］邓正水：《法国远东学院对印度支那的研究》，载《印度支那》，1987 年第 3 期。

［18］〔宋〕范成大撰、孔凡礼点校：《桂海虞衡志》，北京：中华书局，2002 年。

［19］范宏贵、刘志强：《越南语言文化探究》，北京：民族出版社，2008 年。

［20］〔宋〕范晔撰、〔唐〕李贤等注：《后汉书》，北京：中华书局，1965 年。

［21］方程：《现代越南语概论（初稿）》，南宁：广西民族学院外语系印，1983 年。

［22］费孝通：《再论文字下乡》，载《乡土中国》，上海：华东师范大学出版社，2018 年。

［23］高叶萍：《从中越文字说到两国文化》，载《远东日报》，1960 年 9 月 1 日。

［24］古小松等：《越汉关系研究》，北京：社会科学文献出版社，2015 年。

［25］广西壮族自治区非物质文化遗产保护中心：《京族传统民歌译注·前言》，北京：学院出版社，2022 年。

［26］广西壮族自治区少数民族古籍整理出版规划领导小组编撰：《古壮字字典（初稿）》，南宁：广西民族出版社，1989 年。

［27］郭廷以等：《中越文化论集（一）》，台北：中华文化出版事业委员会，1956 年。

［28］郭廷以等：《中越文化论集（二）》，台北：中华文化出版事业委员会，1956 年。

［29］何华珍、〔越〕阮俊强主编：《东亚汉籍与越南汉喃古辞书研

究》，北京：中国社会科学出版社，2017年。

［30］黄国安、萧德浩、杨立冰编：《近代中越关系史资料选编（下）》，南宁：广西人民出版社，1988年。

［31］〔越〕黄荣编纂：《越南在烽火中》，暨南大学图书馆本部六楼世界华侨华人文献馆藏本。

［32］黄轶球：《越南诗人阮攸和他的杰作〈金云翘传〉》，载《华南师范学院学报（社会科学）》，1958年第2期。

［33］蒋炳钊、吴绵吉、辛土成：《百越民族文化》，上海：学林出版社，1988年。

［34］孔衍、林明华：《越南的民族成分》，载《东南亚》，1983年第3期。

［35］〔越〕黎贵惇著、阮克纯校订：《见闻小录》，河内：教育出版社，2008年。

［36］〔越〕黎贵惇著、阮克纯校订：《芸苔类语》，河内：教育出版社，2008年。

［37］李乐毅：《关于越南的"喃字"》，载高等院校文字改革会筹备组编《语文现代化（第4辑）》，北京：知识出版社，1980年。

［38］李文凤：《越峤书》，载《四库全书存目丛书·史部》第162册，济南：齐鲁书社，1996年。

［39］李学勤主编：《周礼注疏（上）》北京：北京大学出版社，1999年。

［40］〔北魏〕郦道元著、陈桥驿校证：《水经注校证》，北京：中华书局，2007年。

［41］梁庭望：《壮文论集》，北京：中央民族大学出版社，2007年。

［42］林明华：《关于喃字问题的反辩——与罗长山同志再商榷》，载《东南亚纵横》，1992年第1期。

［43］林明华：《喃字界说》，载《现代外语》，1989年第2期。

［44］林明华：《喃字演变规律及"消亡"原因管见——兼与罗长山同志商榷》，载《东南亚研究》，1991年第1期。

［45］林英强：《越南的文学艺术》，载《南洋文摘》，1969年第10卷第1期。

〔46〕刘春银、王小盾、陈义主编:《越南汉喃文献目录提要》,台北:"中央研究院"中国文哲研究所编印,2002 年。

〔47〕刘玉珺:《越南汉喃古籍的文献学研究》,北京:中华书局,2007 年。

〔48〕刘志强:《有关越南历史文化的汉文史籍》,载《学术研究》,2007 年第 12 期。

〔49〕罗长山:《关于字喃研究中几个问题的思辨——答林明华同志的〈商榷〉》,载《东南亚纵横》,1991 年第 3 期。

〔50〕罗长山:《试论字喃的演变规律及其消亡的社会原因》,载《东南亚纵横》,1990 年第 3 期。

〔51〕罗长山:《越南传统文化与民间文学》,昆明:云南人民出版社,2004 年。

〔52〕罗长山:《越南古代女诗人胡春香和她的诗》,载《东南亚纵横》,1993 年第 4 期。

〔53〕〔清〕彭定求等编撰:《全唐诗》,北京:中华书局,1999 年。

〔54〕〔清〕皮锡瑞:《尚书大传疏证》,师伏堂刻本,光绪丙申(1896 年)。

〔55〕〔越〕阮苏兰:《越南阮朝〈古学院书籍守册〉喃文书籍考》,梁茂华、覃林清译,载古小松、方礼刚主编《海洋文化研究(第 2 辑)》,广州:世界图书出版广东有限公司,2023 年。

〔56〕〔越〕阮文珊:《大南国语》,文江多牛文山堂藏板,成泰己亥年(1899 年)。

〔57〕〔越〕阮攸:《金云翘传》,黄轶球译,北京:人民文学出版社,1959 年。

〔58〕〔越〕阮友心:《关于天主教从十六世纪至十八世纪在越南传入与发展之初探》,载《成大历史学报》,2011 年第 40 期。

〔59〕苏维芳、苏凯主编:《京族传统叙事歌集(上下)》,南宁:广西民族出版社,2020 年。

〔60〕苏维芳、韦树关:《中国京族喃字字典》,南宁:广西民族出版社,2023 年。

〔61〕苏维芳编著:《京族史歌/京族喃字歌集》,南宁:广西民族出版

社，2023 年。

［62］谭志词：《中越语言文化关系》，北京：军事谊文出版社，2003 年。

［63］〔越〕陶维英：《越南古代史》，刘统文、子钺译，北京：科学出版社，1976 年。

［64］〔元〕陶宗仪：《辍耕录》卷二十六《武当山降笔》，载《钦定四库全书·子部》。

［65］〔元〕脱脱：《宋史》，北京：中华书局，1985 年。

［66］王力：《汉越语研究》，载《岭南学报》，1948 年第 9 卷第 1 期。

［67］韦树关：《汉越语关系词声母系统研究》，南宁：广西民族出版社，2004 年。

［68］韦树关：《京语研究》，南宁：广西民族出版社，2009 年。

［69］韦树关：《京族喃字的使用现状及喃字文献的抢救》，载《京族文化的传承与发展——防城港市京族文化研讨会论文集》，南宁：广西人民出版社，2008 年。

［70］韦树关：《喃字对古壮字的影响》，载《民族语文》，2011 年第 1 期。

［71］韦树关：《中国喃字与越南喃字的差异》，载《第二届东亚及东南亚中国越南语言文化教学与研究国际学术研讨会论文集》，河内：越南河内国家大学出版社，2009 年。

［72］韦树关：《中国喃字与越南喃字之比较》，载《广西语言研究（第五辑）》，2008 年。

［73］韦树关等：《中国京语词典》，广州：世界图书出版广东有限公司，2014 年。

［74］闻宥：《论字喃之组织及其与汉字之关涉》，载《燕京学报》，1933 年第 14 期。

［75］吴凤斌：《略论汉字汉语与越南语言文字的关系》，载《南洋研究》，1984 年第 1 期。

［76］〔越〕吴士连等编撰、陈荆和编校：《大越史记全书》，东京：东京大学东洋文化研究所，1984 年。

［77］〔越〕武维绵、阮友心：《十九世纪末二十世纪初越南北部三角洲

村社组织管理中的乡约》，载《地方文化研究》，2016 年第 3 期。

［78］萧统编、李善注：《文选》，上海：古籍出版社，1986 年。

［79］徐亮等编注：《黄轶球著译选集》，广州：暨南大学出版社，2004 年。

［80］〔明〕严从简：《殊域周咨录》，北京：中华书局，1993 年。

［81］颜保：《越南文学与中国文化》，载《外国文学》，1983 年第 1 期。

［82］颜其香、周植志：《中国孟高棉语族语言与南亚语系》，北京：文献出版社，2012 年。

［83］〔越〕佚名、王云五撰：《越史略》，上海：商务印书馆，1936 年。

［84］于在照：《越南文学史》，北京：军事谊文出版社，2001 年。

［85］于在照：《越南文学史》，广州：世界图书出版广东有限公司，2014 年。

［86］越南社会科学委员会编著：《越南历史》，北京大学东语系越南语教研室译，北京：人民出版社，1977 年，第 247 页。

［87］詹伯慧主编：《广州话正音字典（广州话普通话读音对照）》，广州：广东人民出版社，2002 年。

［88］张秀民：《〈中越关系书目〉继编》，载《中国东南亚研究会通讯》，2001 年第 1 期。

［89］郑振铎：《玄览堂丛书续集》第一百册《安南国译语》，国立中央图书馆影印本，1947 年。

［90］朱鸿林：《20 世纪初越南北宁省的村社俗例》，载《广西民族大学学报（哲学社会科学版）》，2007 年第 5 期。

二、越南汉喃文献

［1］冬青氏：《三字经六八演音》，柳文堂刻板，成泰十七年（1905 年）。

［2］范琼：《关于阮攸及其〈翘传〉的演讲》，载《南风》，1924 年第 86 期。

［3］高伯道、范曰能、潘有启：《乡约廊上溪》，越南国家图书馆藏

本，藏书编号 R.1623。

［4］黄高启：《越史要》卷一，维新甲寅（1914 年）冬新镌，越南国家图书馆藏本，藏书编号 R.173。

［5］潘辉注：《官职志》，载《历朝宪章类志》卷十四。

［6］乔莹懋：《琵琶国音新传》，越南汉喃研究院藏本，藏书编号 AB.272。

［7］阮文珊：《大南国语》，文江多牛文山堂藏板，成泰己亥年（1899 年）。

［8］嗣德编撰：《嗣德圣制字学解义歌》，成泰九年（1897 年）印本。

［9］王维桢：《清化观风》，越南汉喃研究院抄本，成泰甲辰年（1904 年）海阳柳文堂新镌，藏书编号 VHv.1370。

［10］吴时任：《三千字解音》，富文堂藏板，辛卯年（1831 年）孟秋新刊。

［11］佚名：《佛说大报父母恩重经》，越南汉喃研究院馆藏本，藏书编号 VHc.125。

［12］佚名：《富基亭四约》，越南国家图书馆藏本，藏书编号 R.1207。

［13］佚名：《翰墨林》，柳文堂原本，阮朝维新三年（1909 年）新镌。

［14］佚名：《千字文译国语》，观文堂藏板，维新乙酉季夏。

［15］佚名：《三字经解音演歌》，观文堂刻板，同庆三年（1888 年）新镌。

［16］佚名：《乡约目录廊甲贰》，越南国家图书馆藏本，藏书编号 R.1768。

［17］佚名：《指南玉音解义》，越南汉喃研究院抄本，藏书编号 AB.163。

三、越文文献

［1］Bùi Xuân Đính, *Lệ làng phép nước*, Hà Nội: Nhà xuất bản Pháp lý, 1985.

［2］Bửu Cầm, *Dẫn nhập nghiên cứu chữ Nôm*, Sài Gòn: Đại học văn hóa Sài Gòn, 1968.

［3］Đào Duy Anh, *Chữ Nôm: Nguồn gốc-Cấu tạo-Diễn biến*, Hà Nội: Nhà xuất bản Khoa học Xã hội, 1975.

［4］Đinh Khắc Thuân, *Tục lệ Cổ truyền Làng xã Việt Nam*, Hà Nội: Nhà xuất bản Khoa học xã hội, 2006.

［5］Đinh Thị Thùy Hiên, *Hương ước Thăng Long - Hà Nội trước năm 1945*, Hà Nội: Nhà xuất bản đại học Quốc gia Hà Nội, 2016.

［6］Đỗ Quang Chính, *Lịch sử Chữ Quốc ngữ 1620-1659*, Hà Nội: Nhà xuất bản Tôn giáo, 2008.

［7］Đồng soạn giả, *Tự điển chữ Nôm trích dẫn*, Viện Việt Học USA xuất bản, 2009.

［8］Hà Văn Tấn, Trần Quốc Vượng, *Sơ yếu Khảo cổ học Nguyên thủy Việt Nam*, Hà Nội: Nhà xuất bản Giáo dục, 1961.

［9］Hoa Bằng, "Góp ý Với Ông Bạn Trần Văn Giáp Về Bài 'Nguồn gốc Chữ Nôm'", *Nghiên Cứu Lịch Sử*, No.140, 1971.

［10］Hoàng Hồng Cẩm, "Về cuốn Tam thiên tự do Ngô Thì Nhậm soạn", *Tạp Chí Hán Nôm*, Số.1, 2007.

［11］Lê Văn Quán, *Nghiên Cứu Về Chữ Nôm*, Hà Nội: Nhà xuất bản Khoa học Xã hội, 1981.

［12］Nguyễn Tuấn Cường, *Diên cách cấu trúc chữ Nôm Việt*, Hà Nội: Nhà xuất bản đại học Quốc gia Hà Nội, 2012.

［13］Nguyễn Cảnh Toàn, "Chữ Nho với văn hoá Việt Nam", *Tạp chí Hán Nôm*, No.4, 2003.

［14］Nguyễn Đông Chi, "Vấn đề Chữ viết Trong Văn học Sử Việt Nam", Nguyễn Hữu Sơn, *Nghiên cứ Văn-Sử-Địa(1954-1959): Những Vấn đề Lịch sử Ngữ văn*, No.9, 1955.

［15］Nguyễn Đức Tập, *Nhị thiên tự*, Hà Nội: nhà xuất bản Thông tin, 2008.

［16］Nguyễn Hữu Sơn, "Những Vấn đề Lịch sử Ngữ văn", *Nghiên cứ Văn-Sử-Địa(1954-1959)*, No.9, 1955.

［17］Nguyễn Lộc, *Văn Học Việt Nam(nửa cuối thế kỷ XVIII nửa đầu thế kỷ XIX)*, Hà Nội: NXB Giáo dục, 2001.

［18］Nguyễn Quang Hồng chủ biên, *Tự điển chữ Nôm*, Hà Nội: Nhà xuất bản Giáo dục, 2006.

［19］Nguyễn Quang Hồng, Ngô Thanh Nhàn chủ biên, *Kho chữ Hán Nôm mã hóa*, Hà Nội: Nhà xuất bản Khoa học Xã hội, 2008.

［20］Nguyễn Quang Hồng, *Khái luận văn tự học chữ Nôm*, Hồ Chí Minh: Nhà xuất bản Giáo dục, 2008.

［21］Nguyễn Quang Hồng, *Khái luận Văn tự học Chữ Nôm*, TP. Hồ Chí Minh: Nhà xuất bản Giáo dục, 2008.

［22］Nguyễn Quang Hồng, *Tự điển chữ Nôm dẫn giải*, Hà Nội: Nhà xuất bản Khoa học - Xã hội,

［23］Nguyễn Quảng Tuân, *Truyện Kiều*, TP. Hồ Chí Minh: Nxb văn học, 2004.

［24］Nguyễn Tá Nhí Chủ biên, *Tổng tập văn học Nôm Việt Nam(T1)·Lời nói đầu*, Hà Nội, Nxb. Khoa học xã hội, 2008.

［25］Nguyễn Tài Cẩn, *Một Số Vấn đề về Chữ Nôm, Tuyển tập Công trình về Hán Nôm*, Hà Nội: Nhà xuất bản Giáo dục Việt Nam, 2011.

［26］Nguyễn Tài Cẩn, *Tư liệu Truyện Kiều: thử tìm hiểu bản sơ thảo đoạn trường tân thanh*, TP. Tam Kỳ: Nxb giáo dục, 2008.

［27］Nguyễn Thị Trang, *Bước đầu tìm hiểu hệ thống chữ Nôm ghi tên hiệu các vị thần thành hoàng làng*, Hà Nội: Nhà xuất bản Khoa học Xã hội, 2006.

［28］Nguyễn Tô Lan, "Sách Nôm trong mục quốc âm, kho Quốc thư, Cổ học viện thư tịch thủ sách A.2601/1-10", *Thời đại mới*, Số.5, 2005.

［29］Nguyễn Văn Lợi, "Phát huy Vai trò của Hương ước trong Xây dựng Nông thôn mới ở Việt Nam Hiện Nay", *Nghiên cứu Đông Nam Á*, Số.1, 2022.

［30］Nguyễn Xuân Diện, "Văn thơ Nôm giáng bút với việc kêu gọi lòng yêu nước và chấn hưng văn hóa dân tộc cuối thế kỷ XIX đầu thế kỷ XX", *Nghiên cứu chữ Nôm*, Hà Nội: Nhà xuất bản Khoa học Xã hội, 2006.

［31］Phạm Huy Hổ, "Việt Nam Ta Biết Chữ Hán Từ Đời Nào", *Nam Phong Tạp Chí*, Số.29, 1919.

［32］Sở Cuồng, "Quốc âm thi văn tùng thoại", *Nam Phong Tạp Chí tập*, Số.173, 1932.

［33］Trần Thị Vinh chủ biên, *Lịch sử Việt Nam (tập 4): từ thế kỷ XVII đến thế kỷ XVIII*, Hà Nội: Nhà xuất bản Khoa học Xã hội, 2017.

［34］Trần Trí Dõi, *Giáo Trình Lịch Sử Tiếng Việt*, Hà Nội: Nhà xuất bản Giáo dục Việt Nam, 2011.

［35］Trần Trọng Kim, *Việt Nam Sử Lược*, Hà Nội: Nhà xuất bản Văn hóa Thông tin, 2006.

［36］Trần Văn Giáp, "Lược khảo về Nguồn gốc Chữ Nôm", *Nghiên Cứu Lịch Sử*, No.127, 1969.

［37］Trần Văn Giáp, Phạm Trọng Điêm, *Nguyễn Trãi Quốc Âm Thi Tập Phạm luận*, Hà Nội: Nhà xuất bản Văn-Sử-Địa, 1956.

［38］Trần Văn Kiệm, *Giúp đọc Nôm và Hán Việt*, Đà Nẵng: Nhà xuất bản Đà Nẵng, 2004.

［39］Trần Xuân Ngọc Lan, "Một giả thuyết về từ nguyên của từ 'Nôm'", *Tạp chí Hán Nôm*, No.1, 1988.

［40］Trung tâm Khoa học Xã hội và Nhân văn Quốc Gia Viện Thông tin Khoa học Xã hội, *Thư mục Hương ước Việt Nam-Văn bản Hán Nôm*, Hà Nội: Viện Thông tin khoa học xã hội, 1993.

［41］Trường Chinh, "Mấy nguyên tắc của cuộc vận động văn hoá mới Việt Nam hiện nay", *Về Văn hóa Văn nghệ*, Hà Nội: Nhà xuất bản Văn hóa, 1976.

［42］Trương Văn Bình, "Sách Hán Nôm lưu giữ ở thư viện Leiden (Hà Lan)", *Tạp chí Hán Nôm*, Số.2, 1992.

［43］Viện Khoa Học Xã Hội Việt Nam, Viện Nghiên Cứu Hán Nôm, *Tổng tận Văn học Nôm Việt Nam(Tập I)*, Hà Nội, NXB Khoa học Xã hội, 2008.

［44］Vũ Duy Mền, *Hương ước Cổ Làng xã Đồng bằng Bắc bộ*, Hà Nội: Nhà xuất bản Chính trị Quốc gia, 2010.

［45］Vũ Văn Kính, *Đại tự điển chữ Nôm*, Hồ Chí Minh: Nhà xuất bản Văn nghệ, 2005.

四、学位论文

［1］陈荆和:《安南訳語の研究》，庆应义塾大学文学博士学位论文，学位授予番号：乙第 175 号，1966 年。

［2］梁茂华:《越南文字发展史研究》，郑州大学博士学位论文，2014 年。

〔3〕潘秋云：《越南汉文赋对中国赋的借鉴与其创造》，复旦大学博士学位论文，2010 年。

〔4〕施维国：《字喃与越南文化》，郑州大学硕士学位论文，1993 年。

〔5〕〔越〕阮氏雪：《喃字本《翘传》汉字注释研究——基于英国藏版和越南乔莹懋版》，广西民族大学博士学位论文，2023 年。

五、网络文献与工具

〔1〕Anh Thư, "Truyện Kiều–cuộc chu du đến những miền đất mới", https://vovworld.vn/vi-VN/tap-chi-van-nghe/truyen-kieu-cuoc-chu-du-den-nhung-mien-dat-moi-926265.vov.

〔2〕"Chỉ thị về Việc Bảo vệ và Quản lý Những Sách và Tài liệu Văn hóa Bằng Chữ Hán, Chữ Nôm", https://thuvienphapluat.vn/van-ban/Van-hoa-Xa-hoi/Chi-thi-117-TTg-bao-ve-quan-ly-sach-tai-lieu-van-hoa-chu-Han-chu-Nom-43793.aspx?tab=2.

〔3〕Đỗ Hợp, "Dạy thí điểm môn Tiếng Nga, Nhật, Trung Quốc như ngôn ngữ thứ nhất", http://www.tienphong.vn/giao-duc/day-thi-diem-mon-tieng-nga-nhat-trung-quoc-nhu-ngon-ngu-thu-nhat-1052068.tpo.

〔4〕Hà An, "Nhà khoa học Việt dùng AI dịch chữ Nôm sang chữ Quốc ngữ", https://vnexpress.net/nha-khoa-hoc-viet-dung-ai-dich-chu-nom-sang-chu-quoc-ngu-4621512.html.

〔5〕"Nghị định Thủ Tướng Chính phủ số 519/TTG về Quy định Thể lệ Bảo tồn Cổ tích", https://thuvienphapluat.vn/van-ban/Van-hoa-Xa-hoi/Nghi-dinh-519-TTg-qui-dinh-the-le-bao-ton-co-tich-22906.aspx?tab=2.

〔6〕Nguyễn Văn Khánh, "Học viện Viễn Đông Bác Cổ Pháp với Khoa học Xã hội - Nhân văn Việt Nam", https://ussh.vnu.edu.vn/vi/news/nhan-vat-su-kien/hoc-vien-vien-dong-bac-co-phap-voi-khoa-hoc-xa-hoi-nhan-van-viet-nam-11234.html.

〔7〕"Quyết định 16/2006/QĐ-BGDĐT ban hành chương trình giáo dục phổ thông do Bộ trưởng Bộ Giáo dục và Đào tạo ban hành", http://thuvienphapluat.vn/van-ban/Giao-duc/Quyet-dinh-16-2006-QD-BGDDT-chuong-trinh-giao-duc-pho-thong-55984.aspx.

［8］"Quyết định về Công tác Sưu tầm, Thu thập, Bảo quản và Khai Thác Tư liệu Chữ Hán, Chữ Nôm", https://hethongphapluat.vn/quyet-dinh-311-cp-nam-1979-ve-cong-tac-suu-tam-thu-thap-bao-quan-va-khai-thac-cac-tu-lieu-chu-han-chu-nom-do-hoi-dong-chinh-phu-ban-hanh.html。

［9］"Quyết định về Việc phê duyệt Đề án 'Phiên âm, Dịch nghĩa, Bảo quản và Phát huy Tư liệu Hán, Nôm Tại Thư viện tỉnh Vĩnh Phúc'", https://thuvien phapluat.vn/van-ban/Van-hoa-Xa-hoi/Quyet-dinh-1308-QD-UBND-2021-Phien-am-dich-nghia-nguon-tu-lieu-Han-Nom-tai-Thu-vien-Vinh-Phuc-480145.aspx.

［10］"Thông tư của Bộ trưởng Bộ văn hóa Số 05-VH-TV về Việc Bảo vệ Sách và Tài Liệu Chữ Hán, Chữ Nôm", https://thuvienphapluat.vn/van-ban/Van-hoa-Xa-hoi/Thong-tu-05-VH-TV-bao-ve-sach-tai-lieu-chu-Han-chu-Nom-43836.aspx#:.

［11］"Tiếng Trung thành ngoại ngữ thứ nhất: Đừng quá tham vọng", http://baodatviet.vn/chinh-tri-xa-hoi/giao-duc/tieng-trung-thanh-ngoai-ngu-thu-nhat-dung-qua-tham-vong-3319537/.

［12］Tổng cục Thống kê Việt Nam, "Báo cáo tình hình kinh tế xã hội quy IV và năm 2020", https://www.gso.gov.vn/du-lieu-va-so-lieu-thong-ke/2020/12/baocao-tinh-hinh-kinh-te-xa-hoi-quy-iv-va-nam-2020/.

［13］Trần Nghĩa, "Sưu tầm bảo vệ thư tịch Hán Nôm", http://vns.edu.vn/index.php/vi/nghien-cuu/van-hoa-viet-nam/1237-suu-tam-bao-ve-thu-tich-han-nom.

［14］Viện Nghiên Cứu Hán Nôm, "Thông cáo về sự việc 25 cuốn sách tại Viện Nghiên cứu Hán Nôm bị thất thoát", http://www.hannom.org.vn/#.

［15］越南《人民报》网中文版：《海阳省隆重举行越南民族英雄阮廌忌日 570 周年追思会》，http://cn.nhandan.org.vn/index.php/society/item/17880 1.html。

［16］"会保存遗产喃"官方网站：http://nomfoundation.org/About-the-Foundation/Misions?uiLang=vn。

［17］法属时期（越南）东京图片集：https://wikimedioc.com/album/。

［18］汉喃研究院官网：http://www.hannom.org.vn/default.asp?CatID=1。

［19］王明兵：《陈荆和〈安南译语之研究〉的贡献》，载《知越》微信公众号第 13 期（越南历史研究总第 90 期），https://mp.weixin.qq.com/s/saNq

kKUKz5ha8gvs27kxqg。

［20］西南交通大学人文学院官网：《许灿煌：许灿煌文库的越南古籍收藏》，https://rwxy.swjtu.edu.cn/info/1142/8373.htm。

［21］越南国家图书馆网站：http://hannom.nlv.gov.vn。

［22］越南汉喃文献目录数据库系统检索，http://140.109.24.175/pasweb/Opac_book/book_detail.asp?systemno=0000003512,2013/11/10。

［23］越南快讯官网："Vinh danh 29 công trình giải Hồ Chí Minh và Nhà nước về khoa học công nghệ"，https://vnexpress.net/vinh-danh-29-cong-trinh-giai-ho-chi-minh-va-nha-nuoc-ve-khoa-hoc-cong-nghe-4538761.html。

［24］中国科学院古脊椎动物与古人类研究所：《解密 1.1 万年以来东亚与东南亚交汇处人群的遗传历史》，http://www.ivpp.cas.cn/xwdt/ttyw/202106/t20210624_6116752.html。

［25］中国驻越南使馆经商处 2006 年 9 月 8 日报道：《越南设立普及中学汉语课程》，http://vn.mofcom.gov.cn/aarticle/ztdy/200609/20060903098799.html。

［26］字形维基（GlyphWiki）网站：http://zhs.glyphwiki.org/wiki/g-k0081.14。

六、其他文献

［1］〔法〕Henri Maspero, "Etudes sur la Phonetique Historique de la Langue Annamite", *Bulletin de l'Ecole Francaise D' Extrême-Orient*, Tome XII, 1912.

［2］〔日〕嶋尾稔：《黎朝期北部ベトナムの郷約再編に関する一史料》，载《庆应义塾大学语言文化研究所纪要（第 32 号）》，2000 年。

［3］〔日〕嶋尾稔：《植民地期北部ベトナム村落における秩序再編について--郷約再編の一事例の検討》，载《庆应义塾大学语言文化研究所纪要（第 24 号）》，1992 年。

［4］〔日〕竹内与之助：《字喃字典》，东京：大学书林，1988 年。

后　记

　　拙作是广西民族大学韦树关教授主持的 2016 年度国家社科基金重大项目 "南方少数民族类汉字及其文献保护与传承研究"（批准号 16ZDA203）的成果之一。笔者是该重大课题第四个子课题 "越南越中跨境民族类汉字及其文献保护与传承研究" 的成员，按小组分工，负责进行越南越族喃字及其文献保护与传承的研究工作。笔者的博士论文《越南文字发展史研究》有专章探讨越南喃字及其文献的相关内容。这为本研究打下了初步的框架基础和材料支撑。

　　笔者在研究和写作过程中，得到了韦树关教授的悉心指导。他对研究内容、理论框架、材料搜集和田野考察等诸多重要问题，做了专门指导，指明了研究的方向。广西民族大学东南亚语言文化学院越南语系黎巧萍译审是子课题的负责人。2020 年 1 月 10 日至 17 日，应越南汉喃研究院的邀请，她率子课题成员赴越南调研和收集资料。在此期间，越南汉喃研究院、语言研究院和河内国家大学下属社会与人文科学大学等学术机构为我们提供了诸多便利条件，使我们能收集到尽可能多的喃字及喃文献资料，为研究工作的展开奠定了更加坚实的基础。此外，西南交通大学 2020 级在读博士研究生刘亚琼，广西民族大学 2021 级越南语翻译硕士李慧佳和覃林清等，也在笔者的研究过程中给予了资料搜集和翻译等方面的帮助，广西民族大学 2022 级越南语翻译硕士邓云杰参与了书稿的校对与整理工作。笔者对于他/她们的大力支持和无私帮助，一并致以诚挚的谢忱。

　　人到中年，面临上老下小的困境。这些年来，笔者在学术研究工作中投入了大量的时间和精力，缺乏对家庭和亲人的关爱。但他们以亲情和爱意包容了笔者，并始终给予无私的帮助和默默的鼓励。这份理解与通达，让笔者感到既动容又愧疚。笔者对此将永远心怀感激！

　　拙作获得广西民族大学各位领导的关心与支持，出版经费由广西民族大学 2023 年一流学科"外国语言文学学科"建设经费提供资助。拙作的出版还得到了中国出版集团世界图书出版广东有限公司领导的支持，各位编辑人员付出了辛勤的劳动，在此谨表谢意。

梁茂华

2024 年 6 月 22 日

于广西民族大学相思湖畔